铁路车辆结构完整性

吴圣川　奥　妮　胡飞飞　张　晗　著

科学出版社

北　京

内 容 简 介

　　本书介绍了现代铁路车辆结构服役安全评估的新方法新进展，特别地，在传统工程金属结构安全寿命设计与评估方法的基础上，试图引入基于损伤容限方法的结构完整性思想。全书内容主要包括铁路车辆结构的基本组成与完整性评估方法、车辆结构抗疲劳设计及评估方法、车辆结构强度及动力学性能评估、车辆结构安全寿命评估技术、服役致损结构的寿命评估方法、典型车辆结构（如车轴、车轮、构架、制动盘等）的阶梯疲劳评估流程，以及服役环境下的结构完整性问题。

　　本书可为车辆结构设计及服役评价等领域的研究学者和工程技术人员提供参考，也可以作为铁路职业教育用书，还可作为力学、材料、机械等交叉学科的高校院所研究生和教师授课的参考书。

图书在版编目（CIP）数据

铁路车辆结构完整性 / 吴圣川等著. —北京：科学出版社，2023.9

ISBN 978-7-03-074783-9

Ⅰ. ①铁… Ⅱ. ①吴… Ⅲ. ①铁路车辆－车体结构－完整性 Ⅳ. ①U270.3

中国国家版本馆 CIP 数据核字（2023）第 019595 号

责任编辑：华宗琪 / 责任校对：王　瑞
责任印制：罗　科 / 封面设计：义和文创

科 学 出 版 社 出版
北京东黄城根北街 16 号
邮政编码：100717
http://www.sciencep.com
成都锦瑞印刷有限责任公司印刷
科学出版社发行　各地新华书店经销
*
2023 年 9 月第 一 版　　开本：787×1092　1/16
2023 年 9 月第一次印刷　印张：13 3/4
字数：326 000

定价：139.00 元
（如有印装质量问题，我社负责调换）

前　言

众所周知，第一次工业革命以瓦特蒸汽机为典型代表性事件，并使金属结构材料在运输装备中得到了大规模应用。其中，凡尔赛铁路事故正式开启了对工程装备关键部件疲劳可靠性力学的研究序幕，北冰洋运输舰、彗星号飞机和民兵导弹等重大装备的接连失效，最终孕育出断裂力学这一分支学科，相关成果极大地提升了人们建造工业装备的能力与进程。时至今日，循环周次在 10^9 及以上的超高周疲劳研究进一步推动了金属结构疲劳损伤的新机理及寿命预测的跨时空多尺度探索。

为了评估工程材料及结构的安全可靠服役行为，德国工程师 Wöhler 在铁路车轴强度研究中率先提出了金属结构疲劳极限和寿命曲线的概念，并在此基础上形成了基于名义应力的静强度或无限寿命设计方法。随着 Miner 损伤累积理论的提出，发展出安全寿命设计方法，以及基于断裂力学的损伤容限设计方法。在某些领域中，损伤容限方法也称为结构完整性思想，它是一种主要考察工程金属结构中所含缺陷或裂纹对满足其规定功能要求和安全性与可靠性影响程度的新型学科思想与系统分析技术。结构完整性概念早在 1954 年就已提出并用于解决飞机结构完整性评估，随后在压力容器服役安全评估中得到了发展，涂善东院士提出了高温结构完整性技术。

当前，我国高铁运营总里程突破 4.2 万 km，保持着世界第一的 350km/h 运营速度，并不断向人类生命禁区和技术能力极限延伸，服役环境温度由常温拓展至最低 -60℃ 和最高 70℃。同时，中国日益庞大的客运和货运铁路网需要进行高质量运维管理，尤其是对于服役致损关键部件的安全可靠评价及无损探伤周期决策已十分迫切。为此，作者把"结构完整性"这一概念引入现代铁路车辆结构服役评估中，以期推进车辆工程融合创新，为培养新时期铁路车辆专业技能人才提出新思路。

本书得到许多单位和个人的帮助及资助。感谢国家 973 计划项目（2015CB654801）、国家自然科学基金重大项目（12192212）、高铁联合基金重点项目（U1234208）及面上项目（11572267）、中国博士后科学基金面上项目（2022M712633）、中国国家铁路集团有限公司系统性重大项目（P2019J002、P2018J003）、国家高速列车青岛技术创新中心重大项目（CXKY-02-07-2019）、四川省国际科技创新/港澳台科技创新合作项目（2022YFH0015）和科技计划面上项目（2022NSFSC1874）等对本书相关研究的支持。团队研究生和同事的相关课题研究极大地丰富了本书内容，主要包括罗艳、郭峰、徐忠伟、段浩、刘宇轩、李存海、秦庆斌、赵鑫、张金元等。感谢中车青岛四方机车车辆股份有限公司（马利军、丁叁叁、周平宇、张振先、韩晓辉、李忠文、王玉光、王燕、李帅贞等）、中车唐山机车车辆有限公司（张晓军、陈彦宏、李毅磊等）、中车长春轨道客车股份有限公司（滕万秀、李秋泽、李春来等）、中车戚墅堰机车车辆工艺研究所有限公司（钱坤才、金文伟等）及株洲时代新材料科技股份有限公司（卜继玲等）等的长期支持。

　　本书共有 7 章，由吴圣川研究员、奥妮助理教授、胡飞飞博士和张晗博士共同完成。全书力图在工程金属结构完整性思想框架内，以现代铁路车辆关键部件的疲劳强度及寿命评估为主线，提出了车辆结构完整性这一新论述和新观点，并典型应用于车轴、车轮和构架等的剩余寿命评估中，最后也对影响结构完整性的环境断裂问题进行简述。

　　由于作者从事铁路车辆结构抗疲劳设计研究时间不长，知识深度与认知能力有限，书中难免存在疏漏或不足之处，恳请广大读者批评指正。

吴圣川

2023 年 7 月 19 日

目　　录

第1章 绪　　论

铁路运输在我国现代化综合立体交通网中处于主导地位，是关系国计民生的大动脉和先导性基础设施。按照运输任务区分，铁路车辆可分为客运和货运两类，前者更关注运行平稳、乘坐舒适、方便快捷，后者要求功能齐全、载运量大，并且对运行速度的要求也越来越高。统计数据显示，截至 2022 年，中国铁路总里程达到了 15.5 万 km，其中高速铁路总里程超过 4.2 万 km，最高运营速度达 350km/h，位居世界第一。为了继续引领世界高速铁路发展，中国国家铁路集团有限公司（简称"国铁集团"）启动了"CR450 科技创新工程"，将研发更安全、更环保、更节能、更智能、持续速度为 400km/h 的复兴号动车组新产品，为适应未来 5G 环境运营做准备。

众所周知，铁路车辆是指在专门铺设的轨道上运行的交通工具。截至 2021 年底，全国铁路机车拥有量约 2.17 万台，全年可发送旅客约 26 亿人次、货物近 48 亿 t。在不断满足速度更高、寿命更长、载重量更大的服役条件下，铁路车辆部件也面临着越来越严苛的环境条件，这就对车辆结构疲劳强度和动力学性能提出了严峻挑战。自铁路诞生以来，发生了多起车辆部件疲劳破坏引发的灾难性事故。与此同时，由于我国铁路在用规模不断扩大，车辆结构失效频发，严重威胁着铁路运营安全，因此迫切需要研究关键部件的损伤破坏规律，以便及时、准确地开展运维管理和保障工作。本章 1.1 节首先介绍现代铁路车辆的基本组成及特点，随后在 1.2 节给出结构完整性的概念与基本内涵，逐步引导理解车辆结构强度及可靠性设计理念，以及开展智能运维的时代背景。

1.1 车辆结构的基本组成

现代铁路车辆由众多零部件和子系统组成，具有低运行阻力、可自行导向、成编组运行和严格的尺寸限制等特点。例如，一列高速列车约有 50 万个零部件，其中 50% 为焊接件，设计服役寿命长达 30 年。不同客运车辆结构的形式与功能迥异，概括来说可以分为车体、走行部、制动装置、车端连接装置和车辆内部设备等五个主要部分；而对于货运车辆，其结构组成相对简单一些，主要包括车体和转向架两个部分。这些重要部件构成了一个完整系统，具有管控幅度广、服役周期长、技术细节多、质量要素杂等特点，对当前铁路车辆结构完整性及安全可靠服役提出了严峻挑战。为了更好地理解本书所提出的结构完整性评估这一新概念，需要对现代铁路车辆的基本组成及特点有一定认识，下面对车辆结构各组成分别进行叙述。

1.1.1 车体

车体是铁路车辆结构的基本骨架，具有装填货物、容纳旅客和整备物品的重要作用，同时还是安装和连接其他四个组成部分的基础。一般地，车体结构由车顶、端墙、侧墙和底架等部分组成。铁路车辆按照运输对象的不同可分为客运车辆与货运车辆两个大类，所以车体也可分为客车车体和货车车体，图 1.1 给出了典型货车车体和客车车体的基本结构组成。车体各部分受载情况不同，所以对各位置校核的关注重点也有所不同。车顶在满足强度和刚度要求的同时应通过防漏雨试验，端墙则需要特别关注其抗纵向冲击的能力，容易出现应力集中的门窗开孔位置是侧墙的薄弱区域，承载车辆绝大部分重量的底架是强度校核的关键部件。

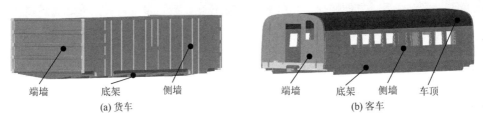

端墙　　　　底架　　　侧墙　　　　　　　　　端墙　　　　底架　　　侧墙　　　车顶

(a) 货车　　　　　　　　　　　　　　　　　　(b) 客车

图 1.1　典型车体结构组成

图 1.1（a）为我国大秦线 C80 货车的车体结构组成，该车体主要运用于煤矿重载运输线路，设计轴重一般不低于 25t，最高运行速度可达 120km/h。为了便于货物装填，C80 车体一般没有车顶，除底架采用钢焊接结构外，其他均采用铝合金板材和挤压型材的铆接结构，这是国内首次采用铝合金材料制造的货车车体。本书仅以 C80 为例对货车车体结构进行介绍，实际上货车有多种分类形式，如通用货车可分为敞车、棚车、罐车和平车等，专用货车又可分为漏斗车、自翻车等。这些车型在结构设计上差异较大，限于篇幅这里不再一一介绍。图 1.1（b）为某动车组车体结构组成，与 C80 车体结构相似，均包含了端墙、侧墙和底架结构，其上还设有车顶，侧墙上开有车窗，车厢整体形成了一个相对密闭的环境，可提升旅客的乘坐舒适性。该客车车体也采用铝合金挤压型材，在减轻自身重量的同时，还具有耐腐蚀、可焊性好和易于加工等诸多优点，但制造价格较高。该型动车组可在改造的既有线和新铺设的高速线路上运行，最高速度为250km/h。除了铝合金材料，常用的车体材料还有不锈钢和耐候钢。不锈钢材料抗拉和屈服强度高，也具有良好的耐腐蚀性能，使用时可以不用涂装防锈油漆，但是其可焊性不如铝合金，容易产生较大的热塑变形，在焊接时需特别注意。国内从瑞典庞巴迪公司引进的 CRH1 型列车车体采用的正是不锈钢材料，也取得了良好的运用效果。普通客车车体常采用耐候钢材料，如国内第三代 25 型客车车体，车体零部件在焊接前要进行抛丸处理。对设计人员而言，不论是客车车体还是货车车体，在设计时车体尺寸必须严格地遵循铁路限界的相关要求。

1.1.2　走行部

由两个及以上轮对用专门的构架组成的小车即走行部，通常情况下走行部也称为转向架。转向架是铁路车辆最重要的组成部分，往上可以支撑车体承受并传递载荷，往下依靠轮轨关系可自行导向顺利通过曲线，还可将车轮的滚动转化为构架和车体向前的平动。转向架类型繁多且结构各异，通常由轮对、轴箱装置、弹性悬挂装置、构架、基础制动装置和牵引装置等组成。根据载运对象的不同，转向架也可分为货车转向架与客车转向架，典型结构如图 1.2 所示。其中，轮对承载车辆全部重量，车轮踏面需设计具有一定斜度以保证顺利通过曲线；轴箱装置是构架与轮对的活动关节，传递两者间各个方向的载荷，同时还具有衰减轮轨力的作用；构架是转向架的骨架，它将转向架各部件组成一个整体，其上布有各种安装座和接口，可承受和传递各个方向的载荷。

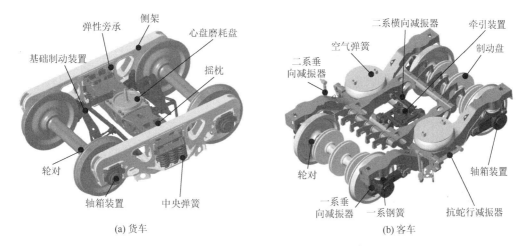

图 1.2　转向架典型结构

一般地，货车和客车转向架都会安装弹簧减振装置，用以保障运行安全和乘坐舒适性。由于不考虑旅客的乘坐体验且速度较低，货车转向架一般只安装一系减振悬挂装置。图 1.2（a）为典型货车转向架基本结构，注意其弹簧装置安装在侧架和摇枕之间，而有的安装在轴箱位置，这两种安装方式各有优劣，本书不进行比较分析。由于货车轴重较大，所以通常将摇枕和构架都做得比较粗大以保证其具有足够的强度和刚度。货车转向架的制动方式一般采用简单的单侧闸瓦制动，速度较高或制动性能需求高时还可以采用双侧闸瓦制动。客车转向架一般具有两级悬挂装置，一系悬挂安装在轮对与构架之间，包括一系钢簧和一系垂向减振器等；二系悬挂安装在车体（或枕梁）与构架之间，包括空气弹簧、抗蛇行减振器、二系垂向减振器和二系横向减振器等，这些悬挂装置共同协作保障了车辆安全运行及平稳性。高速客车转向架可细分为动力型与非动力型，图 1.2（b）展示了非动力转向架基本结构组成。对于动力转向架，其上还安装有驱动装置如电机和齿轮箱等。电机的安装方式对车辆动力学性能影响显著，常见的电机安装方式有轴悬式、架悬式和体悬式等，几种安装方式各有利弊，这里不进行详细分析。客车转向架可采用的制动方式有很多，将在 1.1.3 节进行介绍。

高速客车转向架构架通常采用焊接工艺进行制造，常用材料为符合欧洲标准的S355J2W 合金钢，其他轻质材料如钛合金、碳纤维等则被视为构架材料的重要发展方向。国内外一直有关于构架在运用过程中产生开裂现象的报道，裂纹往往从构架焊缝位置起裂，这无疑给车辆的安全运行带来极大隐患，由此对含缺陷构架进行损伤容限评估就变得非常重要，本书将会在后面的章节中进行细致分析。总体来说，货车转向架结构较为简单，在设计时以经济性、可维护性为主要考量。客车转向架，特别是高速客车转向架，结构往往比较复杂，设计时会综合考虑诸多因素，既要考虑乘坐舒适性、运行安全性，当然还要考虑设计成本等。

1.1.3 制动装置

制动盘和闸片是轨道车辆减速和停车的关键制动元件，它们在服役过程中受到摩擦力、制动压力、热应力、离心力以及温度、湿度急剧变化和腐蚀环境的联合作用，这种非常苛刻的服役条件致使摩擦材料发生组织结构的演变、性能衰退，特别是在极端气候环境（极寒、高温等）和异常摩擦（材料质量波动及演变、外来硬质点镶嵌、盘片贴合率低等）条件下，极易导致摩擦材料磨耗过快、偏磨、闸片掉块以及制动盘翘变、划伤、疲劳开裂等问题，从而将显著影响摩擦副的摩阻性能，增加运营成本，危及车辆运行的安全可靠性。根据车辆类型或使用方法，制动方式有不同的分类形式。按照制动力来源可分为空气制动、电制动、机械制动等；根据制动装置的作用对象又可以分为闸瓦制动、盘型制动等；高速客车可将牵引电机转变为发电机进行再生制动或电阻制动，有的还发展了电磁制动作为列车制动方式的补充；按照操作用途还可将制动方式分为常用制动、紧急制动和停车制动等，常用制动用于调节列车的运行速度或者列车进站停车，紧急制动是发生危急情况下使列车尽快停车而采用的制动方式，停车制动是列车停放时使用的制动方式。除了列车处于静止状态施加的停车制动，列车不能长时间处于制动状态，否则会造成制动闸片或闸瓦的温度升高从而降低制动性能。解除或减弱制动作用的操作称为缓解，运行中的列车总是处于制动或缓解状态。无论是长编组列车还是短编组列车，每节车辆都必须安装制动装置。速度较低的城轨车辆和重载货运车辆，一般采用踏面制动就能满足制动需求，而对于高速客运车辆，往往会采取多种制动方式以保障列车制动性能。闸瓦制动和盘型制动是目前最为常见的列车制动方式，下面将对这两种制动方式进行简要介绍，图 1.3 为两种制动装置的基本结构组成。

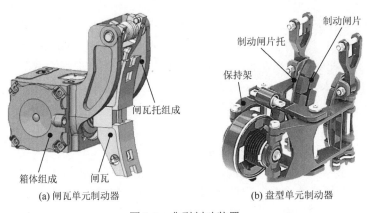

(a) 闸瓦单元制动器 　　　　(b) 盘型单元制动器

图 1.3 典型制动装置

图 1.3（a）给出了闸瓦单元制动器的结构组成，在进行制动时，该装置会将来自制动气缸的压力进行一定倍数的放大，由配套的推杆推动闸瓦向前运动与车轮踏面摩擦从而产生制动效果，由于制动力作用于车轮踏面，故也称闸瓦制动为踏面制动。闸瓦产生的制动力大小不仅与踏面闸瓦间的摩擦系数相关，还受到闸瓦材料的影响。根据材质可将闸瓦分为铸铁闸瓦、合成闸瓦和粉末冶金闸瓦，其中铸铁闸瓦根据含磷量的不同又可分为普通铸铁闸瓦、中磷铸铁闸瓦、高磷铸铁闸瓦和合金铸铁闸瓦。一般地，提高闸瓦材料的含磷量可以显著改善制动性能，但含磷量过高的闸瓦容易脆断，从而危及行车安全。尽管采用闸瓦制动产生的噪声较大，还会加速车轮踏面的磨耗，但是其结构简单，维护方便，制造和维护成本也较低，所以货运车辆、地铁车辆和低速客车常采用该制动方式。对高速列车而言，闸瓦制动不再满足制动需求，最常采用的制动方式为盘型制动。盘型单元制动器结构如图 1.3（b）所示，该制动装置的工作原理与闸瓦制动相似，只不过将制动力作用于制动盘上，制动盘通常安装在车轮或车轴上，通过制动闸片压紧制动盘，将动能转化为热能从而产生制动效果。盘型制动可有效减少闸瓦对车轮的磨耗，在一定程度上延长了车轮的使用寿命，通常情况下制动闸片的面积要大于闸瓦面积，所以盘型制动的磨耗率小于闸瓦制动。

当前，在高速列车制动系统中，闸瓦材料已从普通铸铁、特种铸铁发展到合成材料和粉末冶金材料；制动盘材料已从铸铁、铸钢、铸铁-铸钢复层和锻钢材料，发展到碳/碳纤维、铝合金基和陶瓷基复合材料；闸片材料已经有了合成材料、粉末冶金材料和复合材料。国内目前最常用的制动盘材料为铜基粉末冶金（P/M），该材料导热性好，抗腐蚀能力强，制动性能不受雨雪天气等影响。陶瓷基 P/M 材料密度低、强度高、耐高温、制动噪声小、无火花、耐磨性好、抗氧化能力强，被认为是未来高速制动盘材料的有益选择。车辆制动方式众多，限于篇幅这里不再赘述。近年来，在国铁集团推行铁路车辆部件修程修制改革的背景下，高速动车组制动盘的国产化工作及增寿延寿也成为重要的研究课题，本书也将在后面的章节中进行相关的讨论。

1.1.4 车端连接装置

车端连接装置的正确安装是列车成功连挂编组运行的基本保障，其主要由车钩、缓冲器、电气装置和风挡等部分组成，具有传递牵引动力、减小车辆间纵向冲动的重要作用。其中车钩缓冲器是车端连接装置中最为重要的组成部分，下面将着重介绍车钩的结构特点。为了与前文逻辑保持一致，以下也将对货车、客车的车钩缓冲器分别进行介绍，图 1.4 给出了两种车钩的基本结构组成。

通常货车车端连接装置较客车车端连接装置结构组成简单许多，特别是对重载列车而言，在车端只需安装钩缓装置、必要的风管和电气连接装置，这样的好处是降低了运用成本且便于维护，但列车编组长度和轴重的增加会带来严重的纵向冲击问题。为了实现挂钩或解钩，即实现车辆的连挂或分离，车钩具有以下三种状态（车钩三态）：锁闭状态——车钩的钩舌被钩锁铁挡住不能向外转动，两个车钩处于锁闭状态时意味着两节车辆为连挂状态；开锁状态——钩锁铁被提起，钩舌受到拉力就可以转动，只

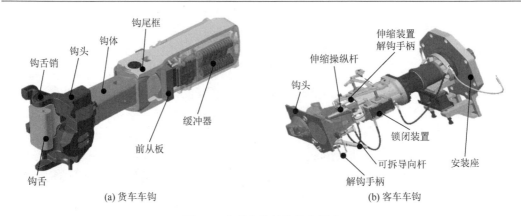

(a) 货车车钩　　　　　　　　　　　　　　(b) 客车车钩

图 1.4　典型车钩结构基本组成

要其中一个车钩处在开锁状态，就可以实现分离两辆连挂在一起的车辆；全开状态——钩舌已经完全向外转开的状态，当两车需要连挂时，只要其中一个车钩处在全开状态，与另一辆车钩碰撞后就可连挂两节车辆。如图 1.4（a）所示，货车车钩主要由钩舌、钩头、钩体、钩尾框和缓冲器等部分组成。缓冲器通过压缩弹性元件来缓和冲击作用力，同时在弹性元件变形过程中利用摩擦和阻尼吸收冲击能量。图 1.4（b）中的客车车钩主要由伸缩操纵杆、伸缩装置解钩手柄、安装座、解钩手柄等结构组成。除车钩外，铁路客车还会在连挂车辆之间安装风挡装置。风挡可以隔绝沙尘，降低车辆连接处噪声，同时还具有保温隔热等功能，可为旅客提供舒适的乘坐环境。风挡可以分为铁风挡、橡胶风挡和密接式风挡等，所用材料除了需要满足强度相关要求，还须具有良好的防火性能。客车车钩除了传递牵引制动力，还要能有效地缓减纵向冲动，所以对高速列车而言，还会在车辆之间额外安装纵向阻尼器。车端连接装置有效地把独立的车辆单元连接成一个整体，保障了车辆间的载荷传递，车端连接装置的可靠性也会影响列车运行安全。

1.1.5　车辆内部设备

车辆的内部设备是为了满足运输对象的特定需求而进行设置的。对于客车，主要是从旅客的需求出发对车体内部进行装饰和布置，客车内部一般会安装空调、行李架、座椅、照明装置等设备，还可根据需求安装床铺、餐桌、卫生间等，某带司机室的高速客车车辆内部设备布置如图 1.5 所示。

车窗在设计时需满足一定的气密性要求，高速客车使用的车窗玻璃比普通列车的玻璃平整度高，质量和光学性能更好，故旅客感觉列车行驶速度相对较慢。根据售票价格差异，会将座椅分为 VIP（very important person）座、一等座、二等座等，各类座椅都要通过静强度和疲劳试验。风道不仅给旅客输送新鲜空气，还起到调节车厢内部气压的作用。行李架在满足强度要求的同时，需要对其进行结构优化，减轻重量。照明设备要求光源的波长在 380～780nm 范围，既要保证足够的亮度，又不能干扰乘客使人产生炫光效果。司机室是列车的控制中枢，是司机获取信息、做出决策并对有关系统进行

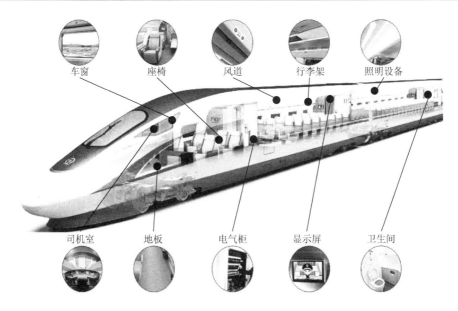

图 1.5　某带司机室动车组内部设备布置

指令控制、驾驶列车完成各种任务的工作场所。动车组常用地板材质有橡胶、PVC（聚氯乙烯）及复合结构地板布等，必须具有良好的防火性能。电气柜一般由核心控制器、断路器、接触器、继电器、接线端子排等电气元器件及电线电缆等共同组成，安放位置靠近车厢端墙。客运车辆一般情况下还会安装显示屏及扬声器等设备，以提示乘客列车速度和到站换乘等信息。动车组列车还会配置卫生间，产生的污物由真空集便器处理，到站后再由污物车抽走。与房间的装修类似，车辆内部装饰在满足适用要求的同时也会力求美观整洁。货车内部设备往往比较简单，由于装填货物的类型和车辆型号不同，内部设备布置情况也是千差万别，这里不再一一详述。

1.1.6　其他组成

除了前述五种主要部件，现代铁路车辆设计中还有牵引电机和齿轮传动装置，给水、采暖、卫生和空调设备及辅助电气设备等。

1.2　车辆结构完整性评估方法

现代工业装备发展的基本趋势和显著特点是结构尺寸大型化、制造一体化和服役高参化，这一方面对机械结构产品设计—制造—服役的全寿命周期提出了更高的要求，同时也对关键结构的长寿命高可靠服役构成了重大现实威胁。为了确保强度、寿命以及成本的最优设计，需要建立一套先进、科学的质量认证和保障方法，实现对机械产品设计、选材、制造、安装、运用、检修、安全评估等全流程进行系统、严格、科学的精细计算与管理。其中，基于合乎使用（fitness-for-service）或者适用性的评价标准兼顾了工程结构的服役安全性、可靠性与经济性，是当前工业装备发展中形成的一种先进技术思想，有些行业中也将其称为结构完整性方法。具体地，结构完整性（structural integrity）主要是研究工程金属结构中所含缺陷或者裂纹对满足其规定功能要求和安全性与可靠性影响程度的一种新型学科思想与系统分析技术。

众所周知，传统工程结构的设计思想是以材料及结构中不存在任何缺陷（包括宏观、细观和微观尺度）为基本前提，通过引入一个足够大的安全系数来控制结构的极限承载强度和安全可靠裕度。这种广受认可的名义应力设计与评估思想的研究对象是一个假想的"完整性"结构。然而，包括铁路车辆在内的所有工程金属结构从制造、运输、安装、运用到维护，在任何一个环节中都可能产生缺陷或者裂纹，而且目前尚无可靠手段完全避免缺陷的形成，也不可能完全消除缺陷。据统计，发达国家每年因为工程结构失效造成的损失占国内生产总值的 5%以上。无数事故反复表明，传统的名义应力法设计和评定思想不能保证工程结构的安全可靠性。结构完整性思想的内涵是对存在缺陷或预知缺陷的工程结构开展定量的绝对可靠性评价，其理论基础包括线弹性断裂力学、弹塑性断裂力学、概率断裂力学、计算断裂力学，同时还跨越了材料科学、系统工程、可靠性工程等多个学科。与偏于保守的和定性的经典名义应力法评估相比，基于断裂力学的结构完整性显然是具有实际工程意义的设计与评估思想上的重大进步，在工业装备领域中，也称为损伤容限（damage tolerance）方法。

1.2.1　完整性评估的必要性

严格地说，结构完整性概念最早是美国于 1954 年提出的，并成功解决了一系列飞机结构完整性评估问题。在 1956 年版的《美国空军词典》中，结构完整性的定义为：飞机结构抵抗设计载荷的属性。飞机结构完整性是在要求的结构耐久性、可保障性、安全性和结构能力水平下，飞机结构可正常使用以及功能未削弱时所处的状态，取决于设计/制造和服役/使用两个方面。2016 年，美军发布了迄今最完善的空军飞机结构完整性标准 MIL-STD-1530D，中国也于 2012 年颁布了一部相似标准 GJB 775A—2012，为构建现代飞机结构完整性奠定了坚实的基础。

从结构完整性角度来说，铁路车辆更容易受到外部影响而发生服役损伤累积诱发的疲劳裂纹萌生和扩展现象，从而导致关键结构的基本功能、安全及可靠性被严重削弱。为了降低铁路客车的运维成本，大力提高车辆使用效率，中国铁路总公司从 2015 年启动了车辆修程修制改革，其核心是改革优化车辆的检修周期、标准和范围，避免过度修，防止失修，实现压缩调试停时、降低检修成本、提高检修运用效率。为了探明修程修制技术的理论规律，中国铁路总公司部署了一系列重大研究课题，明确提出在确保安全的前提下，以可靠性为中心，以经济性优化为目标等，特别是针对制约整车修程修制优化的轴承、车轮、车轴等关键部件开展可靠性寿命、振动疲劳特性等方面的研究，建立一套科学的动车组及部件修程修制优化理论方法体系，陆续将动车组车轴、构架、齿轮箱等检修周期由定期探伤更换为状态检测与维修，取得了显著的经济和社会效益。近年来，我国对铁路货车转向架和轮对等也探索开展了状态修项目，有效避免了仅仅依靠固定时间维修带来的"过度修"和"欠维修"问题，对消除车辆安全隐患、降低车辆维修成本、提高车辆运用可靠性发挥了极其重要的作用，正成为铁路货车检修方式的发展方向，也是实现铁路货车检修信息化、现代化的重要手段。

从这一角度来看，铁路车辆的修程修制改革和状态修实施中均在一定程度上贯彻与体现了"结构完整性"思想。为了加深和示范对这一概念的理解，在借鉴和吸收高温压力容器管道和飞机结构完整性的概念及相关评定规范后，本书正式引入这一思想并对典型铁路车辆部件强度及可靠性进行分析。

1.2.2　结构完整性评定规范

断裂力学的形成和发展及高性能计算机的出现为含缺陷大型工程结构的安全可靠评定提供了坚实的科学支撑。20 世纪 70 年代初，工业发达国家纷纷开展含缺陷结构的完整性评定技术研究，逐渐形成一些国际公认的评定方法或规范。其中，美国机械工程师学会颁布了世界上第一部以断裂力学为理论基础的压力容器安全评定规范，随后国际焊接学会发布了针对焊接结构的按脆断破坏观点建议的缺陷评定方法。中国也在"八五""九五"等攻关课题支持下形成了《在用含缺陷压力容器安全评定》（GB/T 19624—2004，现被 GB/T 19624—2019 替代），在我国工业现代化过程中发挥了重要作用。在上述标准中，英国中央电力局制定的《含缺陷结构的完整性评定》（CEGB R/H/R6）和美国电力研究院制定的《含缺陷核容器及管道完整性评定方法》（EPRI，1982）最具代表性和广泛影响力。而为了建立一个统一的"合乎使用"缺陷安全评定规范，欧盟于 2000 年发行了《欧洲工业结构完整性评定方法》（SINTAP）。总体来看，这些标准和规范主要针对核电、石化等领域中的压力容器和管道等结构，包括英国标准协会最新发布的《金属结构缺陷可接受性评定方法指南》（BS 7910-2019）。随后，相关标准不断修正和完善，如进一步发展了高温结构完整性评定、腐蚀评定、塑性评定、材料退化评定、概率安全评定和风险评估等。

近年来，世界轨道交通发展迅速，中国在短时间内实现了高速铁路从零到近 40000km 的跨越，成为中国制造的一张亮丽名片。当前，我国高铁已从大规模建设阶段转入高质量运用维护阶段，国铁集团也启动了动车组部件的修程修制改革。这是考虑到，随着运营里程、时间和速度的不断增加，车辆关键结构如转向架焊接构架、轮对、轴承及车体和受电弓等失效破坏的概率增大，高效维修保障工作已成为中心任务。为确保其安全可靠服役，显著降低运营成本，推进高铁可持续发展战略，迫切需要引入一致性探伤策略（主要关键零部件的探伤维修周期相同或重叠）开展车辆系统及结构智能运维，基于无损探伤结果开展损伤评价和寿命预测，这实际上就是结构完整性评定。本书试图在现代铁路车辆结构安全评定中实践"完整性"这一全新概念。

1.2.3　结构完整性的理论基础

车辆结构完整性评定的基本理论与前述压力容器和核电管道等结构并无本质不同，某种程度上说，直接沿用常温下含缺陷结构完整性评定规范即可。具体地，基于名义应力法的结构完整性要求在设计寿命或者探伤周期内任一服役时刻 t，结构的名义应力 $\sigma_r(t)$ 始终小于其材料抗力 $S_r(t)$，同时考虑结构服役中诸多不确定性因素（包括物理、测试、统计、建模、人为因素等），引入一个安全系数 η，便有了 $\sigma_r(t) < S_r(t)/\eta$。为确保服役安全，在基于英国 BS 7910-2019 标准的疲劳断裂失效评定中，还规定了不同失效后果（一般、严重、非常严重、极端严重）下冗余和非冗余部件的失效概率值，甚至不同过程的不确定性导致的评估偏差也用安全系数来体现。实际上，这一过程体现的就是含缺陷工程结构服役的概率安全评定方法。

可见，这种基于一个大安全系数的结构完整性评定并不能考虑具体缺陷或者裂纹特征，也难以给出一个准确和定量的评价结果，仍然存在巨大的安全风险。在连续介质力学框架内发展起来的断裂力学主要研究含裂纹的材料和构件的破坏规律及失效限界。为此，把所有类型的缺陷假设为裂纹来处理，这种做法虽然存在一定误差，却可以使评定结果偏于安全，并依此提供一种合适的、定量的解析或数值的评定结果。断裂力学理论及应用为结构完整性评定提供了力学理论基础和科学手段，包括线弹性断裂力学、弹塑性断裂力学、概率断裂力学、计算断裂力学和模糊断裂力学等。其中，计算断裂力学主要采用有限元法进行断裂力学参数（如应力强度因子 K 和 J 积分）的计算分析，结合实测疲劳裂纹扩展速率数据 $\mathrm{d}a/\mathrm{d}N$ 进行剩余强度和寿命预测及探伤策略制定。

1.2.4　结构完整性的工作流程

本节以疲劳断裂评定为例，介绍结构完整性评定的基本过程。需要指出的是，本书主要关注铁路车辆结构的疲劳断裂力学评定。

1. 缺陷与材料数据的获取

缺陷与材料数据的获取主要包括无损探伤数据（缺陷尺寸、形貌、位置和数量等）、探伤装备精度和检出率（例如，我国高速铁路车轴超声探伤可 100%检出深度为 1mm 的裂纹，磁粉探伤精度更高）。结构材料的基本力学性能包括屈服强度 $\sigma_{0.2}$、抗拉强度 σ_b、弹性模量 E 以及应力-应变关系等，这些数据不仅是疲劳断裂参数测试的重要参考指标，还是开展断裂力学数值建模的基础输入参数。

2. 缺陷表征及规则化

以英国 BS 7910-2019 标准或者中国 GB/T 19624—2019 标准为依据，对任意缺陷进行裂纹化，裂纹形貌通常简化为表面半椭圆、内部椭圆和穿透性裂纹及考虑耦合作用的多裂纹简化，图 1.6 给出了典型缺陷规则化处理方法。缺陷的裂纹化处理主要是要提高工程结构的应力集中程度，是一种力学的概念。为了获得偏于安全的评定结果，一般取最大裂纹深度或者最大裂纹长度作为初始缺陷尺寸。另外，在高速动车组 EA4T 合金钢车轴的剩余寿命分析中，还需要设定裂纹形貌比以开展断裂力学参数的有限元分析。具体地，当检出裂纹初始深度为 2～3mm 时，形貌比（a/c）定为 0.6～0.8；若实际缺陷深度为 0.5～1mm 或者更小，则形貌比假设为 0.2～0.6。

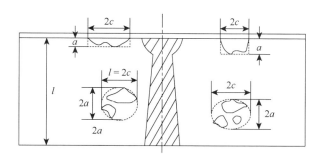

图 1.6 典型平面（表面和内部）缺陷的规则化处理方法

3. 断裂力学参数的测定

获取材料的断裂力学参数是开展车辆结构完整性评定的重要一步。除了前述裂纹尺寸和形状，控制结构材料疲劳断裂抗力的重要参数还有断裂韧性（fracture toughness），它与材料种类、使用温度、环境介质等有关，往往需根据结构实际受载和设计规范选择一个合适的应力比 R，与裂纹扩展门槛值和扩展速率一起通过断裂力学试验来获取。根据美国材料与试验协会（American Society for Testing and Materials，ASTM）标准定义，断裂韧性（通常指平面应变条件）是衡量工程结构材料裂纹扩展阻力且与试样厚度无关的一个通用专业术语。一般来说，材料的断裂韧性越高，表明其抵抗破坏的能力越强，发生断裂失效的风险就越小。材料断裂韧性可以采用标准的三点弯曲或者紧凑拉伸（CT）试样，按照我国 GB/T 21143—2014 标准（或参考美国 ASTM E1820-11），通过试验手段获得。对于疲劳裂纹扩展门槛值和扩展速率试验，还可以应用中心裂纹拉伸（MT）或紧凑拉伸试样，按照我国 GB/T 6398—2017 标准（或参考美国 ASTM E647-2015 和 ISO 12108-2012）执行相关试验。

4. 疲劳裂纹扩展模型

金属材料的疲劳破坏一般包括裂纹萌生、裂纹稳定扩展和裂纹失稳扩展三个阶段，并构成了大部分金属结构材料的寿命周期，如图 1.7 所示。为了能够定量积分出含缺陷工程结构的剩余寿命，还需要把从前面获得的疲劳裂纹扩展数据拟合出一个数学物理方程。1963 年，美国学者 Paris 和 Erdogan 提出把疲劳裂纹扩展速率 da/dN 与应力强度因子范围 ΔK 用一个幂函数关联起来，这便是著名的 Paris 方程。对于大多数金属材料，均可用 Paris 方程来描述裂纹稳定扩展区的裂纹扩展规律。遗憾的是，经典的 Paris 方程未将疲劳裂纹萌生或者近门槛区考虑进来，也没有把裂纹失稳扩展区包含在内，必然给出偏于保守的评定结果，这也是目前结构完整性研究中有待重视的重要课题之一。在我国高速动车组 EA4T 和 S38C 车轴的修程修制改革中，作者建议采用包含疲劳裂纹萌生、裂纹稳定扩展和裂纹失稳扩展的修正 NASGRO 方程来计算车轴的剩余寿命。目前，欧洲铁路车轴运维决策中，已经引入 NASGRO 方程，并取得了不错的应用效果。在国内，本书作者也提出了一个包含疲劳裂纹萌生、裂纹稳定扩展和裂纹失稳扩展寿命的新型裂纹扩展速率模型 iLAPS。车轴材料研究表明，iLAPS 方程与 NASGRO 方程预测均与试验结果吻合得较好。

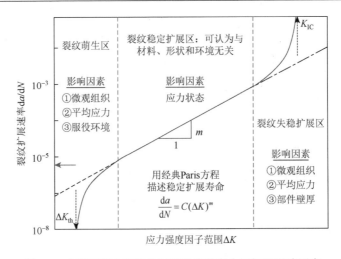

图 1.7 典型工程金属结构材料的疲劳寿命区间及影响因素

5. 剩余寿命及探伤决策

在疲劳评定框架内，在前述步骤获得裂纹扩展模型后，需要建立结构的断裂力学模型，设置边界条件和约束条件，植入不同形貌比的初始裂纹，根据断裂力学仿真得到应力强度因子范围 ΔK，即可积分获得疲劳裂纹扩展寿命（此处特指结构的剩余寿命），如图 1.8 所示。其中，裂纹尺寸与疲劳循环周次或者运行里程的关系是开展探伤周期决策的主要依据之一。由图 1.8 可知，当采用经典 Paris 方程作为车辆结构剩余寿命计算模型时，疲劳裂纹从 4mm 扩展到 30mm 作为寿命区间，可以推算出车辆运行 28 万 km，这便是探伤周期里程的主要依据。还可以看出，另外一种模型 iLAPS 方程的预测寿命是 90 万 km。这里想说明的是，当采用不同的疲劳裂纹扩展速率模型时，可能给出截然不同的预测结果。一般来说，经典 Paris 方程的预测结果偏于保守和安全，但也会导致探

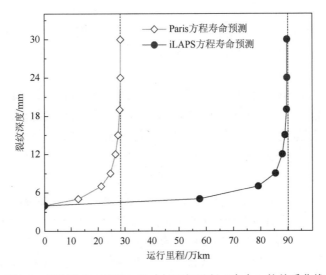

图 1.8 疲劳裂纹（缺陷）尺寸与运行里程（寿命）的关系曲线

伤周期里程过短，运维成本增加。这也是最近几年欧洲结构完整性协会（European Structural Integrity Society，ESIS）在高铁合金钢 EA4T 车轴完整性评定中倾向于采用包含了疲劳裂纹萌生、裂纹稳定扩展和裂纹失稳扩展等三个寿命区间 NASGRO 方程的主要原因。

必须指出的是，准确评估含缺陷车辆部件的剩余寿命或者探伤周期里程是一个极为复杂的系统工程，还必须把其他一些经验和数据考虑进来，如工程结构长期运营经验、基于报废和更新的寿命演化规律、结构制造方和装备运营方的总体技术水平以及车辆结构的重要程度和更换成本等。

展望未来，国铁集团发布的《新时代交通强国铁路先行规划纲要》指出，到 2035 年，全国铁路网将达到 20 万 km 左右，其中高铁 7 万 km 左右，铁路领域将实现现代化。至此，20 万人口以上城市实现铁路覆盖，其中 50 万人口以上城市高铁通达，中西部地区的铁路网络覆盖及路网质量更加优化。智能高铁率先建成，智慧铁路加快实现。预计到 2050 年，我国将全面建成更高水平的现代化铁路强国。与此同时，面对巨大而运营有序的铁路网，车辆结构的服役载荷、环境及可靠性将面临空前挑战，而新材料、新结构、新工艺、新技术的广泛应用又使得关键结构的功能及性能指标更加集成、智能和极端。因此，需要根据结构的服役状态，及时、准确地安排检修，确保其功能状态和技术指标良好，实现对服役损伤演化的智能预报与控制。从这一角度来看，我国铁路车辆结构完整性有望由在役评定阶段反馈结构设计阶段或环节。

参 考 文 献

陈国华. 2002. 结构完整性评估[M]. 北京: 科学出版社.

何宇廷, 张腾, 马斌麟. 2019. 飞机结构完整性的度量与控制[J]. 空军工程大学学报(自然科学版), 20(3): 1-7.

李芾, 安琪, 王华. 2008. 高速动车组概论[M]. 成都: 西南交通大学出版社.

罗仁, 石怀龙. 2019. 高速列车系统动力学[M]. 成都: 西南交通大学出版社.

孟亚东. 2019. 轨道车辆结构与原理[M]. 北京: 清华大学出版社.

涂善东. 2003. 高温结构完整性原理[M]. 北京: 科学出版社.

王伯铭. 2014. 高速动车组总体及转向架[M]. 成都: 西南交通大学出版社.

吴圣川, 李存海, 张文, 等. 2019. 金属材料疲劳裂纹扩展机制及模型的研究进展[J]. 固体力学学报, 40(6): 489-538.

吴圣川, 胡雅楠, 杨冰, 等. 2021a. 增材制造材料缺陷表征及结构完整性评定方法研究综述[J]. 机械工程学报, 57(22): 3-34.

吴圣川, 任鑫焱, 康国政, 等. 2021b. 铁路车辆部件抗疲劳评估的进展与挑战[J]. 交通运输工程学报, 21(1): 81-114.

薛海. 2017. 基于实测载荷谱的重载货车车钩疲劳可靠性研究[D]. 北京: 北京交通大学.

严隽耄, 傅茂海. 2008. 车辆工程[M]. 北京: 中国铁道出版社.

张效融. 2008. 电力机车总体及走行部[M]. 北京: 中国铁道出版社.

钟群鹏, 周煜, 张峥. 2014. 裂纹学[M]. 北京: 高等教育出版社.

邹芹, 孙思哲, 李艳国, 等. 2022. 高速列车刹车片材料的研究进展与展望[J]. 铁道科学与工程学报, 19(2): 327-336.

Zerbst U, Schödel M, Webster S, et al. 2007. Fitness-for-Service Fracture Assessment of Structures Containing Cracks[M]. Amsterdam: Elsevier Press.

第 2 章　车辆结构抗疲劳设计及评估方法

通过对现代铁路车辆结构失效事故原因的分析与统计，以及对车辆结构抗疲劳设计与全寿命周期的深入研究，目前铁路车辆结构的抗疲劳设计已从无限寿命设计逐渐向损伤容限设计过渡。随着车辆运营速度提升带来的轻量化要求以及运营环境的多样化和严苛化，有必要在疲劳设计阶段中考虑服役致损和环境的影响。据此理念，本书作者提出的阶梯疲劳评估方法也得到了系统动力学领域的关注。应该注意的是，抗疲劳设计方法的创新发展离不开定量表征裂纹萌生和扩展阶段这一课题。针对这一特点，工程设计中分别运用疲劳力学和断裂力学形成了如下思想。

2.1　抗疲劳设计方法

众所周知，结构完整性是航空飞机、航空发动机、固体燃料剂、铁路车辆、海洋工程、能源管道等众多工程装备的重要设计思想。其中，飞机的结构完整性发展最早。早在 1954 年，美国科学家就率先提出了飞机结构完整性的概念，并伴随着美国空军出现的一系列事故而不断发展。飞机结构完整性是在要求的结构耐久性、可保障性、安全性和结构能力水平下，结构可正常使用以及功能未受到削弱时所处的状态。在中国，空军工程大学何宇廷教授提出采用结构完整度来定量考察结构完整性，并基于结构的安全度、完好度、存活率和可用度评估结构的完整度。在厘清各项耐久性、可保障性、安全性和结构能力增长措施对飞机结构完整度影响关系的基础上，建立了结构完整度与结构完整性控制方案（耐久性、可保障性、安全性和结构能力增长措施）的关系模型，在结构效能、作战效能和经济性不大幅下降的前提下，通过对结构完整性控制方案的优选实现结构完整性控制的最优化，从而实现了飞机结构完整性的最大化。其中，抗疲劳设计是飞机结构完整性设计的重点之一。

飞机的抗疲劳设计与研究伴随着航空航天技术的提高以及飞机性能的不断提升而发展。飞机的飞行速度从最开始的低速发展到亚声速，再到超声速，飞机结构的性能要求也从最初的安全性陆续提出了机动性、可靠性、舒适性、适应性等要求，其设计理念也经历了静强度设计、无限寿命设计、安全寿命设计、损伤容限设计、耐久性设计、可靠性设计以及阶梯疲劳设计等，如图 2.1 所示。

随着飞机结构朝着大尺寸、极端性、高参数等方向发展，对关键承载部件的结构完整性要求愈发苛刻，无限寿命设计方法面临着严峻挑战。随后，提出了安全寿命设计准则，它认为飞机结构在设计时是无缺陷的，在整个使用寿命期间，结构不会出现可见的裂纹。在安全寿命设计思想指导下，飞机结构主要基于疲劳 *S-N* 曲线的名义应力法开展

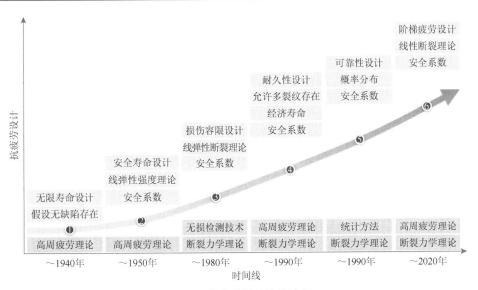

图 2.1　抗疲劳设计演化进程

结构的疲劳裂纹萌生寿命分析，同时考虑几何形状、应力集中等因素的影响。但人们对此提出了疑问（图 2.2），普遍认为，设计方法及结果不应该是确定性的而是概率性的。事实上，工程结构在加工、装配和服役中不可避免地会产生初始缺陷和意外损伤。而随着轻量化设计的发展，飞机开始广泛采用高强度结构材料。然而，高强度结构材料的缺口敏感系数较高，更容易在结构应力集中处发生微小裂纹。一旦这些初始缺陷（或损伤）在使用中发生扩展就会按照安全寿命设计准则予以处理。令人意外的是，1969 年美国一架 F-111A 飞机在训练时机翼折断发生了灾难性破坏，折断的主要原因是零件在加工过程中引起的裂纹萌生，这起事故直接促进了飞机结构损伤容限理论的发展。损伤容限设计思想假定结构在使用前就带有初始缺陷，但必须把这些缺陷或损伤在规定的未修使用期内的增长控制在一定的范围内。在此期间，受损结构应满足规定的剩余强度要求，以保证飞机结构的安全性和可靠性。

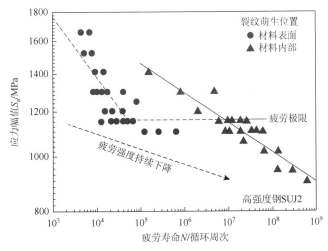

图 2.2　高强度钢 SUJ2 材料的疲劳 S-N 曲线

　　损伤容限技术的发展极大地丰富了结构完整性设计思想。此时，飞机结构疲劳失效主要基于断裂力学的应力强度因子和 Paris 方程及其修正模型计算结构的裂纹扩展寿命，并考虑载荷次序、应力比等因素的影响。随后，基于经济性方面的考虑，研究人员引入了基于耐久性的"经济寿命"设计思想并建立了耐久性设计思想。此时，飞机结构疲劳的研究内容同时包含了结构的裂纹萌生寿命和扩展寿命，其研究对象也扩展至疲劳、腐蚀、表面完整性、无损检测、健康监测等，研究手段也更为丰富，如连续损伤力学、概率断裂力学、疲劳可靠性等。而随着科技的飞速发展，飞机结构越来越复杂，鉴于飞机结构的复杂性，同时考虑到影响疲劳的因素众多，研究人员提出了可靠性设计思想。他们充分考虑了影响飞机结构安全的各种因素的随机性，采用合理的概率分布函数或随机过程描述，并基于概率分析方法建立了可靠性模型，对结构的破坏概率进行了定量化表征，以确保结构破坏的概率在其使用期内小于设计要求，从而实现了在设计上对飞机结构的安全性和可靠性进行准确、合理的评价。

　　当前，高速铁路在世界各国得到广泛重视和蓬勃发展。然而，相比于飞机结构完整性评估技术，铁路车辆结构完整性仍未得到重视。目前，中国高铁面临着技术固化和产能升级的关键阶段，主机厂和各铁路局也面临着维持和提升核心竞争力的重大历史机遇。突破名义应力法的定性评估，实现车辆结构耐久性能的精准定量化评估应是铁路领域亟待开展的前瞻性课题。近些年，轨道交通已经注意到铁路车辆结构完整性的重要性。其中，作者认为在设计时应考虑服役致损和环境影响，提出了以名义应力法和损伤容限法分别为两级评估的阶梯疲劳设计，目前已用于车辆结构抗疲劳评估中。

　　根据工程结构抗疲劳设计的研究和发展历史，下面分别依序简单介绍一些常用的结构抗疲劳设计和评估方法及其优缺点。

2.2　无限寿命设计方法

　　无限寿命设计方法是指结构在设计应力下能够长期安全可靠地工作，也是最早使用的抗疲劳设计方法。其中，德国工程师 Wöhler 系统深入地研究了金属材料的疲劳问题，通过对循环应力与疲劳寿命关系的分析，提出了经典的疲劳 S-N 曲线和疲劳极限的概念，并认为疲劳破坏的决定性因素是应力幅值。对于受循环应力作用的无裂纹构件，通过控制循环应力幅值 σ_a，使其小于疲劳极限 σ_f，此时，疲劳裂纹就不会萌生，从而达到无限寿命设计的目的。可见，无限寿命设计的条件为 $\sigma_a < \sigma_f$。

　　从另一角度来讲，20 世纪 60 年代 Paris 和 Erdogan 将表征线弹性断裂力学的应力强度因子 K 与裂纹扩展速率 da/dN 联系起来，其中裂纹扩展的控制参量——应力强度因子范围存在一个门槛值，该门槛值大小是反映材料中裂纹或缺陷抗疲劳加载能力的重要指标。对于受循环载荷作用的无裂纹构件，通过控制应力强度因子范围 ΔK，使其小于长疲劳裂纹扩展门槛值 ΔK_{th}，则认为裂纹不会扩展，也可以达到无限寿命设计的目的。此时，无限寿命的设计条件为 $\Delta K < \Delta K_{th}$。

　　以现代铁路车轴为例，无限寿命理论指出，车轴许用应力 σ_{as} 是根据材料光滑试样的疲劳极限 σ_f 来确定的，此处 σ_f 必须区分车轴种类（实心或空心）以及车轴截面部位（如两个部件的压装区或者过盈配合区、变截面区等)。因此，若 $\sigma_{as} = \sigma_f / \eta$，实际运用时车轴上的最大应力必须小于该设计应力值，则认为车轴安全、可靠。其中，安全系数 η 表示了车轴在试验测试和服役中的不确定性。为了确保车轴安全性，设计和运用中通常根据经验引入一个较大的安全系数。

例如，欧洲标准 EN 13103 和 EN 13104 均采用了基于梁理论的解析应力解，仍然是一类典型的无限寿命设计，适用于 EA1N 低强度钢和 EA4T 中强度钢。所用力矩有车体质量(全局弯曲)、车辆通过曲线惯性矩(弯曲+轴向力)以及牵引和制动力(扭转力)。简化计算时以解析计算的形式确定车轴强度，而对动态载荷的考虑一般是通过选择适当的动荷系数，按静力叠加的方式进行校核，并假定所有载荷同时作用在车轴上，动荷系数实际上反映了运行中的极端工况。从结构可靠性角度来看，动荷系数的引入也是一定程度上充分考虑了安全系数的结果。

另外，当车轴有可能在腐蚀和极端工况中服役时，需要适当降低许用应力值或者加大安全系数，但也并没有确定性的指标大小。例如，标准 EN 13261 规定了腐蚀环境下车轴的设计载荷为标准 EN 13103 和 EN 13104 中最大许用应力的 60%以下。根据当前研究结果，这一折损系数显然还不足以确保安全性。一般地，当规范未明确载荷时，仍然采用无缺陷状态的许用应力值，而对于可能出现的超标缺陷认为出现即被清除，或者已采取了相关维保措施，显然存在着较大的安全风险。

当前，欧洲和中国推荐使用的车轴材料主要有 EA1N 碳素钢和 EA4T 合金钢。一些高强度钢如 34CrNiMo6 钢的抗拉强度在 800～950MPa，与日系 S38C 车轴强度水平相当，其目的是确保结构疲劳强度。但在实际设计中必须注意一个问题：确保降低簧下质量(降低轨道损伤率)和较低的许用应力。其中使用高强度钢并减小空心轴壁厚是一个折中方案，但材料的缺口敏感性是另一个必须要关注的问题。

日本新干线车轴的安全应力或者疲劳极限达到了 147MPa，这是由于通过加工硬化引入了深 5～6mm 的残余压应力层。另外，压装配合区和轴身直径比值以及过渡区形状对裂纹萌生也有影响，例如，当压装配合区与轴身直径比值近似为 1 时，压装配合区主要是微动磨损导致的裂纹。由于日本车轴压装区与轴身直径比值小于欧洲车轴(新干线 0 系列为 1.10，500 系列为 1.11；而 TGV 为 1.154；经典 ICE 为 1.16)，所以，日本标准 JIS E 4501 中没有对过渡圆弧或坡口区域裂纹萌生的评估，这主要是因为此处的疲劳强度并未显著恶化，尚不足以萌生裂纹。

2.3　安全寿命设计及理论

无限寿命设计要求结构中的工作应力控制在较低水平，导致材料潜力受限，对于并不需要承受多次载荷循环的构件来说很不经济。根据疲劳 S-N 曲线，获得与目标寿命对应的疲劳强度 σ_N，再通过控制应力幅值 σ_a，使其满足 $\sigma_a < \sigma_N$，进而确保结构在一定的目标寿命内不发生疲劳破坏，同时还要根据经验引入规律性(一般称为探伤周期)的无损探伤检查，这就是安全寿命设计。它是无限寿命设计的继承与发展，两者设计参数都是名义应力；设计思想也大体类似，都是基于材料级 S-N 曲线，考虑多种影响因素，获得

构件级 *S-N* 曲线，并基于此进行结构的抗疲劳设计。不同的是，无限寿命设计方法采用的是 *S-N* 曲线的水平部分，即疲劳极限，而有限寿命设计方法采用的是 *S-N* 曲线的斜线部分，即有限寿命部分。此外，由于斜线部分的疲劳寿命在不同应力水平下各不相同，在对材料级 *S-N* 曲线进行修正时，还要考虑循环数的影响。

安全寿命设计思想的一般步骤为：①实测结构的应力谱；②测定该材料及结构的疲劳 *S-N* 曲线；③利用相关的疲劳强度理论进行强度校核；④按相关的疲劳损伤累积理论预测该结构的寿命；⑤进行相关的疲劳验证试验。需要指出的是，安全寿命设计可以根据疲劳 *S-N* 曲线设计，也可以根据 *ε-N* 曲线进行设计，前者称为名义应力有限寿命设计，后者称为局部应力应变设计。

众所周知，疲劳是一个不断发展和累积的过程，是指某点或某些点承受扰动应力，且在足够多的循环扰动作用之后形成裂纹或完全断裂的材料中所发生的局部的、永久结构变化的特定过程，疲劳损伤则是指在随机载荷作用下的损伤累积。当损伤累积到某临界值时，认为结构发生破坏。实际结构服役中会承受极端复杂的疲劳载荷作用，包括低于疲劳极限的载荷和随机变化的载荷。特别是有限寿命设计的设计应力一般都高于疲劳极限时，就不能单考虑最高应力，还应该采用损伤累积理论来估算总的疲劳损伤。实际应用比较广泛的损伤累积理论有以下几种。

2.3.1 线性损伤累积准则

早在 20 世纪 20 年代，Palmgren 等就已经提出了疲劳损伤与循环周次呈线性关系的损伤累积假设。直到 40 年代中期，该理论才被 Miner 进行了公式化表达，并建立了被奉为经典的 Miner 理论，这就是著名的 Palmgren-Miner 线性损伤累积理论。材料在各项载荷下的疲劳损伤在 Miner 理论中被假设成相互独立的，并且总的疲劳损伤值能够随着载荷的增加而累积计算。据此，就可以用式（2.1）求得常幅载荷下金属材料的疲劳损伤值 *D*；而对于变幅载荷作用情况，可用式（2.2）来计算疲劳损伤值 *D*。

$$D = \frac{n}{N} \tag{2.1}$$

$$D = \sum \Delta D_i = \sum_{i=1}^{r} \frac{n_i}{N_i} \tag{2.2}$$

式中，N_i 为第 *i* 级载荷作用下的疲劳寿命；n_i 为第 *i* 级载荷的循环周次；*D* 则为总损伤值。式（2.2）是循环变幅载荷作用下的疲劳断裂判据，同时也是线性损伤累积理论的基本表达形式。

Miner 理论把材料的疲劳强度作为分割线，小于疲劳强度的应力被认为对疲劳损伤的贡献为零。然而，对于铁路车辆结构这种极为复杂的服役环境和工况，大量的运营载荷往往都小于许用应力，但是这些载荷对于结构的损伤破坏发挥着重要作用，不应忽视其影响。在此情况下，一些学者又建立了考虑低应力循环对疲劳损伤影响的修正 Miner 理论，该修正理论定义疲劳强度之下的疲劳 *S-N* 曲线的斜率为 $k' = 2k - 1$，式（2.3）给出了修正 Miner 理论疲劳损伤值 *D* 的计算公式。出于安全性和可靠性的考虑，临界疲劳损伤值 *D* 通常在 0.1～0.5 内选取。

$$D = \frac{1}{\sigma_{\text{lim}}^{k} N_{i,\text{f}}} \cdot \sum_{\sigma_i \geqslant \sigma_{\text{lim}}} n_i \cdot \sigma_i^{k} + \frac{1}{\sigma_{\text{lim}}^{k'} N_{i,\text{f}}} \cdot \sum_{\sigma_i \leqslant \sigma_{\text{lim}}} n_i \cdot \sigma_i^{k'} \tag{2.3}$$

式中，$N_{i,\text{f}}$ 为第 i 级载荷对应的应力 σ_i 的疲劳寿命；σ_{lim} 为疲劳强度；k 和 $k' = 2k-1$ 均是疲劳 S-N 曲线的斜率。

2.3.2　双线性损伤累积准则

另外，鉴于经典 Miner 理论的局限性，Manson 和 Halford 于 20 世纪 80 年代提出了双线性损伤累积理论。该理论把疲劳损伤过程分成两个阶段，分别是裂纹萌生阶段和裂纹扩展阶段，不同阶段对应各自的疲劳累积计算公式。在大量试验分析的基础上，Manson 给出了两个阶段各自的疲劳寿命公式：

$$\begin{aligned} N_{\text{f}} &= N_{\text{I}} + N_{\text{II}} \\ N_{\text{I}} &= N_{\text{f}} \exp\{Z N_{\text{f}}^{\phi}\} \end{aligned} \tag{2.4}$$

式中，N_{I} 为疲劳裂纹萌生寿命；N_{II} 为疲劳裂纹扩展寿命；ϕ 和 Z 为常数，由式（2.5）和式（2.6）求得

$$\phi = \frac{1}{\ln(N_{\text{f}1} / N_{\text{f}2})} \ln\left\{ \frac{\ln(0.35(N_{\text{f}1} / N_{\text{f}2})^{0.25})}{\ln(1 - 0.65) \cdot (N_{\text{f}1} / N_{\text{f}2})^{0.25}} \right\} \tag{2.5}$$

$$Z = \frac{\ln(0.35(N_{\text{f}1} / N_{\text{f}2})^{0.25})}{N_{\text{f}1}^{\phi}} \tag{2.6}$$

$N_{\text{f}1}$ 和 $N_{\text{f}2}$ 对应于载荷谱中最小应力水平和最大应力水平下的疲劳寿命。

为便于理解，Manson 进一步建立了双线性损伤累积模型（图 2.3），给出了可以确定两级变幅载荷作用下拐点坐标的经验公式：

$$\left[\frac{n_1}{N_{\text{f}1}}\right]_{\text{knee}} = 0.35 \left(\frac{N_{\text{f}1}}{N_{\text{f}2}}\right)^{0.25} \tag{2.7}$$

$$\left[\frac{n_2}{N_{\text{f}2}}\right]_{\text{knee}} = 0.65 \left(\frac{N_{\text{f}1}}{N_{\text{f}2}}\right)^{0.25} \tag{2.8}$$

式中，n_1 为第一级载荷的循环周次；n_2 为第二级载荷的循环周次。

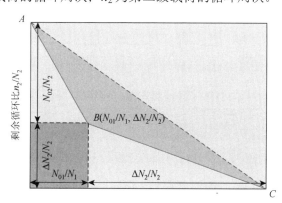

图 2.3　双线性损伤累积模型

2.3.3　非线性损伤累积准则

虽然 Miner 理论应用广泛，但其缺点也十分明显。为了克服 Miner 理论的不足，众多学者开展了长期深入的研究，提出了多种非线性损伤累积理论。非线性累积损伤理论认为各载荷所引起的损伤与之前的载荷历程相关，即应考虑载荷历程效应，这也比较符合结构的实际服役工况。其中，最具有代表性的是 Corten 和 Dolan 在 20 世纪 50 年代建立的考虑了裂纹形核和裂纹扩展两个阶段的非线性损伤累积模型，该模型认为应力的提高会导致整个结构中裂纹形核数量的增加。裂纹一旦在高水平应力下出现，在随后承受低水平应力作用时结构的疲劳损伤值依然会增大，但裂纹形核数目固定不变，此时引起的疲劳损伤值 D 可根据式（2.9）求解：

$$D = mrn^a \tag{2.9}$$

式中，n 为循环周次；a 为常数；r 为损伤系数；m 为裂纹形核数。

根据式（2.9）可得到在变幅载荷作用下结构疲劳寿命的计算公式：

$$N = \frac{N_1}{\sum_{i=1}^{k} \alpha_i \left(\frac{\sigma_i}{\sigma_1} \right)^d} \tag{2.10}$$

式中，N_1 和 σ_1 分别为最大应力对应的疲劳寿命和应力幅值；N 为疲劳总寿命；d 为材料系数；α_i 为在第 i 级应力 σ_i 作用下的循环周次与总循环周次的比值；k 为载荷级数。

在 Corten-Dolan 理论中 d 值的测定与结构应力水平联系密切，而且需要大量试验数据的支撑。Corten-Dolan 非线性损伤累积理论展现了载荷相互作用的影响，因此可以获得更加准确、合理的疲劳寿命预测。

下面以高速动车组空心车轴设计的发展历程为例，给出疲劳损伤累积的基本概念及其与传统设计思想的结合情况。图 2.4 是车轴疲劳强度设计及评价的标准方法，设计时默认为恒幅加载模式，且假定所有应力幅值取极大值。图中疲劳极限（通常指 10^7 循环周次后）下的未知区间或其他特性暂由安全裕度来描述。

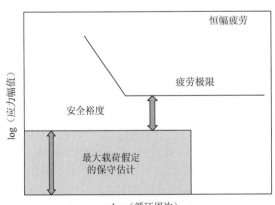

图 2.4　基于钢材的铁路车轴设计方法

　　然而，超高周疲劳研究发现，材料在常规疲劳极限下或拐点外仍有可能发生失效破坏，疲劳寿命通常大于 10^7 循环周次，如图 2.5 和图 2.6 所示。现代铁路车轴服役寿命为 25~35 年，约为 10^9 循环周次，属于典型的超高周疲劳问题。与合金材料的常规疲劳损伤机理不同，超高周疲劳断裂行为主要起源于亚表面和内部。

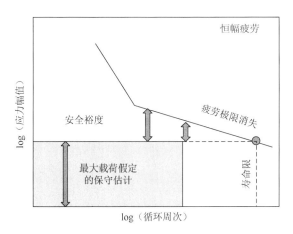

图 2.5　考虑超高周疲劳的车轴设计方法

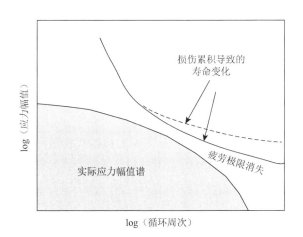

图 2.6　考虑损伤累积的车轴设计方法

　　通过对疲劳数据的深入研究分析，Sonsino 发现对数坐标系下钢制结构存在一个幅度为 0.5%疲劳强度的阶梯降低，进而提出了一个新的疲劳寿命设计图（假设不存在微动磨损或者环境腐蚀）。根据图 2.5 中的设计思想，结构寿命极限是其承受最大载荷时的循环周次，显然评估结果偏于保守。图 2.6 给出了实际应力幅值谱（出现频次）与材料疲劳 S-N 曲线（基于修正 Palmgren-Miner 损伤累积）的比较。必须指出，该下行曲线与图 2.5 不同，图 2.6 是由于考虑了损伤累积所致。

　　变幅加载的特点是位于疲劳极限下的应力对材料的失效破坏也有贡献，一般认为是疲劳极限以上的应力幅值恶化了材料的疲劳极限（类似于过载），从而在某种情况下小应力幅值有可能大于材料事实上的疲劳极限。此外，变幅加载下疲劳 S-N 曲线的下降程度可能比超高周疲劳更严重，这可能是由于前者已包含了后者的效应。但是，由于超高周疲劳数据的积累尚不够充分，结构设计与服役评估中必须谨慎处理。这也可能是结构在服役一段时间后需要探伤的原因之一。

图 2.7 是基于 Palmgren-Miner 准则的等效损伤累积图（变幅加载），其中对于循环周次 $N > N_w$（拐点寿命）时有 $k' = 2k - 1$ 或者 $k' = 2k - 2$。

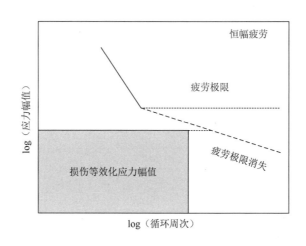

图 2.7　损伤等效处理的车轴设计方法

必须指出的是，由于列车制造质量、运行速度和载重的不断提升，在应用图 2.4 和图 2.5 进行疲劳强度分析时，最好事先存在大量测量数据作为参考载荷谱。总之，在缺少参考载荷谱的情况下，任意采用损伤累积准则来简单替代传统的疲劳极限方法并不科学。最后，关于超高周疲劳对车轴疲劳强度及寿命的影响尚无定论，但有学者认为变幅加载和环境的影响要比超高周疲劳行为的影响更为明显。换句话说，用超高周疲劳效应来考察车轴的服役行为还需要深入论证。还有一点值得注意，高强度金属材料的疲劳强度往往会随着其拉伸强度的提高而提高。

随着各国学者对工程结构抗疲劳设计的深入研究，发现基于名义应力法对车轴进行疲劳设计和寿命预测存在缺陷和不足。首先，名义应力法假设结构是没有任何缺陷的均匀连续体，而这种假设明显不符合实际，结构在加工、装配和服役的过程中都会造成材料不同程度的不均匀甚至损伤，这就导致基于名义应力法的疲劳设计和寿命预测存在较大误差。其次，车轴等部件在随机交变载荷作用下长时间运行很容易出现疲劳裂纹的萌生和扩展，而服役过程中道砟撞击、腐蚀坑等意外损伤造成的缺陷会进一步促进车轴裂纹萌生和扩展进而导致车轴失效。然而以前通常根据疲劳 S-N 曲线进行评定，并没有考虑裂纹扩展速率，显然不合理。

2.4　损伤容限设计方法

如上所述，传统结构强度及可靠性设计思想的一个基本假设是把材料及结构的初始状态假定为一个无任何缺陷的理想均匀连续体。事实也一再证明，根据这一思想设计的工程结构并不能保证其服役期间的安全可靠性。例如，20 世纪 50 年代美国北极星导弹固体燃料发动机（所用高强度钢屈服强度为 1372MPa，但破坏应力不足其屈服强度的一半）爆炸的元凶就是壳体焊缝中事实存在的 0.1～1mm 的微裂纹；还有同一时期震惊世界的由于方形舷窗诱导局部应力集中最终导致英国彗星号客机在地中海上空接连失事的空难事件，以及此后世界各国发生的一系列重特大恶性低应力脆断灾难性事故等。血的教训与沉重代价使得工程师和科学家开始重视并对含缺陷工程结构的服役安全可靠性进行全面深入的研究，从而直接促进了断裂力学的形成、发展与完善。需要指出的是，工程材料（熔炼、加工、制造等）及运用中产生的各类缺陷（内部和外部的、平面和曲面的、二维和三维的等），在断裂力学中统称为裂纹。

为了表征裂纹问题，英国工程师 Griffith 首先从理论角度探讨了玻璃平板的低应力脆断现象，成功解释了非金属材料强度远低于理论强度的尺寸效应问题，提出了非晶体材料断裂强度的理论计算公式以及裂纹失稳扩展的准则。在 Griffith 的能量平衡理论的基础上，Irwin 进一步提出了应力强度因子（K 参数）的概念，并最终建立以应力强度因子为参量的裂纹扩展准则，为解决工程材料及结构的断裂强度和安全性评估问题指明了方向。这一理论建树还使得破坏力学从无缺陷体第一阶段的经验论发展到含缺陷体第二阶段的宏观断裂力学，因此在疲劳断裂力学的学科发展与结构评估中具有承上启下的里程碑地位。进一步，Paris 和 Erdogan 巧妙将应力强度因子范围与裂纹扩展速率关联起来，提出了一个能够唯象描述金属材料疲劳裂纹扩展速率的经验公式，这便是著名的 Paris 方程，开启了定量描述含缺陷材料疲劳寿命的学科方向。

断裂力学是指通过连续介质力学的理论分析（固体力学、弹性力学、结构力学及有限元法（finite element method，FEM）等）提出结构的计算方法及相应的物理模型，试图建立起含裂纹构件的损伤容限设计和评定方法，探讨如何控制和防止工程结构的断裂破坏行为。当前，通过疲劳断裂力学的可靠分析研究及仿真模拟，已能够对含裂纹或缺陷的工程材料及结构进行相对简单的安全性服役评价，包括：

（1）建立结构的剩余强度与裂纹尺寸之间的半定量函数关系。

（2）预测服役构件的最大容限缺陷尺寸，并建立可靠、合理的探伤标准。

（3）确定出裂纹失稳扩展时的临界载荷或者强度和临界裂纹尺寸。

（4）进行裂纹扩展的寿命分析和估算，以确定经济、可行的检修周期。

铁路车轴的损伤容限分析是指在规定的未经维修的使用期间，确定列车编组中每一根车轴的安全容限及等级。研究发现，腐蚀坑、飞石撞击及非金属夹杂等都有可能引起局部应力集中，进而产生微裂纹，但传统的安全寿命设计理论却无法处理这些缺陷。更有问题在于，当前科学技术无法完全避免这些安全性部件中缺陷的广泛存在。而一旦这些裂纹达到其临界值，车轴将发生断裂，继而引发灾难性事故。损伤容限分析的目的就是确保车轴中的微裂纹在规定的检修周期内不发生破坏性扩展。根据无损检测来确定车轴中裂纹的尺寸和形貌，尤其不能漏检车轴中的临界裂纹。此外，飞石撞击（深度达 2mm 及以上，一般假设 2mm）属于突然产生的裂纹，也必须在损伤容限设计及评定中予以考虑。图 2.8 为基于断裂力学理论的铁路车轴损伤容限设计原理。

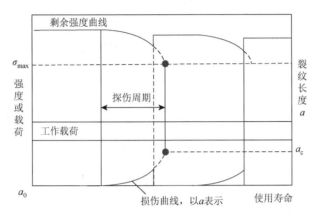

图 2.8　基于断裂力学理论的铁路车轴损伤容限设计原理

目前，断裂力学已在化工机械、核电管道、航空航天、轨道交通、远洋船舶、深海舰船等关系国家军事安全和经济战略安全等多个领域得到了广泛应用，并逐渐形成了一种新的有别于传统设计理论的损伤容限设计方法，得到工程界的广泛认可。此外，近年来发展起来的焊接结构断裂力学对于大型结构安全性评定有着重要意义。这是由于焊缝中存在各种冶金缺陷，而熔合区更是一个成分、组织和性能突变的区域，再加上接头的几何不连续性和残余应力，总体上形成了结构上的严重应力集中区域，从而使得焊接接头成为整个焊接结构的安全性与可靠性控制的关键节点。正是焊接结构的组织性能和初始应力状态的复杂性，使得采用数值仿真方法揭示焊接缺陷（可视为"裂纹"）在任意材料种类、结构尺寸、应力状态、服役荷载以及初始条件下的失效破坏演变过程变得十分方便且更有意义。

2.5　耐久性设计方法

耐久性是工程构件本身固有的一种基本性质，是指在规定时期内，工程构件抵抗疲劳开裂、腐蚀、异物致损等作用的能力。

耐久性设计方法，又称耐久性/损伤容限设计方法，是一种将经济寿命作为评估准则的抗疲劳设计方法。该方法认为构件在使用前，即在制造、加工、装配、运输过程中就存在许多微小的初始缺陷，服役过程中，在载荷/环境的作用下或者载荷与环境的耦合作用下，逐渐形成一定长度和一定数量的裂纹和损伤，持续扩展下去将造成构件功能性损伤或维修费用剧增，进而影响构件的使用。耐久性设计方法首先要定义构件的初始疲劳损伤状态，一般用构件的材料、形状和加工制造工艺等参数来描述；再利用疲劳裂纹扩展理论预测构件在使用期限内的疲劳损伤值变化；根据其状态信息确定工程构件的经济寿命，来拟定工程构件的修复方法。而当工程构件的裂纹扩展到不能经济修复时，此时的工程构件使用寿命就称为经济寿命。

耐久性设计由原来不考虑裂纹或仅考虑少数最严重的单个裂纹，发展到考虑全部可能出现的裂纹群；由仅考虑材料的疲劳抗力，发展到考虑细节设计及其制造质量对疲劳抗力的影响；由仅考虑安全，发展到综合考虑安全、功能及使用经济性；提供指导设计、制造、使用、维护的综合信息，这些都反映了疲劳断裂力学研究的发展和进步。当前，耐久性设计已经广泛应用于一些飞机结构及其他重要工程结构中，是疲劳断裂控制研究的一个主要和重要发展方向。

2.6 可靠性设计方法

现代飞机、高铁、舰船等结构都是典型的复杂系统，而结构疲劳又受到多种因素的影响。考虑到影响结构安全的各个因素的随机性，可靠性设计思想应运而生。科研人员采用合理的概率分布函数或者随机过程等统计方法，并基于概率分析方法建立可靠性模型，定量化表征结构的破坏概率，保证在服役期间结构破坏的概率小于设计要求，进而在设计层面上实现结构的安全性和可靠性评价。疲劳可靠性设计法对一定载荷下材料性能、疲劳寿命和其他疲劳设计或试验数据的分散性进行了合理考虑，将失效概率限制在一定的范围内，具有较高的设计精度。它是概率统计方法与抗疲劳设计相结合的产物，因此又称概率疲劳设计。

与传统的以安全裕量来保障工程结构强度的方法相比，结构疲劳可靠性的分析进一步考虑了外部载荷的随机性、结构材料的不均匀性、结构尺寸误差等因素对疲劳性能的影响。分析方法主要通过概率方法对结构的疲劳寿命进行可靠性预测，从而对结构在疲劳方面的安全性做出评估，因此寿命所遵循的概率分布模型至关重要。以下将对疲劳寿命的分布模型进行分析。

在疲劳试验中，即使在同一应力水平下，由于材质不均匀性和制造批次，试样加工质量及尺寸差异、试验载荷误差、试验环境、人工操作及其他因素的变化都会引起疲劳寿命的分散性。一般地，疲劳寿命 N 的准确预测与应力水平 σ 和存活率 p 均有关，三者共同构成了一个空间曲面。在该三维面上，每一应力水平 σ 存在一个寿命 N 与某一存活率 p 相对应，把这些点连接起来就得到疲劳 P-S-N 曲线。因此，需要通过统计分析的方法处理疲劳数据（一般指寿命）从而准确获得构件的疲劳 P-S-N 曲线，确保其服役的安全性、可靠性及经济性。在疲劳可靠性研究中，最常用的两种概率密度分布是正态分布和韦布尔分布，通常对数疲劳寿命服从正态分布，而疲劳寿命服从韦布尔分布。

2.6.1 正态分布模型

如前所述，对数疲劳寿命通常遵循正态分布（高斯分布），式（2.11）为正态分布概率密度函数表达式：

$$f(x) = \frac{1}{s\sqrt{2\pi}} \exp\left\{-\frac{(x-\mu)^2}{2s^2}\right\} \tag{2.11}$$

式中，x 为随机变量对数疲劳寿命 $\log(N)$；μ 为母体均值；s 为母体标准差。

正态分布概率密度函数曲线关于 $x = \mu$ 对称，并在该处取得最大值。同时，应力水平越高，标准差 s 越小，曲线越瘦，标准差反映了 x 的分散程度。正态概率分布特征恰恰反映了裂纹萌生寿命随着应力水平降低不断增大的趋势，也在一定程度上准确反映了疲劳裂纹萌生因缺陷位置分布的不确定性特点。

若已知某一应力水平下对数疲劳寿命的正态分布函数，则概率分布函数为

$$F(x) = \int_{-\infty}^{x} f(x)\mathrm{d}x = \int_{-\infty}^{x} \frac{1}{s\sqrt{2\pi}} \exp\left\{-\frac{(x-\mu)^2}{2s^2}\right\}\mathrm{d}x \tag{2.12}$$

进一步，当应力水平 σ 发生变化时，式（2.11）所代表的以对数疲劳寿命为随机变量的概率密度函数中的 μ 和 s 均随着 σ 的变化而变化，即为 σ 的函数：$\mu = \mu(\sigma)$ 和 $s = s(\sigma)$。那么，在每一级应力水平下得到的以对数疲劳寿命为随机变量的概率密度函数为条件概率密度函数，可表达为

$$f(x/\sigma) = \frac{1}{s(\sigma)\sqrt{2\pi}} \exp\left\{-\frac{(x-\mu(\sigma))^2}{2s^2(\sigma)}\right\} \tag{2.13}$$

图 2.9 为正态分布条件概率密度曲面示意图，随着应力水平的降低，标准差 s 增大，正态分布概率密度曲面逐渐趋平。

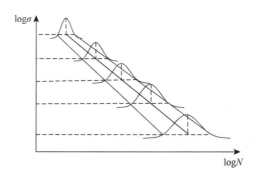

图 2.9　正态分布条件概率密度曲面示意图

2.6.2　韦布尔分布模型

除了正态分布，另一种常用的概率分布是韦布尔分布，疲劳寿命遵循该分布模型，如式（2.14）所示：

$$f(N) = \frac{b}{N_a - N_0}\left(\frac{N - N_0}{N_a - N_0}\right)^{b-1} \exp\left\{-\left(\frac{N - N_0}{N_a - N_0}\right)^b\right\}, \quad N_0 \leqslant N < \infty \tag{2.14}$$

式中，N 为任意应力水平下的随机疲劳寿命；N_0 为最小寿命参数；N_a 为特征寿命参数，反映疲劳寿命 N 的分散性，称为尺度参数；b 为韦布尔形状参数。

当 $b=1$ 时 $f(N)$ 为指数分布，当 $b=2$ 时为瑞利（Reyleigh）分布，当 $b=3.5\sim4$ 时函数趋近于正态分布。若已知某一应力水平下疲劳寿命的韦布尔分布函数，则概率分布函数可表示为

$$F(N)=\int_{N_0}^{N}f(N)\mathrm{d}x=\int_{N_0}^{N}\frac{b}{N_a-N_0}\left(\frac{N-N_0}{N_a-N_0}\right)^{b-1}\exp\left\{-\left(\frac{N-N_0}{N_a-N_0}\right)^b\right\}\mathrm{d}N \qquad (2.15)$$

当应力水平 σ 变化时，由式（2.15）所得到的条件概率密度函数为

$$f(N/\sigma)=\frac{b}{N_a-N_0}\left(\frac{N-N_0}{N_a-N_0}\right)^{b-1}\exp\left\{-\left(\frac{N-N_0}{N_a-N_0}\right)^b\right\},\quad N_0\leqslant N<\infty \qquad (2.16)$$

图 2.10 为韦布尔分布条件概率密度曲面示意图，同样随着应力水平的降低，标准差 s 增大，韦布尔分布条件概率密度曲面逐渐趋平。

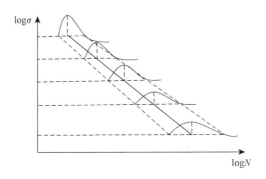

图 2.10　韦布尔分布条件概率密度曲面示意图

2.7　阶梯疲劳设计方法

众所周知，当前铁路车辆均按照名义应力法进行结构设计、强度校核与服役寿命评估，再结合损伤累积理论和 Goodman（古德曼）图给出其疲劳寿命及可靠性预测。显然，这是一种基于名义应力法的安全寿命设计。为确保车辆运用安全性与可靠性，必须采用较大的安全系数，往往导致不当维修或者欠维修，一旦缺陷超标即行报废处理。然而，车轴在制造与运用中总会产生各种缺陷，相关标准中还较少涉及服役环境和异物致损等的影响。为此，有必要引入断裂力学方法对损伤车轴进行剩余强度和寿命计算，进而探索合适、经济的探伤周期里程。

名义应力法的前提是获得材料及部件的疲劳极限，断裂力学则从缺陷出发，对受载部件的剩余强度和寿命给出合理估算。基于名义应力法的 Goodman 图仅能给出部件安全与否的定性结论，缺乏服役寿命的理论与试验依据；对于受疲劳加载下的含缺陷车轴，从裂纹萌生到失稳断裂存在确定的寿命值。基于这一考虑，作者提出了高铁车轴名义应力+损伤容限的阶梯疲劳评估方法。

阶梯疲劳评估认为，设计时即考虑服役环境或服役致损影响，把传统的安全寿命（名义应力+损伤累积理论）与先进的损伤容限分别作为铁路车辆结构全寿命周期的第一级

（初级）和第二级（高级）抗疲劳断裂评估方法，以考虑应力比效应（运用时变幅载荷）和近门槛区短裂纹效应的修正 Kitagawa-Takahashi（K-T）图作为评估依据，推进抗疲劳设计基于 Goodman 图和剩余寿命预测基于损伤容限的完全分离的先验设计（计划修）与事后评估（故障修），打通结构设计与智能运维一体化管理，试图实现"交钥匙"工程（图 2.11）。阶梯疲劳评估的关键技术分别为更准确获得疲劳极限的样本信息聚集改进原理（improved backward statistical inference approach，ISIA）、考虑近门槛区短裂纹和裂纹闭合的基于拉伸参数的疲劳裂纹扩展模型（iLAPS）、给出损伤部件定量评估方案的应力-缺陷-寿命三参数评估图（SDK）以及表面强化诱导的残余应力重建方法（UPA）。本书第 4 章将详细介绍相关技术。

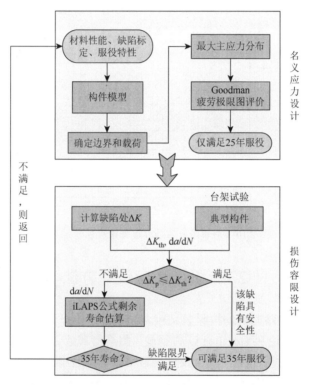

图 2.11　高速转向架焊接构架的阶梯疲劳评估流程

　　尽管如此，既有的车轴疲劳寿命评估方法难以考虑多轴疲劳载荷和变幅疲劳载荷序列的耦合效应，导致寿命预测过于保守。近期，作者将大尺度的车辆振动响应和微小尺度的结构损伤演化相互关联，在阶梯疲劳设计的基础上，将先进的损伤容限设计准则与车辆振动响应和动车组车轴时域载荷结合，提出了以动车组车轴的服役载荷（谱）为纲，衔接了服役载荷分析、结构强度校核、疲劳寿命预测和损伤容限评价四个递进的评估步骤，创立了高速动车组车轴结构完整性评估的时域阶梯疲劳评估方法，革新了现有的静态或准静态结构动强度评估方法、损伤累积寿命评估方法和剩余寿命评估方法，后续章节将进行详细介绍。

　　众所周知，疲劳失效问题复杂，影响因素众多，服役条件和环境差异极大。因此，上述各种抗疲劳设计方法并不意味着相互取代，而是一种相互补充的关系。针对不同服役条件下的不同结构，应当采用不同的抗疲劳设计方法。对于高周疲劳，基于名义应力法的无限寿命设计和安全寿命设计仍发挥着重要作用。对于含初始缺陷或裂纹的构件，应采用损伤容限设计。鉴于应力与强度的分散性，为提高结构的可靠性，以上多种抗疲劳设计应当与可靠性设计结合，进行疲劳可靠性设计。需要指出的是，当前抗疲劳设计方法主要针对常规服役条件，对于服役过程中的异物致损、腐蚀等环境影响下的抗疲劳设计方法还不成熟，作者提出的阶梯疲劳设计方法认为在设计阶段就要考虑服役环境的影响。该方法尚处于发展阶段，但是这种设计思想有望一定程度上为抗疲劳设计方法的发展提供新的思路。

2.8 本章小结

长期以来，车辆结构完整性设计的依据就是经典的名义应力法。无论是无限寿命设计还是基于疲劳损伤累积理论的安全寿命设计，本质上都是以构件的工作名义应力作为基本控制参数，通过与材料许用应力的比较或者根据疲劳损伤累积理论结合 S-N 曲线进行损伤计算从而进行疲劳强度设计和寿命预测。在这一发展过程中，设计及运用时均未涉及缺陷或裂纹的定义与处理。因此，也没有相应的技术手段来管控工程材料及结构中因裂纹导致的服役可靠性问题。

针对基于名义应力法不能对铁路车轴的裂纹扩展进行评定的理论不足，利用线弹性断裂力学研究车轴裂纹扩展并评估车轴剩余寿命变得十分有必要。断裂力学通过连续介质力学的理论分析建立与车轴裂纹有关的疲劳强度设计概念和参数，提出相关计算方法和经验模型，研究如何评估裂纹扩展寿命和预防结构断裂破坏，这对车轴的寿命评估和检修周期具有重要意义。

近年来，作者在铁路车辆结构抗疲劳设计方面也做了一些工作与思考，提出在抗疲劳设计时考虑服役环境或服役致损影响，把传统的安全寿命（名义应力+损伤累积）与先进的损伤容限分别作为铁路车辆结构全寿命周期的第一级（初级）和第二级（高级）抗疲劳断裂评估方法，也称为阶梯疲劳设计方法。

参 考 文 献

冯瑜. 2021. 高速列车车轴疲劳极限设计与有限寿命设计研究[D]. 北京: 北京交通大学.

顾梦元. 2014. 韦布尔分布与正态分布两种条件概率密度曲面比较[D]. 北京: 北京工业大学.

何宇廷, 张腾, 马斌麟. 2019. 飞机结构完整性的度量与控制[J]. 空军工程大学学报(自然科学版), 20(3): 1-7.

洪友士, 孙成奇, 刘小龙. 2018. 合金材料超高周疲劳的机理与模型综述[J]. 力学进展, 48: 1-65.

焦志强, 舒成辉. 2010. 飞机结构完整性设计思想的发展和标准的演变[J]. 航空标准化与质量, (1): 21-24.

李守新, 翁宇庆, 惠卫军, 等. 2010. 高强度钢超高周疲劳性能——非金属夹杂物的影响[M]. 北京: 冶金工业出版社.

马园园. 2014. 焊接结构疲劳寿命预测相关问题研究[D]. 沈阳: 东北大学.

秦庆斌. 2020. 铁路客车铸造材料焊接构架疲劳性能及剩余寿命评估[D]. 成都: 西南交通大学.

王彬文, 陈先民, 苏运来, 等. 2021. 中国航空工业疲劳与结构完整性研究进展与展望[J]. 航空学报, 42(5): 6-44.

吴圣川, 任鑫焱, 康国政, 等. 2021. 铁路车辆部件抗疲劳评估的进展与挑战[J]. 交通运输工程学报, 21(1): 81-114.

轩福贞, 朱明亮, 王国彪. 2021. 结构疲劳百年研究的回顾与展望[J]. 机械工程学报, 57(6): 26-51.

杨晓华, 姚卫星, 段成美. 2003. 确定性疲劳累积损伤理论进展[J]. 中国工程科学, 5(4): 81-87.

杨新华, 陈传尧. 2018. 疲劳与断裂[M]. 武汉: 华中科技大学出版社.

殷之平. 2012. 结构疲劳与断裂[M]. 西安: 西北工业大学出版社.

袁元豪. 2013. 日本和欧洲铁路车轴标准的比较[J]. 铁道技术监督, 41(9): 4-7.

翟建明. 2013. 金属材料经硫化氢腐蚀后的疲劳可靠性研究[D]. 北京: 北京工业大学.

张继旺. 2011. 高速列车车轴钢超长寿命疲劳可靠性及强度改善方法[D]. 成都: 西南交通大学.

张彦华. 2013. 焊接结构疲劳分析[M]. 北京: 化学工业出版社.

赵少汴, 王忠保. 1997. 抗疲劳设计——方法与数据[M]. 北京: 机械工业出版社.

钟群鹏, 周煜, 张峥. 2014. 裂纹学[M]. 北京: 高等教育出版社.

周杰. 2019. 航空发动机涡轮叶片疲劳寿命及可靠性分析[D]. 成都: 电子科技大学.

Bathias C, Pineau A. 2013. Fatigue of Materials and Structures[M]. London: Wiley.

Bathias C. 1999. There is no infinite fatigue life in metallic materials[J]. Fatigue & Fracture of Engineering Materials & Structures, 22(7): 559-565.

Fatemi A, Yang L. 1998. Cumulative fatigue damage and life prediction theories: A survey of the state of the art for homogeneous materials[J]. International Journal of Fatigue, 20(1): 9-34.

Makino T, Kato T, Hirakawa K. 2011. Review of the fatigue damage tolerance of high-speed railway axles in Japan[J]. Engineering Fracture Mechanics, 78: 810-825.

Manson S S, Halford G R. 1981. Practical implementation of the double linear damage rule and damage curve approach for treating cumulative fatigue damage[J]. International Journal of Fracture, 17(2): 169-192.

Miner M A. 1945. Cumulative damage in fatigue[J]. Journal of Applied Mechanics-Transactions of the ASME, 12(3): 159-164.

Sakai T, Sato Y, Oguma N. 2002. Characteristic S-N properties of high-carbon-chromium-bearing steel under axial loading in long-life fatigue[J]. Fatigue & Fracture of Engineering Materials & Structures, 25(8-9): 765-773.

Schijve J. 2009. Fatigue of Structures and Materials[M]. 2nd ed. London: Springer Press.

Sonsino C M. 2007. Course of SN-curves especially in the high-cycle fatigue regime with regard to component design and safety[J]. International Journal of Fatigue, 29(12): 2246-2258.

Zerbst U, Beretta S, Köhler G, et al. 2013. Safe life and damage tolerance aspects of railway axles—A review[J]. Engineering Fracture Mechanics, 98(1): 214-271.

Zhai J M, Li X Y. 2012. A methodology to determine a conditional probability density distribution surface from S-N data[J]. International Journal of Fatigue, 44(11): 107-115.

第3章 车辆结构强度及动力学性能评估

在作者提出的新型阶梯疲劳评估与设计概念中，建议将结构强度作为第一级（Level 1）评估，而把疲劳性能作为第二级（Level 2）评估，实际上分别对应于工程结构的静强度评估和抗疲劳评估，其结果自然是结构可靠性更高、尺寸和厚度更小。从某种程度上讲，这种阶梯疲劳设计和评估思想类似于英国 BS 7910-2019 标准中有关含缺陷金属结构的断裂力学评定，具体执行中需要根据既有材料数据和安全性水平来决定。随着评估等级的提高，所需要的材料参数增加，结构安全性也增加，但保守度下降。事实上，车辆结构设计初期的简单动力学性能分析对结构设计和车辆运行安全评估具有同等重要的指导意义，本书可将其归结为第一级评估内容，但为了行文连贯将该部分内容放在了本章的最后一节进行叙述。前两级阶梯疲劳评估是后续开展安全寿命计算和损伤容限评估的重要基础。当前，在强度和动力学评估领域国内外均形成了一系列标准用以指导台架试验或数值计算，以下将分别进行介绍。

3.1 静强度评估标准

静强度主要分析常温下结构在静力荷载，如重力、外加集中力、分布载荷、位移载荷等作用下的力学响应，有时还包括对细长构件的屈曲稳定性分析。静强度分析是阶梯疲劳评估中比较简单却又非常重要的环节。在铁路车辆部件的静强度设计中，针对不同的车辆结构形成了不同的分析标准。下面将分别对三个典型车辆部件——车体结构、转向架构架、轮对结构的静强度评估标准进行介绍。

3.1.1 车体结构

近年来国内有关部门修订了一系列关于车体强度校核与试验方法的相关标准，如《铁道车辆强度设计及试验鉴定规范》（TB/T 1335—1996）、《200km/h 及以上速度级铁道车辆强度设计及试验鉴定暂行规定》（以下简称《暂规》）、《动车组车体结构强度设计及试验》（TB/T 3451—2016）、《机车车辆强度设计及试验鉴定规范 车体 第 2 部分：货车车体》（TB/T 3550.2—2019）等。国外标准方面，如《铁路设备 铁路车辆车身的结构要求》（EN 12663-2010）、《铁路机车车辆客车结构体设计 一般要求》（JIS E7106-2006）、国际铁路联盟《客车车体及其零部件的载荷》（UIC 566-1990）等，也得到了广泛应用。分析各个标准可知，在多数情况下，国内外标准之间能够互为参考、相互补充。不同标准均有其适用范围，一些标准规定了车辆速度等级，另外一些标准则限定了适用车辆类型，还有的对轴重和列车总重量提出了要求。现将以上标准的适用范围进行整理，分别给出适用速度、牵引质量及车型等条件，具体如表 3.1 所示。

表 3.1 车体强度校核标准适用范围

标准号或标准名	标准应用条件		
	速度/(km/h)	牵引质量/t	其他适用条件
TB/T 1335—1996	客车≤200 货车≤120	列车牵引总重≤6000 10000t 以上运煤专线轴重≤25	—
《暂规》	200 及以上		—
TB/T 3451—2016	200～350	—	动车组车体
TB/T 3550.2—2019	≤160	轴重≤30 单列编组总重≤10000 多列编组总重≤10000	货车车体
EN 12663-2010	—	—	适用欧洲自由贸易协会规定的 所有轨道车辆
UIC 566-1990	—	—	国际联运客车车体
JIS E7106-2006	—	—	不适用于无轨电车、单轨、 磁浮等特种车辆

从表 3.1 可以看出,国内标准对于铁路车辆速度有着较为严格的限制,对轴重也有一定的要求。此外,还对适用车型进行了比较细致的分类,如 TB/T 1335—1996 将车体分为客车、货车、机车和动车等四种类型并分别制定了标准。国外标准则对车辆速度等级、轴重和车型等方面限制较弱,所以既有将 EN 12663-2010、JIS E7016-2006 和 UIC 566-1990 等标准应用于城铁和地铁车体结构强度评估,也有的将其应用于高速动车组车体强度评估,还有的将其用于货车车体的强度评估。随着铁路行业的高速发展,在标准的修订过程中新的标准逐步将旧的标准替代,如 TB/T 3550.2—2019 已部分替代了《货车车体静强度试验方法》(TB/T 1807—2002)、TB/T 1335—1996 和《铁道车辆冲击试验方法》(TB/T 2369—2010)中的内容。另外,在对铁路车体进行有限元静强度分析时,各标准对车体所受载荷种类均做出了相应规定,具体类型包括纵向载荷、垂向载荷与侧向载荷等,相同车型按不同标准计算得到的载荷大小会有所区别,表 3.2 展示了不同标准规定的车体载荷计算方法以及相应的工况组合(仅针对高速客车)。

表 3.2 不同标准下车体载荷计算方法及工况组合

标准号或标准名	最大垂向运营载荷	纵向载荷/kN		其他载荷类型或工况组合
		拉伸	压缩	
《暂规》	$1.3g \times [M_1+(n+S \times b) \times p]$	1500	300	垂向动载、侧向力、斜对称和扭转载荷、制动力、惯性力等
TB/T 3451—2016	$1.3g \times (m_1+m_2)$	1500	400	单端抬车工况、整车抬车工况、支撑点移位抬车工况等
EN 12663-2010	$1.3g \times (m_1+m_2)$	2000	500	静载叠加工况、设备连接点保障载荷等
JIS E7106-2006	$1.3g \times (m_1+m_2)$	490	980	扭转载荷、三点支撑载荷、设备安装处载荷等
UIC 566-1990	$1.3g \times (m_1+m_2)$	1500	2000	制动载荷、惯性力等

注:g 为重力加速度;M_1 为整备状态下车体质量;n 为定员数;S 为通道及通过台面积;b 为单位面积计算旅客数;p 为每一旅客质量;m_1 为运营时车体质量;m_2 为最大有效质量。

在上述标准中，EN 12663-2010、TB/T 3451—2016 直接将屈服应力作为许用应力，TB/T 1335—1996、UIC 566-1990、JIS E7106-2006、《暂规》等则将屈服应力除以一定的安全系数作为许用应力。可见即使是相同的车体模型，不同标准将得到保守度不同的结果。总的来说，车体静强度校核标准的选择既要考虑安全性，又要充分发挥材料承载潜力。表 3.3 列举了车体常用材料的相关参数。

表 3.3　车体常用材料的相关参数

材料名称	密度 $\rho/(kg/m^3)$	弹性模量 E/GPa	泊松比 ν	屈服极限 σ_s/MPa	抗拉极限 σ_u/MPa
SUS301L	7800	183	0.30	345	520
Q355GNH	7800	206	0.29	355	550
A7N01S	2700	70	0.28	295	430
A6N01S	2685	69	0.31	225	260

车体模型往往采用多种网格单元进行离散。常用于车体网格划分的单元有 shell181、beam188、solid185 和 mass21 等多种类型。车体零部件之间为螺栓连接时常采用耦合约束方程进行处理，而焊缝位置可以用共节点方式处理或直接使用焊接单元对其进行模拟。模型建立完成后需要施加合适的边界条件，然而对于不同车体与载荷工况，模型边界条件不尽相同。就客车车体而言，其约束一般施加在空气弹簧安装座，纵向、横向和垂向载荷等视情况以集中力或均布力施加到车体地板、侧墙或零件安装座位置，限于篇幅不做详细介绍。图 3.1 列举了典型车体结构的静强度计算结果。

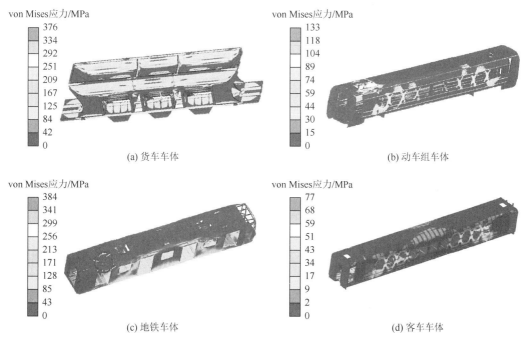

(a) 货车车体　　(b) 动车组车体
(c) 地铁车体　　(d) 客车车体

图 3.1　典型车体结构的静强度计算应力云图

　　然而，以上分析只对车体结构在外载荷下的应力响应提出了要求，实际上标准对车体刚度也做了细致的规定。车体刚度是指其抵抗变形的能力，主要与结构和截面形状相关。刚度校核对车体的设计极其重要，各标准对车体垂向弯曲刚度规范有详细的解释，如《地铁车辆通用技术条件》（GB/T 7928—2003）规定底架边梁在车体中心线处的静态挠度不应超过车辆定距的1‰；TB/T 3451—2016规定整备状态下车体的一阶垂向弯曲自振频率与转向架的点头和浮沉自振频率的比值应大于1.4，或车体的一阶垂向弯曲自振频率不低于10Hz；TB/T 1335—1996给出了车体中梁、侧墙的弯曲刚度计算公式，见式（3.1），并定义了货车车体挠跨比临界值，如表3.4所示。

$$EJ = WL_2^2(5L_2^2 - 24L_1^2)/(384f) \tag{3.1}$$

式中，EJ为弯曲刚度，N·m²；W为单位长度载荷，N/m；L_1为底架外伸长度，m；L_2为车辆定距，m；f为中梁或侧墙挠度。标准推荐中梁$EJ \geqslant 1.3 \times 10^9$N·m²，侧墙$EJ \geqslant 1.8 \times 10^9$N·m²。

表3.4　货车车体刚度评定方法

车体受载形式	底架承载	侧墙承载	受集中载重的平车
评定方法	$\dfrac{f_x}{L_2} \leqslant \dfrac{1}{900}$	$\dfrac{f_x}{L_2} \leqslant \dfrac{1}{1500}$、$\dfrac{f_z}{L_2} \leqslant \dfrac{1}{2000}$	$\dfrac{f_z}{L_2} \leqslant \dfrac{1}{700}$

　　此外，近年来列车的碰撞安全评价成为研究热点，尽管本书所提出的阶梯疲劳评估不涉及该部分内容，但其可以丰富车辆结构完整性的内涵，所以在此对铁路车辆结构的耐撞性设计进行简要介绍。列车碰撞安全可以采取多种研究方法，如基于多体动力学理论的仿真分析、有限元数值模拟和试验分析等。欧美国家通过对列车碰撞事故的统计分析以及对典型碰撞事件的再现研究，制定了S580、GM/RT、TSI、EN15227等标准或规范。据此，可以运用有限元法开展吸能元件设计、碰撞分析中车辆薄弱位置的结构改进、碰撞能量管理等研究。此外，多体动力学碰撞仿真分析可以捕捉碰撞过程中车辆的加速度、冲击力和能量变化等信息，进而可用于指导列车碰撞能量的统筹分配、车辆端部结构设计等。值得一提的是，由于碰撞研究涵盖面十分广泛，试验分析和数值模拟还难以相互印证，尤其对于高速列车分析，试验速度还相对比较低，这也是亟待后续研究人员攻克的重要课题。最后，铁路车辆碰撞研究也可以借鉴汽车碰撞研究的成熟经验，虽然在高速列车上设置安全带和安全气囊的必要性仍有不少争议，但开展铁路车辆耐撞性研究的最终目的也是保证乘客安全。

3.1.2　转向架构架

　　国内关于转向架构架静强度计算和试验相关的标准主要有TB/T 1335—1996中的转向架部分、《动力转向架构架强度试验方法》（TB/T 2368—2005）、《铁道客车转向架构架、摇枕及摇动台》（TB/T 2637—2008）、《机车车辆强度设计及试验鉴定规范 转向架 第1部分：转向架构架》（TB/T 3549.1—2019）等。铁路行业发展早期制订的标准TB/T 1335—1996中未考虑由车体侧滚和浮沉引起的转向架中央弹簧载荷的变化，而后续制定的 TB/T 2368—2005、TB/T 2637—2008 虽然考虑了这类工况，但是这几个标准关于构架载荷的定义和评估方法差异较大，标准的适用范围也有相互重叠的部分。鉴于此，国家铁路局组织修制了 TB/T 3549.1—2019，并于 2019 年 11 月 1 日正式施行，其既可覆盖现有客货车辆的转向架构架，又充分调和了以前标准适用范围中存在冲突的矛盾，更好地与国际标准接轨。

在国外，关于铁路客车构架强度校核的标准主要有《客运车辆 拖车转向架 走行装置 转向架构架的结构强度试验》（UIC 515-4-1993）、《电力动车转向架和走行装置 转向架构架的结构强度试验》（UIC 615-4-2003）、《货车 二轴或三轴转向架试验台强度试验》（UIC 510-3-1989）、《铁路应用轮对和转向架 转向架结构要求的规定方法》（EN 13749-2021）、《铁路车辆 转向架 转向架构架强度设计通则》（JIS E4207-2019）、《铁路车辆 转向架 载荷试验方法》（JIS E4208-2021）等。UIC 510-3-1989 于 1989 年首次出版，并于 1994 年修改后再次出版，修改后的标准中增加了三轴转向架的试验内容。EN 13749-2021 标准将转向架分为 7 种类型，其中 B-I 至 B-IV 为高速客运或地铁、轻轨车辆转向架，B-V、B-VI 为货车转向架，B-VII 为机车转向架。以上标准均规定了转向架构架载荷的类型和计算方法，尽管不同标准对构架载荷的描述有些许出入，但基本可以将构架载荷类型分为垂向载荷、横向载荷、轨道扭曲载荷以及由振动引起的加速度载荷等，表 3.5 对各标准所涉及的载荷类型进行了统计。

表 3.5　构架强度校核标准关于载荷的规定

标准名称	载荷类型							
	垂向	横向	纵向	侧滚	轨道扭曲	制动或牵引	减振器	吊装部件振动加速度
TB/T 3549.1—2019	○	○	○	○	○	○	○	○
UIC 515-4-1993	○	○	○	○	○	○	×	○
UIC 615-4-2003	○	○	○	○	○	○	○	○
UIC 510-3-1989	○	○	×	○	○	○	×	○
EN 13749-2021	○	○	○	○	○	○	×	○
JIS E4207-2019	○	○	○	○	○	○	○	○
JIS E4208-2021	○	○	○	○	○	○	○	○

注：○表示该标准有考虑到此项载荷；×表示该标准没有考虑到此项载荷。

需要注意的是，当构架横、侧梁安装了空气弹簧作为附加气室时，还需考虑气压载荷，EN 13749-2021 标准还规定了构架受剪切作用的菱形载荷等。由此可见，表 3.5 中所列的载荷并不能包含构架所受载荷的全部类型，构架载荷与构架结构和运营条件密切相关，目前还没有一种标准能将构架载荷类型考虑周全，所以在进行构架强度校核时，通常会运用多个标准进行计算与比较。对高速客车转向架而言，通常情况下垂向载荷均布在空气弹簧座位置，抗侧滚扭杆载荷作用在构架的相应安装座上，纵向载荷以集中力的形式加载到牵引装置安装座上，横向载荷作用在相应的横向减振器或止挡位置，轨道扭曲载荷则以位移形式施加在构架斜对称的一系簧座位置。某高速客车转向架构架的约束位置及部分载荷加载位置如图 3.2 所示。

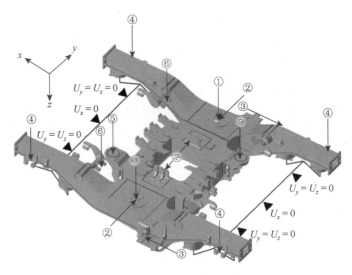

图 3.2　构架上的负载分布及作用位置

①-空气弹簧垂向载荷；②-空气弹簧横向载荷；③-抗蛇行减振器载荷；④-一系垂向减振器载荷；
⑤-齿轮箱座垂向载荷；⑥-抗侧滚扭杆座垂向载荷；⑦-横向止挡座载荷

构架的静强度校核是为了评估其在超常运营工况下结构是否有发生破坏和永久变形的风险。为此，有的标准直接将屈服应力作为许用应力，而有的标准考虑了更保守的情况，将许用应力取为小于屈服应力的值。有限元分析需输入材料参数，构架母材与焊缝材料的基本力学性能如表 3.6 所示。

表 3.6　焊接构架常用材料的基本力学性能参数

材料名称	类型	弹性模量 E/GPa	泊松比 ν	屈服极限 σ_s/MPa	抗拉极限 σ_u/MPa
S355J2W	母材	225	0.29	355	407
	焊缝	206	0.29	355	426
Q345	母材	206	0.30	345	560
	焊缝	200	0.30	345	580
SMA490BW	母材	206	0.29	365	490
	焊缝	201	0.29	380	530

对图 3.2 中所示的构架模型进行网格划分，构架基体和焊缝均采用实体网格进行离散，并在假轴的刚性梁单元节点上设置约束条件，在赋予模型相应材料属性后就可以根据标准规定的载荷组合工况计算构架应力与变形。图 3.3 展示了构架在典型工况下的 von Mises 应力和主应力计算结果。

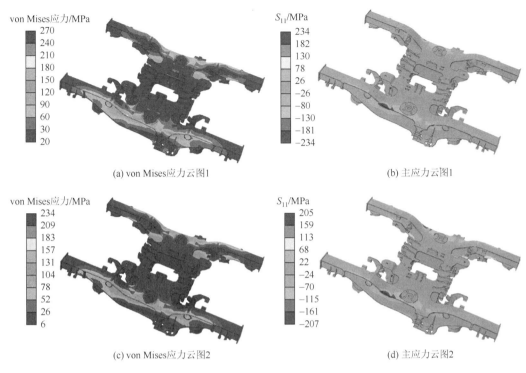

(a) von Mises应力云图1　　　　　　　　(b) 主应力云图1

(c) von Mises应力云图2　　　　　　　　(d) 主应力云图2

图 3.3　典型工况构架静强度计算结果

3.1.3　轮对结构

本书所述的轮对结构主要包括车轮和车轴两个部件，磁悬浮车辆、单轨车辆以及其他特种轨道车辆，有的无轮对结构，有的采用橡胶车轮，上述车辆类型均不在本书讨论范围。常见铁路车辆轮对结构在进行静强度计算时一般将车轮、车轴分开校核。下面将对两个部件的静强度校核标准分别进行论述。

1. 车轮静强度校核

国外常用的车轮静强度校核标准有《整体车轮技术检验》（UIC 510-5-2016）、《铁路应用 轮对和转向架 车轮 技术认可程序 第 1 部分：轧制和锻造车轮》（EN 13979-1-2017）、《机车和货车车轮设计分析评定》（AAR S-660-2011）和《机车车轮设计的分析评定规范》（AAR S-669-2011）。其中，UIC 与 EN 标准只考虑了机械载荷下车轮的力学响应，而美国 AAR 标准可综合考虑机械载荷与热负荷载荷的影响。国内对车轮的强度校核主要参考标准《铁道车辆车轮强度评定方法》（TB/T 3463—2016）执行，仅适用于 1435mm 轨距且轴重小于等于 32.5t 的货车和非踏面制动的客车车轮的强度评定，载荷类型也包括机械载荷与热载荷两个部分。车轮的静强度校核往往采用数值计算方法，下面以上述标准中更为保守的校核方法为例来说明车轮载荷的加载方式及工况设置等相关情况。机械载荷以集中力的形式施加于轮缘或踏面，而热载荷以热流密度形式施加在闸瓦与踏面实际接触的位置，载荷的具体作用位置可按照图 3.4 进行确定。

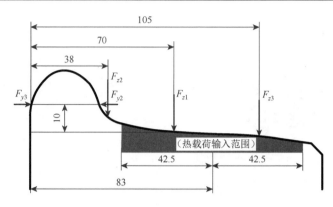

图 3.4　车轮载荷作用位置（单位：mm）

目前国内主要采用整体辗钢车轮。辗钢轮由钢锭或轮坯经过热辗轧成型，并且还需经过淬火热处理，具有强度高、韧性好、维修费用低等优点。常用的车轮材料有 CL60、ER8、D1 等，具体力学性能如表 3.7 所示。

表 3.7　车轮常用材料的基本力学参数

材料名称	密度 $\rho/(\mathrm{kg/m^3})$	弹性模量 E/GPa	泊松比 ν	屈服极限 σ_s/MPa	抗拉极限 σ_u/MPa
CL60	7800	205	0.30	630	910
ER8	7850	208	0.33	540	900
D1	7800	202	0.30	555	890

尽管将车轮与车轴的静强度分别进行了校核，但还需考虑过盈配合的影响，通常会建立部分车轴模型用于施加约束和设置过盈配合接触参数。车轮车轴均采用线性六面体单元进行离散，有限元模型边界条件如图 3.5 所示。根据标准约束车轴两个端面的所有自由度，过盈配合部分采用接触摩擦副单元进行模拟，过盈量大小可按车轮轮毂直径的 0.08%～0.15% 进行取值。集中力施加于单个节点容易出现应力集中，所以可以在车轮载

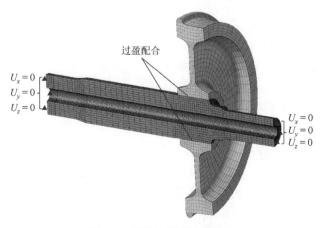

图 3.5　有限元模型边界条件

荷施加位置选择合适数量的节点进行加载，从而有效降低应力集中现象。一般地，磨耗到限车轮静强度计算结果往往大于新造轮，所以在对车轮进行静强度分析时常采用磨耗到限车轮模型。还需注意的是网格尺寸对计算结果影响也很大，需对模型进行网格敏感性测试，采用不具网格敏感性的分析结果。

下面以 TB/T 3463—2016 为例来介绍车轮的静强度校核准则。标准将车轮的运行状态分为直线、曲线和过道岔三种情况，这三种工况与是否施加热载荷进行组合且在各工况下均施加角速度，可得到六种不同的工况组合，见表 3.8。

表 3.8　车轮校核时不同载荷工况组合

工况类型	载荷类型				备注
	角速度	垂向力	横向力	热载荷	
直线运行	ω	F_{z1}	—	—	
曲线运行	ω	F_{z2}	F_{y2}	—	$\omega=V_{\max}/r$ $F_{y2}=0.35P\cdot g$
过道岔工况	ω	F_{z3}	F_{y3}	—	$F_{y3}=0.21P\cdot g$ $F_{zi}=0.625P\cdot g(i=1, 2, 3)$
制动热载	ω	—	—	(W, t)	$V_{\max}$ 为最高运行速度，m/s；r 为车轮半径，m；P 为
直线制动	ω	F_{z1}	—	(W, t)	轴重，kg；g 为重力加速度，m/s²；W 为热功率，W；
曲线制动	ω	F_{z2}	F_{y2}	(W, t)	t 为热输入时间，s

标准认为计算得到的车轮 von Mises 应力值需小于规定的许用应力，否则不满足静强度要求，具体的校核方法可用式（3.2）表示：

$$\sigma_e = \frac{1}{\sqrt{2}}\sqrt{(\sigma_1-\sigma_2)^2+(\sigma_1-\sigma_3)^2+(\sigma_2-\sigma_3)^2} \leqslant [\sigma] \tag{3.2}$$

式中，σ_e 为 von Mises 等效应力；$\sigma_i(i=1, 2, 3)$为主应力；$[\sigma]$为许用应力，其大小不仅与车轮材质有关，还与车轮结构有关。

需要指出的是，表 3.8 中热功率 W 的值与轴重相关，标准列出了部分确定轴重下对应的热功率数值。当轴重大于 21t 且小于 32.5t 时，其值可以根据已给出的 W 值插值计算。热载荷有两种施加方式：其一为直接法，即同时施加机械载荷与热载荷计算车轮力学响应；其二为间接法，即分别计算两种载荷的响应结果再进行叠加。典型车轮结构的静强度计算云图结果如图 3.6 所示。

2. 车轴静强度校核

车轴静强度校核方法可以分为两类：其一是基于材料力学理论选取车轴部分截面校核应力；其二是应用有限元法考虑轮轴过盈配合对车轴应力进行分析。两种方法可以互相比对和印证，下面分别进行介绍。

首先介绍第一种车轴强度校核方法。国外车轴强度计算标准主要有三个体系，分别是：欧洲标准，包括《铁路应用轮对和转向架　动力轴设计方法》（EN 13104-2013）、《铁路应用轮对和转向架　非动力轴设计方法》（EN 13103-2017）等；美国标准，《车轴 碳钢热处理》（AAR M101-2012）；日本标准，《铁道车辆 车轴强度设计方法》（JIS E4501-1995）。

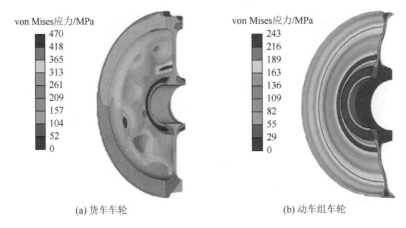

(a) 货车车轮   (b) 动车组车轮

图 3.6 热-机械载荷共同作用下车轮应力分布云图

国内则有 TB/T 系列标准，包括《铁道车辆非动力车轴设计方法》(TB/T 2705—2010)、《机车车辆动力车轴设计方法》(TB/T 2395—2018) 等。按照标准中常用的铁路车轴分类方法，可将车轴分为动力车轴与非动力车轴，也可分为实心车轴和空心车轴，对上述标准适用的车轴类型进行整理，结果如图 3.7 所示。可以看出，EN 和 TB/T 标准针对动力车轴和非动力车轴分别制订了校核标准，两个系列标准内容上重合度很高，这主要是由于国内标准是参考 EN 标准起草制定的。AAR 和 JIS 标准则不对车轴动力类型加以区分，既适用于动力车轴也适用于非动力车轴。不难看出，图 3.7 所列标准既可用于实心车轴的强度校核，也可用于空心车轴的强度校核。比较以上标准可以发现，EN 标准的内容比较全面且各项指标要求严格，目前应用最为广泛；JIS 对轮座的强度计算规定较为细致，根据不同线路、速度等级修正了载荷增比系数，且针对车轴的不同用途规定了应力增比系数；AAR 标准各指标限值较大，易满足要求。

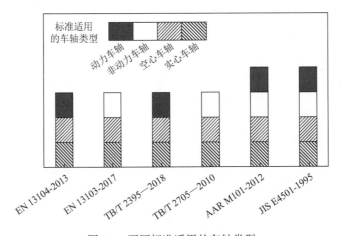

图 3.7 不同标准适用的车轴类型

当前国内外高速列车普遍采用空心车轴，以动力车轴为例并采用 EN 标准对其所受载荷进行分析。限于篇幅，这里不再对载荷的详细计算方法进行介绍，但可以根据激励源将车轴载荷归结为三类：其一为一系簧上、簧下质量产生的动、静载荷；其二为基础制动系统产生的载荷；其三为驱动系统产生的载荷。图 3.8 展示了车轴上第一类载荷的类型及作用位置。在校核车轴时，需用所有载荷三个方向的总力矩对截面应力进行计算，各标准均给出了车轴上不同位置处的许用应力。

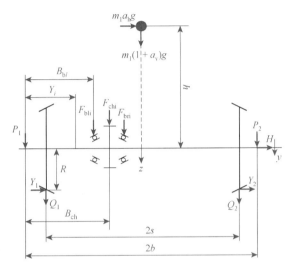

图 3.8　动力车轴上由簧上、簧下质量产生的载荷

P_1、P_2 为左、右侧轴颈垂向力；Q_1、Q_2 为轨道对车轮的垂向力；Y_1、Y_2 为轨道对车轮的横向力；H 为减载侧轴颈上的横向力；F_{chi} 为大齿轮振动产生的惯性力；F_{bli}、F_{bri} 为轴承惯性力；$m_1 a_h g$ 为簧上质量产生的横向力分量；$m_1(1+a_v)g$ 为簧上质量产生的垂向力分量

在铁路车辆结构设计及服役评价研究中，上述载荷还可以进一步分为超常载荷与运营载荷，前者是指出现频次低但数值较大的载荷类型，后者是出现频次较高和数值较小的载荷，一般采用损伤累积概念予以描述。铁路车轴强度及可靠性计算中，需要满足在两类载荷作用下，不使车轴形成超出预期的疲劳失效。

值得注意的是，欧洲和日本在车轴设计理念上存在显著差异。尽管两个系列标准都指出车轴强度薄弱位置在轮座、齿轮座和制动盘座等压装配合部位，但日本采用高频感应淬火工艺来提高车轴的强度和可靠性，以碳钢 S38C 车轴为主；欧洲则通过使用大直径过渡圆弧降低危险位置的应力集中从而使得车轴满足强度要求，以合金钢 EA4T 车轴为主。这两类车轴在我国均有应用，其中日系 S38C 车轴主要运用在中车青岛四方机车车辆股份有限公司的 CRH2 型高速动车组平台中。由于目前国内尚未完全掌握高铁车轴的整体高频淬火技术，所以在高速车轴设计中主要参考欧洲标准。进一步，经过表面强化的碳钢 S38C 车轴的运用安全性与轻量化水平还有待深入研究。意大利 Lucchni 公司开发了深滚压技术对合金钢 EA4T 车轴进行表面处理，米兰理工大学 Stefano Beretta 教授和本书作者的相关研究表明，表面强化 EA4T 车轴存在 2mm 深度缺陷不会导致疲劳裂纹萌生和扩展，具有与日本 S38C 车轴大致相同的损伤容限性能。

接下来简要介绍车轴强度校核的有限元法。上述标准在执行时未考虑车轴上安装部件过盈配合效应,而有限元模型可以通过在这些位置建立接触并设置一定的过盈量和摩擦系数加以考虑。建模时,需对完整的轮对模型进行网格划分,约束条件设置在车轮上,即一端铰支一端固支约束(释放轮对一侧横向自由度),并将载荷以集中力的形式施加到车轴的轴颈位置。为了简化设计流程及降低维修费用,车轴的设计已系列化和标准化,国内货车通常采用实心车轴,常用材质有 LZ50 钢、LZ40 钢、LZ45CrV 钢等,而高速客运动车组全部采用空心车轴,常用材质有 EA4T、EA1N、S38C 等,具体力学性能如表 3.9 所示。将车轮车轴材料赋予有限元模型并施加相应的边界条件,即可计算车轴结构的力学响应。

表 3.9 铁路车轴常用材料力学性能

类别	材料名称	弹性模量 E/GPa	泊松比 ν	屈服极限 σ_s/MPa	抗拉极限 σ_u/MPa
货车	LZ50	210	0.30	345	605
	LZ45CrV	210	0.33	400	700
动车组	EA4T	220	0.30	590	722
	S38C	209	0.30	460	603

某高速空心车轴在典型工况下的应力分布云图如图 3.9 所示。

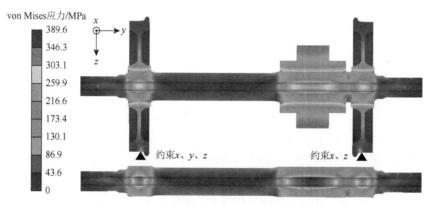

图 3.9 某工况下轮对和车轴 von Mises 应力云图

需要注意的是,以上分析均未考虑残余应力对车轴结构强度的影响。事实上,车轴经感应淬火处理后表面轴向残余压应力可达 600MPa 以上,但是一般认为残余压应力有利于提高结构的使用寿命,所以在忽略残余压应力时静强度计算结果会偏于安全,但在进行损伤容限评估时不可忽视。

近年来,对轴箱内置式轮对结构的研究逐渐成为热点。传统轮对结构抗侧滚能力和抗倾覆能力强,但是质量大,不利于高速列车轻量化发展要求。将轴箱置于车轮内侧,车轴和构架横梁的长度均能缩短,可有效降低簧下质量,改善车辆动力学性能。作者对轴箱内置式轮对车轴的承载特性进行了分析,根据图 3.8 中的载荷计算了轴箱内置式车轴与同轴重传统高速车轴的合成力矩,如图 3.10 所示。

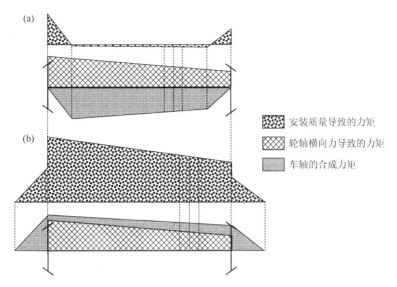

图 3.10　两种高速车轴力矩计算结果：（a）轴箱内置式车轴；（b）传统高速车轴

　　由图 3.10 可见，轴箱内置式车轴所受的力矩从两侧轮座向轴身中部递减，这与传统车轴合成力矩分布规律有着显著区别。相比于传统车轴设计，轴箱内置式车轴的受力状态得到显著改善，可以在缩短车轴长度的基础上进一步减小车轴截面尺寸，易实现轻量化设计目标。目前轴箱内置式车轴的强度分析方法尚不能考虑服役谱与复杂环境的影响，设计安全裕度较大，还有进一步改进空间。

3.2　疲劳强度评估图的建立

　　疲劳是工程结构在交变载荷作用下发生最终断裂的一种常见失效形式。需要指出的是，本节疲劳强度评估内容是基于无限寿命设计方法，并且假设材料内部无任何缺陷。在该条件下，经典的疲劳理论认为材料在受到低于其疲劳极限的循环载荷作用时不会发生破坏。尽管无限寿命设计理论无法充分发挥材料的抗疲劳性能，但可以最大限度地保证部件的运用可靠性，所以该方法仍广泛应用于铁路车辆结构关键部件（如轮对、转向架构架等）的抗疲劳设计中。本书将疲劳强度评估作为阶梯疲劳设计的第二级内容，事实上 3.1 节所述大部分标准在给出静强度校核方法后紧接着就介绍了疲劳强度分析方法。由前述标准可知，静强度工况与疲劳工况有相当重叠的部分。疲劳工况的载荷类型基本继承于静强度工况，只是在具体数值和工况数量上存在区别，所以将无限寿命评估作为阶梯疲劳评估的第二级内容具有一定的合理性。铁路部件无限寿命设计常采用定性的 Goodman 图进行抗疲劳评估，但应用到具体部件其形式会有所变化，如构架疲劳强度评估往往采用修正的 Goodman-Smith 图，如图 3.11（a）所示，而车轮辐板的疲劳评估则常采用 Goodman-Haigh 形式，如图 3.11（b）所示。

　　两种类型 Goodman 图的应用方法和步骤均大致相同，即根据载荷谱计算结构强度薄弱位置节点的平均应力 σ_m 与应力幅值 σ_a，计算方法见式（3.3），然后观察各点是否落在曲线围成的包络线内，包络线内的点表示满足无限寿命设计要求，在外则不满足，需改进结构或更换材料。

$$\sigma_{m} = \frac{\sigma_{max} + \sigma_{min}}{2}, \quad \sigma_{a} = \frac{\sigma_{max} - \sigma_{min}}{2} \tag{3.3}$$

式中，σ_{max} 和 σ_{min} 分别为最大应力和最小应力。

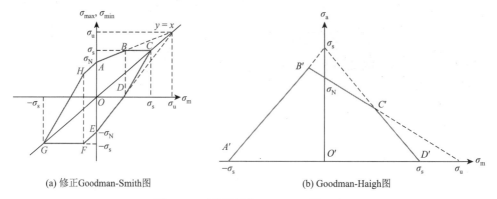

(a) 修正Goodman-Smith图　　　　　　　　　　(b) Goodman-Haigh图

图 3.11　两种常用的 Goodman 图形式

实际运用中，Goodman 图有多种绘制方法，根据材料的对称弯曲疲劳极限 σ_N、上下屈服极限 σ_s（一般假定上下屈服极限相等）和拉伸极限强度 σ_u 即可对 Goodman 图进行标定。图 3.11（a）中的曲线是采用八点绘图法得到的，详细的绘制过程不进行展述，仅在表 3.10 中列出了图上各点坐标的计算方法。

表 3.10　修正 Goodman-Smith 图各点的坐标确定方法

序号	点号	横坐标	纵坐标
1	A	0	σ_N
2	B	$(\sigma_s - \sigma_N)/(1 - \sigma_N/\sigma_u)$	σ_s
3	C	σ_s	σ_s
4	D	$(\sigma_s - \sigma_N)/(1 - \sigma_N/\sigma_u)$	$(\sigma_N\sigma_s + \sigma_u\sigma_s - 2\sigma_u\sigma_N)/(\sigma_u - \sigma_N)$
5	E	0	$-\sigma_N$
6	F	$\sigma_N - \sigma_s$	$-\sigma_s$
7	G	$-\sigma_s$	$-\sigma_s$
8	H	$\sigma_N - \sigma_s$	$2\sigma_N - \sigma_s$

需要注意的是，传统 Goodman 图只适用于单轴应力状态下结构的疲劳强度评估，但不论是构架还是车轮等铁路部件在服役过程时均处于复杂的多轴应力状态。所以，UIC标准提供了一种将多轴应力转化为单轴应力的方法，具体步骤为：确定各工况下节点的三个最大主应力 σ_{11max}、σ_{22max} 和 σ_{33max}，以最大主应力所在的方向为主投影方向，将其他工况下的主应力 σ_n 投影到主投影方向上，取投影的最小值为 σ_{11min}、σ_{22min} 和 σ_{33min}。图 3.12为第一主应力的投影方法示意图。

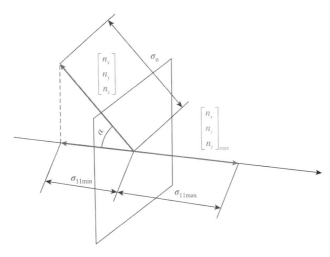

图 3.12　多轴应力转化为单轴应力状态主应力投影方法

将多轴应力转化为单轴应力状态后，计算出节点的平均应力 σ_m 与应力幅值 σ_a，将各点绘在 Goodman 图中，观察图形即可进行部件的疲劳强度评估。

3.3　动力学性能评价及其标准

铁路车辆系统动力学性能评估作为阶梯疲劳分析的重要内容与步骤有如下意义：其一，可根据动力学计算结果优化车辆悬挂参数和改良结构设计避免共振发生；其二，利用线路的构造参数和实测轨道不平顺得到车辆关键部件的疲劳载荷谱，可为后续的安全寿命计算和时域载荷条件下的损伤容限评估提供支撑。本书试图从系统动力学性能评估的三个方面，即车辆运行安全性、运行平稳性和曲线通过性能，对其相应的评价指标或评估标准进行简要介绍。

3.3.1　运行安全性

运行安全性也称为运行稳定性，国内外针对列车可能发生的蛇行失稳、倾覆和脱轨等重大安全事故制定了相应的评估方法或评价指标，包括抗倾覆安全性、抗脱轨安全性和轨道结构动力作用评价等内容，介绍如下。

1. 车辆蛇行失稳评估方法

为保障车辆运行安全，必须避免蛇行失稳现象发生，可通过仿真得到车辆蛇行失稳的临界速度。但由于线路激励一直存在，车辆在实际运营时很难通过观测轮对横移量的收敛情况来判断车辆系统是否达到稳定状态，所以由极限环方法计算得到的临界速度只能作为理论参考。一般情况下高速列车的蛇行频率不超过 10Hz，由此在工程上常采用的评估方法是：通过测量构架的横向加速度，对其进行 10Hz 的低通滤波并观察振动峰值是否连续 6 次以上达到或超过标准规定的极限值,若存在这一情况,则认为转向架处于横向失稳状态。根据《高速动车组整车试验规范》规定,高速客车转向架构架蛇行失稳的加速度极限值为 $8\sim10\mathrm{m/s^2}$。

2. 抗倾覆安全性评估标准

车辆运行时会受到各种横向力的作用,如过曲线时的离心力、出入隧道时突变的横风载荷、线路超高引起的重力横向分量等。在横向力作用下会出现一侧车轮增载另一侧车轮减载的现象,当减载侧车轮的钢轨垂向作用力为零时,车辆就有发生倾覆的危险。《机车车辆动力学性能评定及试验鉴定规范》(GB/T 5599—2019)中用倾覆系数 D 来评估车辆的抗倾覆性能,其计算表达式为

$$D = \frac{P_\mathrm{d}}{P_\mathrm{st}} = \frac{P_1 - P_2}{P_1 + P_2} \tag{3.4}$$

式中,P_d 为车辆或转向架同一侧车轮的动载荷;P_st 为相应车轮的静载荷;P_1 为增载侧轮轨垂向力;P_2 为减载侧轮轨垂向力。

当 $D=1$ 时车辆处于倾覆的临界状态,为了保障车辆的抗倾覆安全性能,标准规定许用倾覆系数 D 应小于 0.8。

3. 抗脱轨安全性评估标准

自铁路车辆诞生以来,人们对车辆脱轨安全性的研究从未停止。然而,车辆脱轨的影响因素繁多,因此车辆的脱轨机理目前还没有形成定量化的评价标准。尽管如此,在铁路车辆的长期运行和实践中,人们发现用脱轨系数、轮重减载率等指标来衡量车辆的抗脱轨性能是行之有效的方法,现对各指标介绍如下。

1)脱轨系数

1896 年,法国科学家 Nadal 提出采用脱轨系数来评估车辆的脱轨安全性,这便是著名的 Nadal 准则,如今各国仍然沿用该准则来评价车辆的抗脱轨性能,其理论公式可表示为

$$\frac{Q}{P} = \frac{\tan\alpha - \mu}{1 + \mu\tan\alpha} \tag{3.5}$$

式中,Q/P 为脱轨系数,Q、P 分别为接触斑上的轮对横向力、垂向力;α 为轮缘角;μ 为轮轨摩擦系数。

当横向力 Q 的作用时间小于 0.05s 时,GB/T 5599—2019 给出了两个限度的评价标准:第一限度表示脱轨系数满足运行安全的合格标准,要求 $Q/P \leq 1.2$;第二限度表示增大了安全裕量的标准,要求 $Q/P \leq 1.0$。

由于式(3.5)中横向力 Q 的测量较为困难,试验时往往采用轮轴横向力计算脱轨系数,相应的计算公式为

$$\frac{Q}{P} \approx \frac{H + 0.24P_2}{P_1} \tag{3.6}$$

式中,H 为轮轴横向力;P_1、P_2 分别为作用在两侧车轮上的垂向力。

2）轮重减载率

脱轨系数可以解释车轮一侧横向力过大而垂向力过小导致的车辆脱轨现象，但在车辆的实际运行中发现，即使车轮的横向力不大，一侧车轮在严重减载的情形下也有发生脱轨的可能，故而还需用轮重减载率来表征车辆的脱轨安全性。常用以下轮重减载率公式来表示列车脱轨的临界条件：

$$\frac{\Delta P}{\overline{P}} \geqslant \left(\frac{\tan\alpha_1 - \mu_1}{1 + \mu_1\tan\alpha_1} - \frac{\tan\alpha_2 - \mu_2}{1 - \mu_2\tan\alpha_1} \right) \bigg/ \left(\frac{\tan\alpha_1 - \mu_1}{1 + \mu_1\tan\alpha_1} + \frac{\tan\alpha_2 - \mu_2}{1 - \mu_2\tan\alpha_1} \right) \tag{3.7}$$

式中，ΔP 为轮重减载量，$\Delta P = (P_1 - P_2)/2$；$\overline{P}$ 为左右轮的平均轮重，$\overline{P} = (P_1 + P_2)/2$；$\alpha_1$、$\alpha_2$ 分别为两侧车轮的轮缘角；μ_1、μ_2 分别为左右轮轨间的摩擦系数。

GB/T 5599—2019 中准静态轮重减载率的最大限值为 0.65，动态轮重减载率限值可根据《高速动车组整车试验规范》取值为 0.8。

4. 轨道动作用力评估标准

随着车辆速度和载重的不断提高，轮轨之间的动力作用也不断增强，这不仅会导致钢轨、扣件、轨道板等结构的损伤破坏，还会急剧增大轨道不平顺度，既增加了线路的维护成本，又会严重危及行车安全，必须对其进行限制。

1）轮轨垂向力

不同国家或地区对铁路车辆轮轨垂向力的规定各不相同。日本标准对车轮上垂向力的极值有着明确的规定，而根据线路条件和车辆类型的不同该值又有一定变化；英国铁路公司通过试验发现了轮轨冲击力的特性，并规定了爬轨侧和非爬轨侧车轮垂向力 P_1、P_2 以及两者和 P_1+P_2 的极限值；德国联邦铁路规定轮对垂向力不能超过 170kN；中国标准也将轨道的垂向力峰值上限规定为 170kN。将以上各国规定的轮轨垂向力限值进行整理与比较，具体如图 3.13 所示。

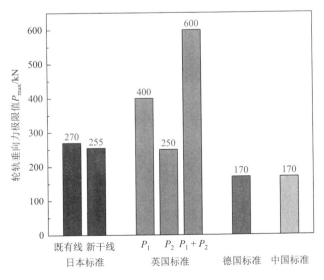

图 3.13　各国标准对轮轨垂向力极值规定的比较

2）轮轨横向力

轮轨横向力极限值是在综合考虑了木枕线路道钉所能承受的最大横向力、钢轨弹性以及扣件的横向设计载荷的基础上确定的。当采用道钉作为轨道扣件时，日本提出了将道钉的挤压和拔起的横向力极限，而中国 GB/T 5599—2019 标准参考日本标准对横向力进行限制，具体如表 3.11 所示。

表 3.11　采用道钉为钢轨扣件时中国与日本标准的轮轨横向力限值对比

国家	类型	道钉挤压横向力限值		道钉拔起横向力限值	备注
		第一限度（屈服极限）	第二限度（弹性极限）		
日本	有铁垫板	$Q \leqslant 29+0.30P'$	$Q \leqslant 19+0.30P'$	$Q \leqslant 17.3+0.515P'$	Q 为轮轨横向力，P' 为车轮静载荷
	无铁垫板	$Q \leqslant 18+0.30P'$	$Q \leqslant 12+0.30P'$	$Q \leqslant 20.9+0.28P'$	
中国	—	$Q \leqslant 19+0.30P'$	$Q \leqslant 29+0.30P'$	—	

当采用弹性钢轨扣件时，日本新干线扣件的横向力极值为轴重的 40%，欧美国家根据试验结果也得到了基本一致的结论，具体要求为

$$Q \leqslant 0.4(P_{st1} + P_{st2}) \tag{3.8}$$

式中，P_{st1}、P_{st2} 分别为两侧车轮垂向静载荷。

3）轮轴横向力

然而，过大的轮轴横向力 Q' 是导致线路恶化的重要因素。欧美国家、日本等通过大量试验提出了表 3.12 所示的轮轴横向力要求，国内标准对轮轴横向力极值的最新规定可根据《高速试验列车动力车强度及动力学性能规范》（95J01-L）以及《高速试验列车客车强度及动力学性能规范》（95J01-M）进行设置，具体如表 3.13 所示。

表 3.12　日本和欧美国家及 UIC 标准关于轮轴横向力极值的规定

日本标准		欧美国家及 UIC 标准	
第一限度	第二限度	极限值	推荐值
$Q' \leqslant 10+0.35(P_{st1}+P_{st2})$	$Q' \leqslant 0.85[10+0.35(P_{st1}+P_{st2})]$	$Q' \leqslant 10+P'/3$	$Q' \leqslant 0.85(10+P'/3)$

表 3.13　国内标准对轮轴横向力极值的规定

动力车通过曲线、道岔和桥梁等	动力车正线运行	车辆横向力限值
$\lim Q'=0.85(10+P'/3)$	$\lim Q'=0.85(10+P'/3)$	$Q' \leqslant 0.85[10+0.35(P_{st1}+P_{st2})]$

3.3.2　运行平稳性

车辆的运行平稳性指标用于评价车辆自身的运行品质或旅客的乘坐舒适性。车辆的运行品质往往直接采用车体加速度进行评价，而评价舒适度还要考虑振动频率的影响。

德国铁路采用的 Sperling 指标 W 是基于大量试验制定的，同时考虑了加速度和振动频率对平稳性的影响，是目前世界各国最常用的平稳性评价指标。其中，式（3.9）用于车辆运行品质评价，式（3.10）用于旅客舒适度评价。

$$W = 0.896 \sqrt[10]{a^3 / f} \qquad (3.9)$$

$$W = 0.896 \sqrt[10]{a^3 \cdot F(f) / f} \qquad (3.10)$$

式中，a 为车体振动加速度，$\mathrm{cm/s^2}$；f 为振动频率，Hz；$F(f)$ 为与振动频率相关的修正系数，计算方法如表 3.14 所示。

表 3.14　Sperling 平稳性指标的频率系数 $F(f)$ 计算方法

振动方向	频率区间/Hz	$F(f)$ 计算方法
	$20 < f$	$F(f) = 1$
垂向	$5.9 < f \leqslant 20$	$F(f) = 400 / f^2$
	$0.5 < f \leqslant 5.9$	$F(f) = 0.325 f^2$
	$26 < f$	$F(f) = 1$
横向	$5.4 < f \leqslant 26$	$F(f) = 650 / f^2$
	$0.5 < f \leqslant 5.4$	$F(f) = 0.8 f^2$

我国根据 Sperling 指标 W 的值将平稳性分为优、良好和合格三个等级，不仅如此，还针对不同的车辆类型制定了平稳性等级的分类方法。例如，客车的 W 值的范围在 2.5～2.75 时平稳性为良好，而机车平稳性为良好时 W 值的范围是 2.75～3.10。我国标准制定的车辆平稳性评价指标与等级对应如图 3.14 所示。

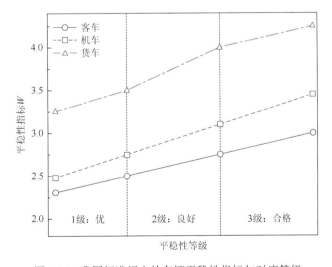

图 3.14　我国标准规定的车辆平稳性指标与对应等级

国内铁道行业还经常参照 UIC 513-1994 标准中的相关方法对舒适度进行评价。该方法可综合考虑三个方向加速度对旅客乘坐舒适性的影响，不同的人体姿态均有对应的舒适度计算方法，其中旅客姿态为站姿或坐姿时舒适度的简化计算方法如式（3.11）所示，相应评价指标见表 3.15。

$$N_{MV} = 6\sqrt{(a_{XP95}^{W_d})^2 + (a_{YP95}^{W_d})^2 + (a_{ZP95}^{W_d})^2} \tag{3.11}$$

式中，N_{MV} 为舒适度指标；a 为加速度均方根值，下标表示在 3 个方向上的测量量；W_d 表示频率加权值。

表 3.15　UIC 513-1994 舒适性评价指标与对应评价

舒适度指标 N_{MV}	$N_{MV}<1$	$1{\leqslant}N_{MV}<2$	$2{\leqslant}N_{MV}<4$	$4{\leqslant}N_{MV}<5$	$5{\leqslant}N_{MV}$
评定标准	非常舒适	舒适	一般舒适	不舒适	非常不舒适

有的标准将垂向加速度作为平稳性指标。例如，欧洲标准 EUROCODE 以车体垂向加速度 $a_z(\text{cm/s}^2)$ 为参考划分了三个平稳性等级，分别是优秀（$a_z<100\text{cm/s}^2$）、良好（$100\text{cm/s}^2{\leqslant}a_z<130\text{cm/s}^2$）、合格（$130\text{cm/s}^2{\leqslant}a_z<200\text{cm/s}^2$）。国内对车体加速度的限定可根据《高速动车组整车试验规范》确定，车体的垂向和横向加速度均不能超过 2.5m/s²。

3.3.3　曲线通过性能

车辆曲线通过性能评价指标与运行安全性评价指标大体相同，但是过曲线时车辆脱轨系数、倾覆系数、轨道作用力等指标需重新进行校核计算。特别地，高速车辆过曲线时的轮轨横向力极值可按照 UIC 518-2009 进行确定，具体为

$$\lim Q = (30 + 10500/R) \tag{3.12}$$

式中，R 为线路曲线半径。

一般会在曲线线路外轨一侧设置一定的超高以平衡车辆离心力，线路构造参数确定后，车辆在曲线上的最高运行速度也随之确定，可采用式（3.13）进行计算：

$$V_{max} = \sqrt{(h+h_d)R/11.8} \tag{3.13}$$

式中，V_{max} 为车辆过曲线时最高速度，km/h；h 为实际外轨超高，mm；h_d 为欠超高值，mm。

车辆过曲线时对舒适度的评价还要考虑未平衡离心加速度的影响。日本规定车辆过曲线时的未平衡离心加速度不能超过 0.8m/s²，根据 95J01-L 和 TB/T 2360—1993 内容，我国可将该值设定为 0.784m/s²。

3.4　本　章　小　结

本章在对典型车辆结构部件静强度、疲劳强度和动力学性能评估标准进行梳理的过程中，渐进阐述了本书作者提出的新型阶梯疲劳评估方法第一级和第二级的具体内容。这里，作者强调了突破铁路车辆结构的传统设计及评估方法的重要性，试图从物理系统

整体上引入车辆系统动力学理论，其根本目的是在进行车轮结构抗疲劳设计及完整性评估中考虑车辆结构的真实动力学响应。这一尝试有助于把传统的基于固体力学的结构强度和寿命设计与基于系统动力学的车辆动力学性能评价联系起来，使得车辆结构完整性评估更加合理、可靠、科学。

为此，本章依照相关标准简单讨论了车体、构架和轮对等关键结构所受载荷类型，指明了载荷的具体作用位置并给出了相应计算方法，对结构强度校核方法进行了说明并展示了部分工况下的应力计算结果。另外，车辆动力学性能评估内容既可以丰富车辆结构完整性评估的内涵，计算得到的载荷谱还可以为后续安全寿命计算、时域损伤容限评估提供重要的数据输入。

参 考 文 献

安琪, 赵华, 刘映安, 等. 2019. 基于多轴准则的货车车体疲劳寿命分析方法[J]. 机械工程学报, 55(2): 64-72.

丁叁叁. 2016. 高速列车车体设计关键技术研究[D]. 北京: 北京交通大学.

冯创友. 2018. 出口阿根廷石砟漏斗车的研究[D]. 成都: 西南交通大学.

郭峰. 2022. 高速磁浮列车增材铝合金悬浮架结构设计及完整性研究[D]. 成都: 西南交通大学.

郭峰, 吴圣川, 冯洋, 等. 2021. 内轴颈高铁车轴结构设计与强度分析方法[J]. 交通运输工程学报, 21(5): 138-148.

李永恒. 2018. 高速动车组新型车轮强度仿真分析及试验研究[D]. 北京: 北京交通大学.

林浩博. 2017. 高速动车组 S38C 车轴疲劳、裂纹扩展特性及可靠性研究[D]. 北京: 北京交通大学.

龙许友, 时瑾, 王英杰, 等. 2012. 高速铁路线路线形动力仿真及乘坐舒适度评价[J]. 铁道科学与工程学报, 9(3): 26-33.

卢耀辉, 冯振, 陈天利, 等. 2014. 铁道车辆转向架构架多轴疲劳强度有限元分析方法[J]. 北京交通大学学报, 38(4): 26-31.

卢耀辉, 张德文, 赵智堂, 等. 2019. 焊接残余应力对动车组铝合金车体疲劳强度的影响[J]. 交通运输工程学报, 19(4): 94-103.

罗仁, 石怀龙. 2019. 高速列车系统动力学[M]. 成都: 西南交通大学出版社.

任尊松. 2018. 车辆动力学基础[M]. 北京: 中国铁道出版社.

石怀龙, 罗仁, 曾京. 2021. 国内外高速列车动力学评价标准综述[J]. 交通运输工程学报, 21(1): 36-58.

吴圣川, 李存海, 张文, 等. 2019. 金属材料疲劳裂纹扩展机制及模型的研究进展[J]. 固体力学学报, 40(6): 489-538.

吴圣川, 任鑫焱, 康国政, 等. 2021. 铁路车辆部件抗疲劳评估的进展与挑战[J]. 交通运输工程学报, 21(1): 81-114.

项彬, 史建平, 郭灵彦, 等. 2002. 铁路常用材料 Goodman 疲劳极限线图的绘制与应用[J]. 中国铁道科学, 23(4): 72-76.

严隽耄, 傅茂海. 2008. 车辆工程[M]. 北京: 中国铁道出版社.

杨广雪, 张燕, 李强. 2016. 辐板型式对车轮强度和声辐射性能影响的对比分析[J]. 铁道学报, 38(12): 34-40.

杨国伟, 魏宇杰, 赵桂林, 等. 2015. 高速列车的关键力学问题[J]. 力学进展, 45: 217-460.

于志达. 2021. 25T 型客车轻量化车体的疲劳强度分析[D]. 成都: 西南交通大学.

袁元豪. 2013. 日本和欧洲铁路车轴标准的比较[J]. 铁道技术监督, 41(9): 4-7.

张澎湃, 赵雷, 赵方伟, 等. 2021. 基于有限元的车轮优化设计方法研究[J]. 铁道车辆, 59(2): 34-38.

赵秀爽. 2020. 地铁车辆不锈钢车体强度与模态分析[D]. 长春: 吉林大学.

赵永翔, 杨冰, 彭佳纯, 等. 2005. 铁道车辆疲劳可靠性设计 Goodman-Smith 图的绘制与应用[J]. 中国铁道科学, (6): 8-14.

朱涛, 肖守讷, 杨超, 等. 2017. 机车车辆被动安全性研究综述[J]. 铁道学报, 39(5): 22-32.

第4章　车辆结构安全寿命评估技术

疲劳破坏是金属材料及结构最为常见的失效形式。为便于理解，本章首先介绍疲劳破坏的物理本质及相应的基本符号与相关术语，同时给出评估材料及结构安全寿命的疲劳 *S-N* 曲线及其修正形式。在这一过程中材料与结构服役行为在内外因素的综合影响下，疲劳寿命应基于概率方法充分考虑离散性。然后基于名义应力法的损伤累积致裂模型，提出小样本数据的疲劳 *P-S-N* 曲线评估模型，通过对样本信息聚集原理的改进，实现典型车辆结构材料的疲劳试样个数和疲劳寿命曲线拟合。最后采用改进的样本信息聚集原理对典型铁路部件进行安全寿命评估。

4.1　材料的疲劳及描述

4.1.1　疲劳现象的本质

19 世纪中期以来，随着铁路运输的大发展，车轴发生过多次突然性和灾难性的断轴事故，这一现象引起了学术界与工程界的广泛关注。研究发现，车轴最终失效前承受的名义应力远小于材料屈服应力，这一现象称为疲劳失效。此后，德国工程师 Wöhler 对全尺寸车轴进行的疲劳试验揭示了循环应力与失效循环周次（疲劳寿命）之间的关系，即疲劳寿命会随着循环应力的增加而减小。此外，当循环应力小于特定值时，无论载荷循环周次如何，材料都不会发生疲劳破坏。循环应力与疲劳寿命之间的关系称为 *S-N* 曲线。随着铁路、航天器、轮船等大型复杂装备的大规模建造与运用，出现了频繁的疲劳失效现象，引发了对疲劳行为的深入研究。

根据美国材料与试验协会（ASTM），在疲劳试验及数据统计分析有关术语的标准中对疲劳现象做了完整且准确的描述：在某点或某些点承受扰动应力，且在足够多的循环扰动作用之后形成裂纹或完全断裂的材料中所发生的局部永久性结构变化的发展过程，称为疲劳。

Schijve 对裂纹萌生过程的解释如下：在低于屈服极限的应力幅值作用下，材料在微观水平上会发生往复性滑移，如图 4.1 所示。滑移通常发生在材料表面，因为与内部材料相比，这里的材料受到的力学约束更少。此外，滑移一般发生在韧性材料的最大剪切应力 45° 平面内。由于暴露的新材料表面被氧化层覆盖，也可能因为应变硬化，导致不可逆滑移。另外，后续产生的滑移并不会覆盖初始滑移，而是在其附近累积并形成滑移带，然后在材料表面形成高应力集中并最终形成微裂纹，微裂纹可能在循环载荷作用下继续扩展。

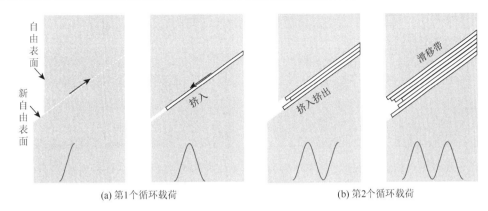

(a) 第1个循环载荷	(b) 第2个循环载荷

图 4.1　滑移带的形成引发裂纹

宏观层面上可以通过断口发现疲劳破坏形成的一些共有特征。典型的疲劳断口（图 4.2）显示了光滑和粗糙的区域。经过一定数量的载荷循环后，微裂纹首先出现在称为疲劳裂纹源的位置。从疲劳起源开始，裂纹逐渐向外扩展、挤压和分离，形成光滑区。随着裂纹的扩展，承载截面被严重削弱，直至无法抵抗载荷而突然断裂。因此，疲劳失效包括三个阶段：裂纹萌生、裂纹稳定扩展和裂纹失稳扩展。

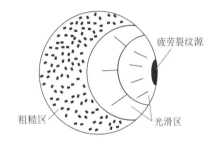

图 4.2　典型疲劳断口特征示意图

可见，总疲劳寿命 N_f 也由两个不同的阶段组成，即裂纹萌生阶段 N_i 和裂纹扩展阶段 N_p，如式（4.1）所示：

$$N_f = N_i + N_p \tag{4.1}$$

裂纹萌生寿命很大程度上取决于材料表面条件和强度。一方面，在裂纹扩展阶段，表面条件无关紧要，此时裂纹扩展取决于材料韧性。区分这两个阶段很重要，因为它们是由不同的机制驱动的。然而，如何区分两个阶段的寿命并没有普遍接受的标准。对于大型机械部件，裂纹萌生阶段涵盖了大部分寿命。另一方面，对于焊接结构，咬边、未焊透、夹杂、气孔等焊接缺陷通常在生产阶段就已经存在，因此疲劳寿命主要集中在扩展阶段。表 4.1 给出了一个简略但具有说明性的示例。

表 4.1　疲劳寿命的分布

载荷形式	裂纹萌生寿命 N_i	裂纹扩展寿命 N_p
机械部件	90%～100%	0～10%
焊接构件	0～10%	90%～100%

4.1.2　疲劳载荷的形式

正如上述提到的，疲劳失效发生在循环载荷作用下。图 4.3 给出了两种类型的疲劳载荷，分别为恒幅（constant amplitude，CA）载荷与变幅（variable amplitude，VA）载荷，本章仅考虑恒幅载荷作用。

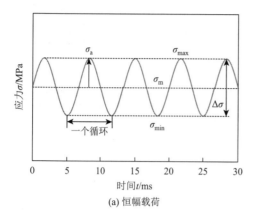

(a) 恒幅载荷

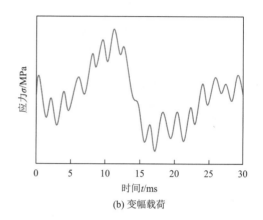

(b) 变幅载荷

图 4.3　循环载荷种类及形式

由于疲劳损伤由应力波动程度支配，而非最大应力，因此应力幅值 σ_a（或范围 $\Delta\sigma$）和平均应力 σ_m 是抗疲劳评估中两个最重要的参数。周期性循环应力用 σ 表示，假定循环应力以正弦形式变化，因此用于描述循环应力随时间的变化，如图 4.3（a）所示。在一个应力循环内，最大值称为最大应力 σ_{max}，最小值称为最小应力 σ_{min}。最大应力与最小应力的代数平均值定义为平均应力 σ_m：

$$\sigma_m = \frac{\sigma_{max} + \sigma_{min}}{2} \qquad (4.2)$$

如图 4.3（a）所示，应力幅值 σ_a 是循环应力中最小应力和最大应力之间差值的一半，应力范围则是应力幅值的 2 倍：

$$\sigma_a = \frac{\sigma_{max} - \sigma_{min}}{2} \qquad (4.3)$$

$$\Delta\sigma = \sigma_{max} - \sigma_{min} = 2\sigma_a \qquad (4.4)$$

最小应力与最大应力之比定义为应力比 R，此外 R 也可以通过平均应力和应力幅值的转化关系来描述，见式（4.5）：

$$R = \frac{\sigma_{min}}{\sigma_{max}} = \frac{\sigma_m - \sigma_a}{\sigma_m + \sigma_a} \qquad (4.5)$$

由图 4.3（a）可以看出，循环应力包含两个分量，即大小与平均应力 σ_m 相同的静态应力分量和围绕平均应力对称变化的动态应力分量 σ_a。σ_{max}、σ_{min}、σ_a、σ_m 和 R 这 5 个与循环载荷历程相关的物理量可以分别用式（4.2）～式（4.5）进行描述，因此只有两个物理量相互独立，则足以描述循环应力。此外，疲劳试验中最常用的应力比是 $R=-1$（完全反向载荷，如旋转弯曲）和 $R=0$（脉冲载荷），图 4.4 给出了不同应力比下平均应力和应力幅值之间的大小关系。

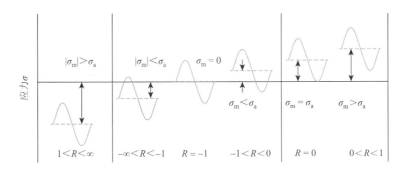

图 4.4 平均应力和应力幅值以及相关应力比之间的示例关系

4.1.3 疲劳寿命模型

在循环载荷下，金属材料的抗疲劳性能通常使用 $S\text{-}N$ 曲线和疲劳极限来表示。具体建立过程是，在特定应力比 R 下，一组标准试样以不同的应力幅值 σ_a 进行循环加载，直到失效，得到每组试样到疲劳失效的循环周次 N。疲劳 $S\text{-}N$ 曲线分为主要部分（拐点左侧）和次要部分（拐点右侧），如图 4.5 所示。拐点位于某个特定的循环周次 N_D 处，通常在 $10^6 \sim 10^7$ 的范围内，相应的纵轴坐标定义为疲劳极限 σ_f，对于 $S\text{-}N$ 曲线的主要部分，m_1 值通常为 $3 \sim 10$，m_2 值则根据不同的标准下的 m_1 值进行修正。

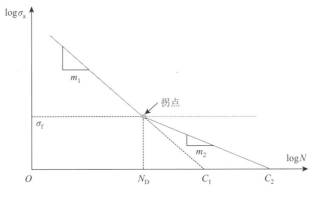

图 4.5 双线性 $S\text{-}N$ 曲线的定义

对于高周疲劳，拐点之前的疲劳强度通常用 $S\text{-}N$ 曲线来描述。尽管已经有大量的工作来揭示 $S\text{-}N$ 曲线的规律，并提出了许多类似的 $S\text{-}N$ 曲线数学形式，如线性、双线性或非线性。由于不同材料的 $S\text{-}N$ 曲线差异很大，很难建立统一的表达式，但普遍认为 $S\text{-}N$ 曲线可以使用三个经验公式进行描述，如下所示。

（1）幂函数形式：

$$\sigma_a^m N = C \tag{4.6}$$

式中，m 和 C 为与材料特性、试样类型、加载模式等相关的材料常数，由试验确定。式（4.6）显示了在特定应力比 R 下应力幅值 σ_a 和寿命 N 之间的幂函数关系，该形式也可以用于表达 σ_{max} 和 N 之间的关系，即

$$\sigma_{\max}^m N = C \qquad\qquad (4.7)$$

（2）指数函数形式：

$$e^{m\sigma_{\max}} N = C \qquad\qquad (4.8)$$

式中，e 是自然对数底；m 和 C 为由试验确定的材料常数。式（4.8）表示在特定应力比 R 下最大应力 $\sigma_{\max}$ 与寿命 N 之间的指数函数关系。

（3）三参数幂函数形式：

$$(\sigma_{\max} - \sigma_{\mathrm{f}})^m N = C \qquad\qquad (4.9)$$

式中，m 和 C 为材料常数；σ_{f} 为疲劳极限；当 σ 趋近于 σ_{f} 时，N 趋于无穷大。

三种形式中最常用的是幂函数形式，它描述了循环应力 σ 与疲劳寿命 N 之间的双对数线性关系。需要注意的是，$S\text{-}N$ 曲线描述的是高周疲劳，故其应力寿命的下限为 $10^3 \sim 10^4$，上限则由疲劳极限 σ_{f} 来定义。

4.2 疲劳强度的影响因素

疲劳行为并不仅仅由材料本身控制，疲劳强度和 $S\text{-}N$ 曲线斜率高度依赖于除材料之外的许多其他因素。获得疲劳 $S\text{-}N$ 曲线的最佳方式是施加服役载荷并进行大量疲劳测试，然而这几乎是不可能的。因此，通常在理想条件下测试小规模样本进而生成 $S\text{-}N$ 曲线。为了应用以这种方式获得的曲线，假设小规模的样本代表组件的关键位置。理想情况下，材料、尺寸、表面等条件都应该相同。

当可用的材料级 $S\text{-}N$ 曲线不能很好地代表全尺寸结构件疲劳行为时，如表面粗糙度不同，需要对其进行校正。这需要使用从一系列疲劳测试中得出的修正因子来缩放疲劳强度，该修正因子尽可能从匹配组件的条件下得出。图 4.6 展示了对 $S\text{-}N$ 曲线进行校正的效果示例。若这些参数之一在组件和导出 $S\text{-}N$ 曲线的样本之间不同，则需要进行校正。

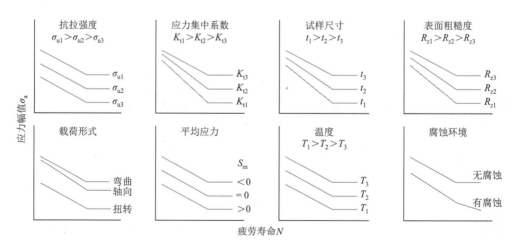

图 4.6 影响疲劳强度的因素

大多数用于描述材料疲劳性能的基本 S-N 曲线，是由小尺寸试件在对称循环载荷作用下获得的。然而还有多种不可控因素对疲劳寿命有着不可忽视的影响，如载荷形式、试样尺寸、表面粗糙度、表面处理、服役温度及环境等，故在进行构件疲劳设计时，同样需要对材料的疲劳 S-N 曲线进行合理的修正。

4.2.1　材料强度效应

一般而言，强度指标（屈服强度 σ_y 或抗拉强度 σ_u）在裂纹萌生阶段对疲劳强度有很大的影响。如图 4.7（a）所示，缺口和焊缝都会显著降低材料的疲劳强度，但在裂纹扩展阶段，提高材料韧性才能有效抑制裂纹扩展。但是对于焊接构件，即使提高材料强度，其疲劳强度也不会增加，如图 4.7（b）所示。

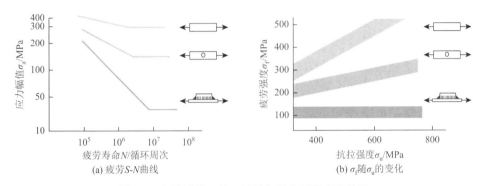

图 4.7　光滑试样、缺口试样和接头试样疲劳性能

大量试验数据表明，可以依据合金材料的极限抗拉强度来估算零平均应力（$\sigma_m=0$）下小型表面光洁无缺口试样的疲劳极限，其计算公式为

$$\sigma_{f,-1} = \alpha_0 \sigma_u + \beta_0 \qquad (4.10)$$

对于常见的工程材料，常数 α_0 在 0.3～0.6 的范围内，图 4.8 给出了几种常用金属材料抗拉强度与疲劳极限之间的关系。对于钢材，一般取 $\alpha_0 \approx 0.5$，$\beta_0=0$。需要指出的是，图中数据均指平均疲劳极限，也就是 50%存活率下的疲劳极限。

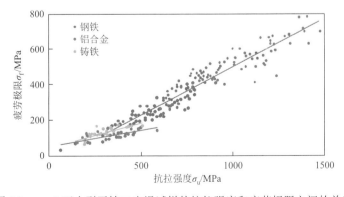

图 4.8　$\sigma_m=0$ 下小型无缺口光滑试样的抗拉强度和疲劳极限之间的关系

4.2.2　平均应力效应

如上所述，对于特定的应力比，可以从一组疲劳试验数据中确定相应的 *S-N* 曲线。例如，σ_a 恒定时，平均应力 σ_m 随着 R 增大而增大（图 4.9（a）），这是因为 R 增大时，循环载荷中的拉应力部分增大，这对抑制疲劳裂纹萌生和扩展不利，从而疲劳寿命降低。平均应力 $\sigma_m=0$ 时的 *S-N* 曲线是基本 *S-N* 曲线；$\sigma_m>0$，即拉伸平均应力作用，则 *S-N* 曲线下移，表示同样应力幅值作用下的寿命下降，或者说同样寿命下的疲劳强度降低，对疲劳有不利影响；$\sigma_m<0$，即压缩平均应力存在，图中 *S-N* 曲线上移，表示同样应力幅值作用下的寿命增大，或者说在同样寿命下的疲劳强度提高，压缩平均应力对疲劳的影响是有利的。例如，在铁路关键部件车轴中，常采用喷丸、滚压和感应淬火等表面强化工艺引入残余压应力，以提高部件的疲劳寿命。

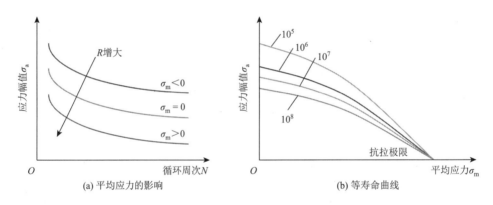

(a) 平均应力的影响　　　　　　　　　　　　(b) 等寿命曲线

图 4.9　平均应力的影响和等寿命曲线

由于材料的疲劳 *S-N* 曲线随着应力比 R 变化而变化，这意味着可以得到一组对应于不同应力比 R 的疲劳 *S-N* 曲线。根据应力比 R 和相对疲劳强度 σ_{max}，可以计算 σ_a 和 σ_m，并在坐标系中绘制等寿命曲线，纵坐标为 σ_a（图 4.9（b））。显然，当 $\sigma_m=0$ 时，σ_a 就是 $R=-1$ 时的疲劳极限 σ_{-1}，$\sigma_a/\sigma_{-1}=1$；当 $\sigma_a=0$ 时，疲劳载荷退化为单调载荷，在抗拉强度 σ_u 下破坏，即 $\sigma_m=\sigma_u$。在对疲劳试验数据进行统计分析的基础上，人们提出了几个经验方程来描述等寿命曲线。

（1）Goodman 方程：

$$\frac{\sigma_a}{\sigma_{-1}}+\frac{\sigma_m}{\sigma_u}=1 \qquad (4.11)$$

（2）Gerber 方程：

$$\frac{\sigma_a}{\sigma_{-1}}+\left(\frac{\sigma_m}{\sigma_u}\right)^2=1 \qquad (4.12)$$

基于上述关系，若已知材料的极限强度 σ_u 和基本 *S-N* 曲线，便可估计不同应力比 R

下的疲劳性能。此外,等寿命曲线 Goodman 方程(4.11)由于其线性形式简便且对 $\sigma_a - \sigma_m$ 的关系估计偏于保守,常用于工程零部件的疲劳性能评估。

4.2.3　表面效应

如前所述,表面粗糙度对工程结构体的疲劳强度有很大影响。由疲劳行为的局部性可知,若试件表面粗糙,将使局部应力集中程度加大,裂纹萌生寿命缩短。例如,机加工后在试样表面形成的凹凸不平引起高应力集中,进而充当了裂纹萌生源的角色。表面修正系数 β 定义为

$$\beta = \frac{\sigma_{\mathrm{f,rough}}}{\sigma_{\mathrm{f,polished}}} \tag{4.13}$$

式中, $\sigma_{\mathrm{f,rough}}$ 为某种表面状态试样的疲劳极限; $\sigma_{\mathrm{f,polished}}$ 为标准光滑试样的疲劳极限。研究表明,强度越高的材料对表面粗糙度越敏感,因此表面修正系数 β 取决于材料的抗拉强度 σ_u 和表面粗糙度 R_z,如图 4.10 所示。

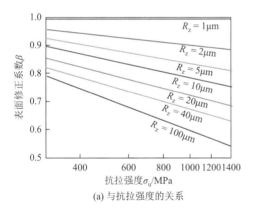

(a) 与抗拉强度的关系

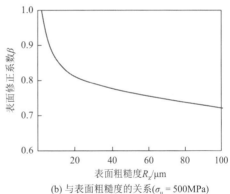

(b) 与表面粗糙度的关系($\sigma_u = 500\mathrm{MPa}$)

图 4.10　表面修正系数与抗拉强度和表面粗糙度的关系

4.2.4　尺寸效应

大量的疲劳测试结果表明,大尺寸试样相较于小尺寸试样具有较低的疲劳强度,如图 4.11 所示,随着板厚的增加,疲劳极限呈现近似线性下降的现象称为尺寸效应,其物理本质是大尺寸材料中含临界缺陷的概率增加。尺寸效应可从几何尺寸、统计尺寸等来进行解释,通常应用一个修正因子 ε 来描述如厚度为 t 的部件的疲劳强度可以用厚度为 t_{ref} 的小尺寸试样的疲劳强度估算,其计算模型如式(4.14)所示:

$$\varepsilon = \left(\frac{t_{\mathrm{ref}}}{t}\right)^{\alpha_t} \tag{4.14}$$

式中, α_t 为厚度校正指数,大小通常为 0.1~0.3。

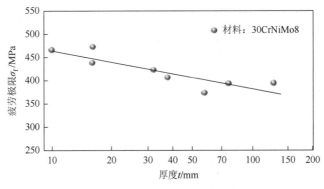

图 4.11　尺寸效应的试验研究

1. 几何尺寸效应

几何尺寸效应与应力集中和弯矩引起的应力梯度有关，当试样变薄时，应力梯度变得更陡，如图 4.12 所示。考虑厚度不同的两种试样（$t_1 < t_2$）承受相同名义应力时，通过对比给定裂纹深度 a_i 的裂纹尖端应力，可以明显发现薄试样裂纹尖端应力要小于厚试样的裂纹尖端应力（$\sigma_1 < \sigma_2$），宏观上呈现出越小越强的特性。

2. 统计尺寸效应

统计尺寸效应一般指大体积试样中出现严重缺陷的概率要高于小体积试样，从而造成小尺寸试样疲劳强度高于大尺寸试样的现象。但是某些特定的材料或结构对统计尺寸效应更加敏感。例如，具有良好均匀显微组织的钢材通常会因表面缺陷而失效，因此受统计尺寸效应的影响较小，但是对于增材制造材料，往往由于数量较多的内部缺陷而导致疲劳失效，因此对统计尺寸效应更为敏感。

根据图 4.13，假设采用一批包含严重缺陷的材料进行疲劳试验，当用该材料制作一个大尺寸疲劳样品时，必然会包含更多严重的缺陷，并且在测试时会呈现出较低的疲劳强度。相反，如果用相同的材料制作尺寸缩比后的 6 个小样本，其中只有 1 个试样会包含严重缺陷。所以在测试时，得到的数据点之一将显示较低的疲劳强度，而其他 5 个小尺寸试样将显示较高的疲劳强度。

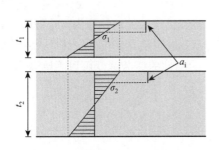

图 4.12　几何尺寸效应的基本原理

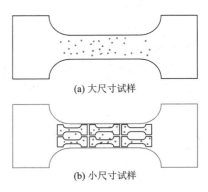

图 4.13　统计尺寸效应

4.2.5　载荷形式

一般而言，基本 *S-N* 曲线是由旋转弯曲疲劳试验（$R = -1$）获取的。然而，实际工程部件通常会受到其他载荷形式的影响，如高速铁路车轴过曲线时会承受扭转载荷。这需要针对弯曲以外的载荷条件进行疲劳极限修正。载荷系数 C_{lot} 是通过考虑应力梯度的影响和应力类型（正应力或剪应力）来确定的。

轴向加载测试结果表明，无缺口部件的 C_{lot} 在 $0.7 \sim 0.9$ 变化。轴向载荷和弯曲载荷之间的差异是每种载荷条件下存在不同应力梯度的结果。名义应力相同的情况下，构件在轴向载荷作用下的疲劳强度小于弯曲作用的结果。在轴向加载条件下，大部分横截面材料以均匀的高应力水平加载，并且更有可能在相应较大体积的材料中引发裂纹。对于没有弯曲的纯轴向载荷，建议 C_{lot} 值为 0.9，而由不对中引起的轻微弯曲载荷，推荐值为 0.7。

钢材的试验结果表明，在扭转载荷下，无缺口部件的 C_{lot} 范围为 $0.5 \sim 0.6$。根据 von Mises 理论，建议韧性材料的 C_{lot} 为 0.58。建议在铸铁中使用 0.8 的 C_{lot}。C_{lot} 的经验推荐值总结在表 4.2 中。图 4.14 给出了钢材在不同载荷下的修正 *S-N* 曲线。

表 4.2　载荷系数 C_{lot}

载荷形式	C_{lot}	备注
纯轴向载荷	0.9	—
轴向（轻微弯曲）载荷	0.7	—
弯曲载荷	1.0	—
扭转载荷	0.8	铸铁

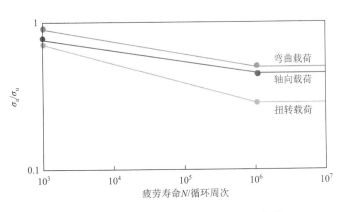

图 4.14　钢材在不同形式载荷下的 *S-N* 曲线

4.2.6　环境效应

研究表明，金属材料的疲劳强度一般随着温度的降低而略有增加。同时，随着温度的降低，材料的断裂韧性会有所下降，从而表现出低温脆性。材料在低温下一旦出现裂纹，则易于发生失稳断裂。众所周知，我国高速动车组运行环境复杂，同一运行区间可能经受高达 90℃ 的大温差。图 4.15 对比了 S38C 车轴在室温和−40℃ 环境下的裂纹扩展速率试验数据。由图可知，在低 ΔK 区域，低温环境下的扩展速率明显低于室温环境，然而在高 ΔK 区域，两组数据有明显的交汇，之后因温度降低而减少的断裂韧性会显著降低临界疲劳裂纹长度和扩展寿命，应重视这一现象。此外，高温会降低材料的强度，某些材料可能会引起蠕变，对疲劳性能也是不利的。同时还要注意，为改善疲劳性能而引入的残余压应力，也会因温度升高而发生应力松弛。

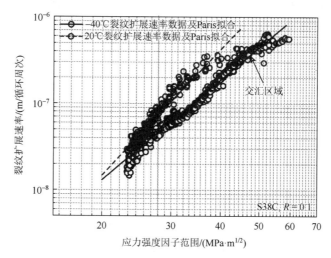

图 4.15　车轴钢材料低温与室温环境下的裂纹扩展速率对比

　　另外，对于腐蚀环境中运行的车辆部件，在裂纹萌生阶段，腐蚀坑将作为裂纹萌生源，对疲劳强度产生显著影响。同样，在裂纹扩展阶段，腐蚀通常会加速裂纹扩展。在腐蚀环境中，S-N 曲线上的拐点趋于消失，疲劳强度可能会严重降低，有关腐蚀疲劳的相关细节将在第 7 章中进行讨论。

4.3　有限样本的疲劳寿命曲线

4.3.1　概率疲劳寿命曲线

　　众所周知，相同的试样在同一名义应力下的疲劳寿命会显示离散性，如图 4.16 所示，这种现象体现了疲劳损伤过程的随机性本质。研究表明，由随机变量导致的不确定性可以分为以下几组：①试样本质的随机性导致的物理不确定性，如缺陷的大小、位置、尺寸；②不完善的测试过程导致的测试不确定性；③有限的测试样本导致的统计不确定性；④不完善的理论体系或数学模型导致的模型不确定性，如随机变量概率分布类型的选择。为了理解疲劳损伤表征和统计上有意义的数据集的随机性，需要引入一种数据处理方法，以考虑小样本来确定结构的疲劳寿命和性能，这是本节的重点。

　　疲劳作为铁路部件常见的失效形式之一，通常受到各种外部因素和内在属性的影响，是载荷、时间与环境等综合作用的结果。工程上常采用疲劳试验测定 *S-N* 曲线来评定材料或者结构的疲劳性能。概率-应力-寿命曲线称为 *P-S-N* 曲线，常被用于评估疲劳结构的可靠性。自从 *P-S-N* 曲线被提出以来，研究者提出了不同的计算模型，可以分为三类。第一类假定疲劳寿命服从正态分布，该类方法需要的参数很少，能够较好地应用于复杂工况。但该方法对分散性的准确表征依赖于大样本

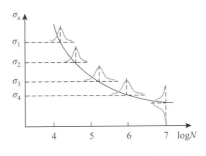

图 4.16   疲劳 *S-N* 曲线的离散性

的试验数据且无法反映分散性随应力变化的趋势。在第二类模型中，假定疲劳寿命服从两参数或三参数韦布尔分布。与第一类模型不同，此类模型的准确度对样本量依赖程度降低，但复杂的参数求解过程降低了其工程应用价值。与上述两类模型不同，第三类模型侧重于结合小样本数据求解准确的寿命分散性，该模型将试验数据等效处理或结合特定的统计方法运算。考虑到能显著降低试验成本和周期，第三类模型也作为本章的研究重点。在第三类模型中，国内外学者基于小样本数据提出了很多 *P-S-N* 曲线拟合方案，其中包括极大似然法、人工神经网络技术、蚁群差分算法、分级贝叶斯算法等。除了上述方法，东北大学谢里阳教授基于样本信息聚集原理提出了回归统计摄动方法（backward statistical inference method，BSIM），该方法通过定义寿命标准差与应力值之间的关系并等效各应力级下的寿命，获得更为准确的对数寿命标准差。由于上述方法存在理论复杂和计算烦琐的缺点，基于小样本数据获得准确 *P-S-N* 曲线的困难仍然存在，此类方法有待进一步改进。

　　在 *P-S-N* 曲线测试方面，成组法（the group method，TGM）被广泛应用于指导疲劳寿命试验。然而，利用成组法测试疲劳寿命通常选 3～5 级应力对疲劳试件进行疲劳寿命试验，且每级应力至少要获得 15 个有效疲劳寿命数据，并覆盖 $10^4 \sim 10^7$ 循环周次寿命范围，试验量很大。虽然也有一些小样本 *P-S-N* 曲线的测试方法和模型，但由于数学计算烦琐或精度及稳定性等原因，目前还没有能很好地满足工程应用的方法。因此，亟须提出节省试样、提高试验效率的小样本 *P-S-N* 曲线测试方法。在传统的名义应力框架下，为提高由小样本数据获得的疲劳 *P-S-N* 曲线的拟合精度，改进的样本信息集聚原理（improved backward statistical inference approach，ISIA）通过优化寿命标准差的检索方式，可获得更为合理可靠的疲劳寿命。

4.3.2　样本信息聚集原理

　　根据性能-寿命概率映射原理，材料性能处于其母体分布某一概率分位点的试样，在任何应力水平下的寿命都将处于对应于该水平的寿命母体分布的同一概率分位点上。因此，不同应力水平下的寿命分布存在映射关系，不同应力水平下的各寿命样本点之间存在一一对应关系。根据这个对应关系，可以把不同应力水平下的寿命试验数据转换到某一个指定的应力水平上，从而实现样本聚集和信息融合效应，最终进行寿命分布参数估计。

在确定性应力水平下，试样寿命是由材料性能决定的，因此寿命的分散性也是由材料性能决定的。疲劳试验过程可以分解为试样抽取和寿命形成两个阶段。试样抽取结果决定了试样的个体性能（在材料性能分散性意义上），即所取到的试样性能在其母体性能分布中的位置或概率分位点；寿命形成过程则使得给定试样在某一应力循环作用下产生一个具体寿命结果。尽管同一个试样在不同应力水平下有不同的疲劳寿命，但其在与各应力水平对应的寿命母体分布中的概率分位点是相同的，这就是性能-寿命概率映射原理。在概率意义上，性能-寿命概率映射原理可以描述为：某一应力水平下的一组寿命样本，在概率意义上必然一一对应于另一应力水平下的另一组寿命样本。如果在两个不同应力水平下都进行大样本疲劳寿命试验，每个应力水平下样本数为 m，对各应力水平下的寿命从小到大排序，并把第 i 应力水平下第 j 个试样的寿命记为 N_{ij}，对应的寿命累积分布函数值为 $P(N_{ij})$，则有

$$\lim_{N \to \infty}[P(N_{1j}) - P(N_{2j})] = 0 \tag{4.15}$$

也就是说，在概率意义上，不同应力水平下的寿命数据存在一一对应的关系。性能-寿命概率映射原理还可以用随机变量抽样过程来描述：令试样材料性能为 x，其概率密度函数为 $f(x)$，在小疲劳试验中随机取出一个试样的过程，相当于在概率密度函数为 $f(x)$ 的母体中抽取一个样本 x_j。疲劳试验过程则相当于一个抽样变换过程：在应力 S_i 循环作用下，性能为 x_j 的样本产生一个对应的寿命 N，这意味着循环应力 S_i 把材料性能分布 $f(x)$ 转化成试样寿命分布 $g_i(N)$，性能-寿命概率映射原理如图4.17所示。

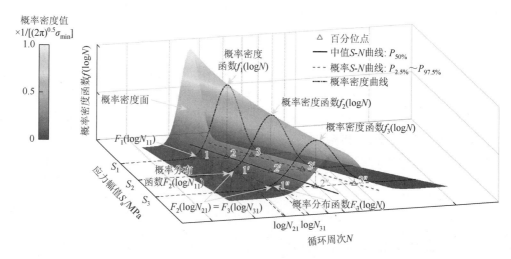

图 4.17　性能-寿命概率映射原理

在样本信息聚集原理中，若以 μ 表示对数寿命均值，σ 表示对数寿命标准差，则对数寿命 $\log N$ 满足 $\log N \sim N(\mu, \sigma^2)$。大量试验数据表明，疲劳寿命和寿命分散性都与应力水平呈负相关。则在以循环周次 N 为横轴，应力幅值 S_a 为纵轴，概率密度值 $f(\log N)$ 为竖轴的坐标系中，概率密度函数对应的三维曲面如图4.17所示。图中，$\log N_{ji}$ 表示第 i 个试样在第 j 级应力下的对数寿命，$f_j(\log N)$ 和 $F_j(\log N)$ 分别表示第 j 级应力下对数寿命 $\log N$

的概率密度函数和概率分布函数。同时，将 S_1、S_2 和 S_3 应力级的概率密度函数分别标记为 $f_1(\log N)$、$f_2(\log N)$ 和 $f_3(\log N)$，三级应力的概率密度函数曲线在存活率为 50%、2.5% 和 97.5% 的 S-N 曲线上的投影点也分别被标记，如 S_2 应力级的概率密度函数曲线在三条 S-N 曲线上的投影记为 1′、2′ 和 3′。

以数据点 1′ 为例，失效概率为 2.5% 的 S-N 曲线与概率密度面之间的关系为

$$F_2(\log N_{21}) = \int_0^{\log N_{21}} f_2(\log N) = 0.025 \tag{4.16}$$

$$F_1(\log N_{11}) = \int_0^{\log N_{11}} f_1(\log N) = F_3(\log N_{31}) = \int_0^{\log N_{31}} f_3(\log N) = 0.025 \tag{4.17}$$

由式（4.16）和式（4.17）可知，在失效概率为 2.5% 的 S-N 曲线上，各点都满足式（4.16），满足分位点一致性原理。基于正态分布，分位点一致性原理可以表示为

$$\frac{\log N_{ji} - \mu_j}{\sigma_j} = \frac{\log N_{ki} - \mu_k}{\sigma_k} \tag{4.18}$$

根据式（4.18），疲劳寿命由 j 级应力等效到 k 级应力的过程如下：

$$\log N_{ji}^{\mathrm{e}} = (\log N_{ji} - \mu_j)\frac{\sigma_k}{\sigma_j} + \mu_k \tag{4.19}$$

式中，$\log N_{ji}^{\mathrm{e}}$ 为 $\log N_{ji}$ 在 k 级应力下的等效寿命，等效过程如图 4.18 所示。

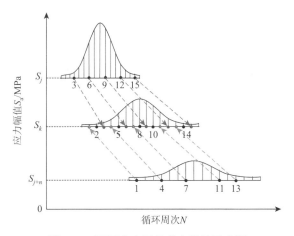

图 4.18　不同应力间的寿命等效示意图

在式（4.18）中，参数 μ_j 可根据存活率为 50% 的疲劳 S-N 曲线确定。作为描述寿命分散性的参数，标准差主要与应力水平有关。很多研究者认为，金属材料的对数寿命标准差 σ 与应力水平 S 之间满足线性关系，表达式为

$$\sigma_i = \sigma_k + K(S_k - S_i) \tag{4.20}$$

式中，参数 K 为材料常数；第 k 级应力被视为基准应力；标准差 σ_k 为其他标准差的求解基准。根据样本容量的大小，参数 K 和各应力下寿命标准差的求解可分为 X-x-x-x 型和 x-x-x-x 型两类试验数据，其中 X 指大样本数据，x 指小样本数据。

第一类试验数据中，基准应力的试验数据至少为 15 个，因此该级应力下的标准差可以准确求解，并作为确定各级应力寿命标准差的基础。在这样的条件下，各参数的检索过程如图 4.19（a）所示。第二类数据中各级应力的试验数据量都低于 15，因此无法准确计算标准差，且各应力下的标准差都为未知量。此时，参数 K 和各级应力的寿命标准差确定方案如图 4.19（b）所示。

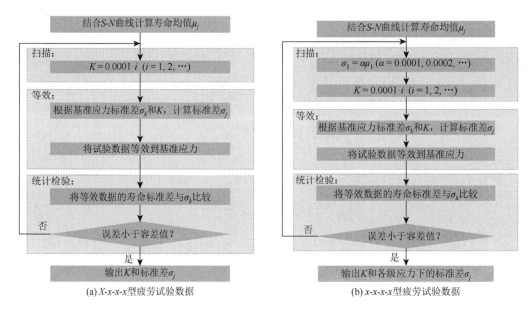

(a) X-x-x-x型疲劳试验数据　　　　　　　　　(b) x-x-x-x型疲劳试验数据

图 4.19　样本信息聚集原理对不同类型试验数据的处理方法

4.3.3　样本聚集改进方法

一般地，某级应力的样本容量无法满足标准差的要求（不低于 15），即获得的试验数据以 x-x-x-x 型为主。此时采用传统方法求解的标准差误差较大，无法保证 P-S-N 曲线的可靠性。样本信息聚集原理基于分位点一致性理论将试验数据等效处理，达到准确求解寿命标准差的目标。但该理论也存在明显的不足，如样本信息聚集原理获得的 P-S-N 曲线无法反映标准差随应力幅值变化的趋势，因此为获得更为保守且更为真实的 P-S-N 曲线，样本信息聚集原理需要进一步优化，即改进的样本信息聚集原理。

1. 样本容量的修正

在实际疲劳试验中，准确求解标准差的基础是该级应力下的试验个数不少于 15 个。但考虑到试验的复杂性和高成本问题，该样本容量需求在工程中很难达到。此外，当样本容量达到设定要求时，标准差的准确性也需要进一步考证，因此该样本容量的设定有待进一步改进。

根据 HB/Z 112-1986，高周疲劳试验中的各级应力需要的样本容量不少于 6 个。同时，该标准提出最小的样本容量不仅与置信度 γ 和误差限 δ_{max} 有关，还需要考虑寿命标准差与寿命均值比值，即变异系数（coefficient of variation，CV）的影响。例如，当 γ =95%、$\delta_{\max}$=5% 且 CV $\in$ (0.0541, 0.0598)时，最少观测值个数为 8，因此样本容量应设定为 8；当 γ =95%、$\delta_{\max}$=5%且 CV $\in$ (0.0201, 0.0314)时，最少观测值个数为 4，因此样本容量应设定为 6。由此，为保证标准差求解的精确度，样本容量的设定需要满足以下两个条件：

（1）试验观测值不少于 6 个；

（2）置信度和误差一定时，样本不少于变异系数对应的最少试验量。

2. 参数 K 的检索方式改进

在样本信息聚集原理中，参数 K 采用递增搜索方式检索，取得特定范围内的最小合理值。但当确定检索范围的最大值后，参数 K 可进行递减搜索并确定最大的合理值。由式（4.20）可知，当应力低于基准应力时，最大的参数 K 值对应标准差的极大值，疲劳极限值的最小值，则寿命估算更为保守，结构设计更为可靠。确定参数 K 的检索上限方法如下。

当存活率为 p，置信度为 $1-\alpha$ 且自由度为 ν 时，第 j 级应力下的对数疲劳寿命 $\log N_{pj}$ 求解公式如下：

$$\log N_{pj} = \mu_j - k_{(p,1-\alpha,\nu)}\sigma_j \tag{4.21}$$

式中，$k_{(p,1-\alpha,\nu)}$ 为单侧容限系数。通常，疲劳寿命随着应力的增大会逐渐降低。结合式（4.20）和式（4.21），参数 K 的检索上限为

$$K < (\mu_{j+1} - \mu_j) / [k_{(p,1-\alpha,\nu)}(S_j - S_{j+1})] \tag{4.22}$$

3. 参数 α 的检索方式改进

为说明参数 α 检索方式对 P-S-N 曲线拟合的影响，此处主要证明递增检索的参数 α 能够使基准应力的标准差取得最小值，低应力下的标准差取得最大值。为叙述方便，取最高级应力为基准应力，式（4.18）可以修正为

$$\log N_{ji}^e = (\log N_{ji} - \mu_j)\frac{\sigma_1}{\sigma_j} + \mu_1 \tag{4.23}$$

由于基准应力 S_k 的寿命均值 μ_k 不受等效疲劳数据的影响。根据图 4.19（b），当 α 取得最小值时，标准差 σ_k 也取得最小值，因此 $|\log N_{ji}^e - \mu_k|$ 取得最小值。结合式（4.18），当 $\log N_{ji} - \mu_j$ 一定时，低应力下的寿命标准差取得最小值。

4.3.4　部件疲劳寿命曲线

密歇根大学李永利认为全尺寸结构 P-S-N 曲线可以通过修正小尺寸试样的 P-S-N 曲线获得，如图 4.20（a）所示。在该图中，曲线 A 为小试样的中值 S-N 曲线，曲线 B~ D 的变化表示经载荷系数 C_{lot}、表面系数 β、尺寸系数 ε 的修正后获得的全尺寸结构且失效概率为 50%的 S-N 曲线，曲线 E 表示经过可靠性系数，即单侧容限系数 $k_{(p,1-\alpha,\nu)}$ 修正，

即将中值 S-N 曲线左右平移，获得的全尺寸结构的 P-S-N 曲线。由曲线 D 和 E 可知，传统方法拟合的全尺寸结构 P-S-N 曲线相互平行，无法反映标准差随应力变化的趋势。

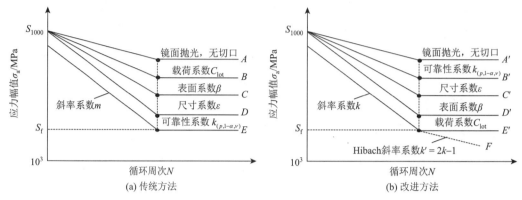

图 4.20   疲劳 P-S-N 曲线拟合方法

在德国机械工业委员会（Forschungs Kuratorium Maschinenbau，FKM）准则中，拐点以下的 S-N 曲线斜率可以修正为 $k' = 2k - 1$，因此传统方法获得的 P-S-N 曲线可以进一步修正。由式（4.20）可知，标准差会随着应力幅值的增加而降低，P-S-N 曲线会呈现开口向下的喇叭口形状。结合小尺寸试样寿命分布特征的影响，全尺寸结构 P-S-N 曲线拟合过程的调整如图 4.20（b）所示，步骤如下：

（1）根据改进的样本信息聚集原理求解参数 σ_j。

（2）结合式（4.20），当失效概率一定时，疲劳寿命可由参数 $k_{(p,1-\alpha,v)}$、标准差 σ_j 和寿命均值确定。运用最小二乘法，拟合各应力下的数据点获得该失效概率下的 S-N 曲线，如曲线 B′ 所示。

（3）通过参数 C_{lot}、β 和 ε 修正得到全尺寸构件的 P-S-N 曲线，即曲线 E′。

（4）在计算剩余寿命时，全尺寸构件的疲劳 S-N 曲线可以进一步修正为曲线 F。

4.4   典型结构的疲劳寿命分析

在实际工程中，大多数在役结构件通常承受不同强度的循环波动载荷，疲劳成为承载部件发生灾难性故障的主要原因。疲劳失效总是发生在材料的局部薄弱区域，并永久降低其性能和安全使用。损伤的概念通常用于表征这种失效过程，并且在疲劳寿命预测中也起着重要作用。尽管针对疲劳理论进行了广泛的研究，但评估疲劳损伤程度并预测疲劳寿命仍然是抗疲劳设计的主要挑战。因此，强烈期望在结构完整性、基于可靠性的设计和安全评估中建立可靠的损伤累积规则。

4.4.1   车轴疲劳寿命估算

车轴是高速动车组最重要的安全临界部件。为了验证样本信息聚集原理的准确性与可靠性，本节将改进的拟合方法与线路实测载荷谱相结合，预测出全尺寸车轴的疲劳寿命。图 4.21 给出了标准小试样在高铁车轴上的取样位置。

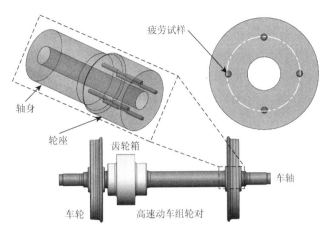

图 4.21　高速列车轮对结构及高周疲劳取样位置

高速动车组空心车轴实际受载形式复杂，一般分为动载荷与静载荷两种。在服役过程中，由包括车辆质量在内的一系列不同应力水平的随机载荷组成的垂向载荷是决定车轴寿命的主要载荷，其呈现出一种典型的变幅加载模式。由于采用有限实际线路载荷谱对车轴进行耐久性评估具有局限性，本节将公开发表的实测载荷谱简化为峰值应力较大的 5 级载荷谱对车轴服役寿命进行评估，如图 4.22 所示。

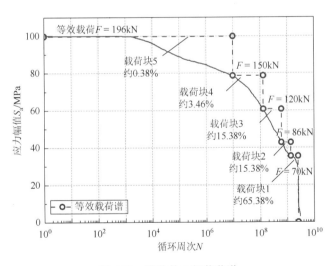

图 4.22　简化的 5 级载荷谱

在无限寿命区，低于疲劳极限的小载荷对材料的疲劳损伤也有贡献，因此需要对经典 Miner 理论进行修正。将疲劳极限下的疲劳 S-N 曲线斜率修正为 $k' = 2k - 1$，使得预测结果更加保守。与之对应的 Miner 理论修正如下：

$$D_{\text{cri}} = \frac{1}{S_{\text{D}}^k N_{\text{D}}} \cdot \sum_{S_i \geqslant S_{\text{D}}} n_i \cdot S_i^k + \frac{1}{S_{\text{D}}^{k'} N_{\text{D}}} \cdot \sum_{S_i < S_{\text{D}}} n_i \cdot S_i^{k'} \tag{4.24}$$

式中，S_{D} 和 N_{D} 分别为全尺寸车轴的疲劳极限及其对应的循环周次或者拐点；S_i 和 n_i 分别为载荷谱中的各级应力值大小及循环周次。一般地,变幅载荷作用下钢质结构部件的临界损伤值取 $D_{crit}=0.3$。

1. X-x-x-x 型试验数据

由车轴材料疲劳试验可知,LZ50 材料的疲劳寿命数据见表 4.3。在表 4.3 中,寿命均值和标准差根据各级应力下的试验数据求解。

表 4.3　车轴钢材料 LZ50 的试验数据

应力幅值 S_a/MPa	试样个数	对数疲劳寿命	寿命均值	寿命标准差
320	5	4.33, 4.45, 4.54, 4.64, 4.72	4.54	0.15
305	4	4.92, 5.02, 5.11, 5.26	5.08	0.14
290	6	5.11, 5.24, 5.31, 5.42, 5.52, 5.58	5.36	0.18
280	6	5.43, 5.62, 5.66, 5.73, 5.78, 5.94	5.69	0.17

由表 4.3 可知,第三级应力下的变异系数 CV=0.034。当置信度 γ 和误差限 δ_{max} 分别为 95%和 5%时,最少的观测个数为 5 个,说明该组试验数据类型属于 X-x-x-x 型,无须进行参数 α 检索,仅需要进行参数 K 的检索。基于拟合方法,即样本信息聚集原理(BSIM)和改进的样本信息聚集原理(ISIA),LZ50 的各应力下分布参数求解见表 4.4。

表 4.4　不同计算方法对应的车轴钢材料 LZ50 的试验数据

序号	应力幅值 S_a/MPa	μ_{ISIA}	σ_{ISIA}	μ_{BSIM}	σ_{BSIM}
1	320	4.57	0.174	4.57	0.101
2	305	4.98	0.175	4.98	0.139
3	290	5.41	0.177	5.41	0.177
4	280	5.70	0.178	5.70	0.202

为了明确传统方法即成组法(TGM)与 BSIM、ISIA 之间的差异,将 TGM 和 ISIA 拟合 P-S-N 曲线绘制到图 4.23(a),将 BSIM 和 ISIA 拟合 P-S-N 曲线绘制到图 4.23(b)。由图可知,由 ISIA 获得的小尺寸试样和全尺寸结构的 P-S-N 曲线呈现开口向下的喇叭状,说明标准差与应力水平呈现负相关的变化趋势。

为对比 BSIM 与 ISIA 求解的疲劳参数差异,将存活率为 50%、90%、95%和 97.5%的疲劳极限比较如表 4.5 所示。

表 4.5　不同方法求解的 LZ50 疲劳极限对比

存活率/%	BSIM	ISIA	降低百分率/%
50	206.28	206.28	0
90	200.73	197.91	1.40
95	199.16	195.19	1.99
97.5	197.82	192.70	2.59

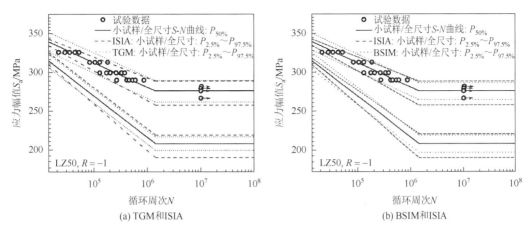

图 4.23　车轴钢材料 LZ50 的 $P\text{-}S\text{-}N$ 曲线拟合方法比较

由表 4.5 和图 4.23 可知，与 TGM 和 BSIM 不同，由 ISIA 预测的曲线低应力下分散系数更大，疲劳极限更保守。此外，根据小试样的试验数据和疲劳寿命标准差的求解结果，将 $P\text{-}S\text{-}N$ 曲线和概率密度面绘制于三维坐标系中，如图 4.24 所示。如图所示，为比较试验数据点与三维概率面之间的关系，将三维概率面上的相应点在横轴和纵轴围成的平面投影获得 $P\text{-}S\text{-}N$ 曲线。由图可知，概率密度面呈现一个开口向下的喇叭口形状，且概率密度曲线的峰值随着应力的降低逐渐增加，说明疲劳寿命分散性更符合实际的变化趋势，即与应力水平呈负相关。

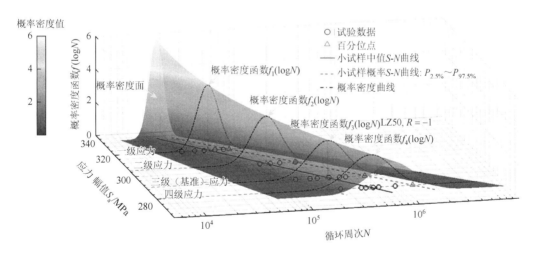

图 4.24　车轴钢材料 LZ50 疲劳寿命的三维概率分布

由式（4.24）可知，在与载荷谱结合进行寿命计算时，需要判断载荷谱与疲劳极限之间的关系，故将存活率为 97.5% 的 $S\text{-}N$ 曲线与载荷谱比较，如图 4.25 所示。由图可知，载荷谱的峰值低于疲劳极限，式（4.24）可以修正如下：

$$D_{\mathrm{cri}} = \frac{1}{S_{\mathrm{D}}^{k'} N_{\mathrm{D}}} \cdot \sum_{S_i < S_{\mathrm{D}}} n_i \cdot S_i^{k'} \qquad (4.25)$$

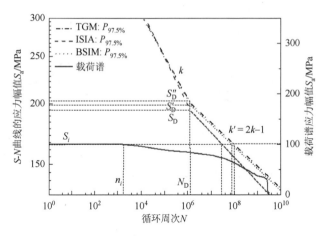

图 4.25　车轴钢材料 LZ50 的疲劳 P-S-N 曲线与载荷谱的比较

根据图 4.25 中 P-S-N 曲线与五级载荷谱的对比，利用 TGM 和 BSIM 计算全尺寸车轴疲劳寿命分别为 1.23×10^{12} km 和 1.02×10^{12} km。而 ISIA 预测的疲劳寿命为 1.07×10^{11} km，仅相当于 BSIM 对应寿命的 10.5% 或 TGM 对应寿命的 8.7%，可见 ISIA 能够得到更为保守的疲劳寿命估算结果。

2. x-x-x-x 型试验数据

为进一步检验 ISIA 对 x-x-x-x 型试验数据的适用性，利用该方法处理了试验获取的车轴钢材料 EA1N 的数据，见表 4.6。

表 4.6　车轴钢材料 EA1N 的试验数据

应力幅值 S_a/MPa	试样个数	对数疲劳寿命	寿命均值	寿命标准差
280	2	5.39, 5.45	5.42	0.042
270	2	5.73, 5.84	5.79	0.080
260	2	5.96, 6.03	5.99	0.055
250	2	6.28, 6.33	6.31	0.033

在表 4.6 中，寿命均值和寿命标准差均由试验数据得到。同时，各级应力下的试验数据都是两个，因此该组试验数据类型为 x-x-x-x 型，需要进行参数 α 和 K 的双重检索，如表 4.7 所示。结合表 4.6 和表 4.7 的数据处理，将 ISIA 与 TGM 处理结果于图 4.26（a）中进行对比，将 ISIA 与 BSIM 处理结果于 4.26（b）中进行对比。

表 4.7　不同方法对应的车轴钢材料 EA1N 的寿命分布参数

序号	应力幅值 S_a/MPa	μ_{ISIA}	σ_{ISIA}	μ_{BSIM}	σ_{BSIM}
1	280	5.45	0.042	5.45	0.032
2	270	5.73	0.057	5.73	0.064
3	260	6.02	0.071	6.02	0.095
4	250	6.32	0.085	6.32	0.127

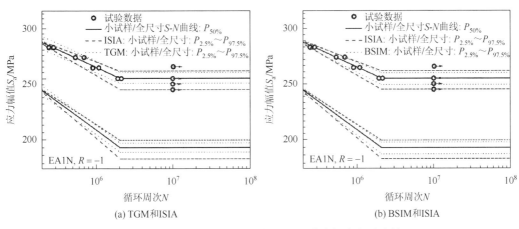

(a) TGM和ISIA　　　　　　　　(b) BSIM和ISIA

图 4.26　车轴钢材料 EA1N 的 P-S-N 曲线拟合方法比较

由图 4.26 可知，ISIA 获得的 P-S-N 曲线呈现开口向下的喇叭口形状，能够反映标准差随应力幅值的变化趋势，而 TGM 得到的 P-S-N 曲线中并不能反映该变化趋势。为进一步比较 ISIA 与 BSIM 求解的疲劳极限之间的差异，将两种方法求解的存活率分别为 50%、90%、95% 和 97.5% 的参数值进行比较，见表 4.8。

表 4.8　不同方法求解的车轴钢材料 EA1N 疲劳极限对比

存活率/%	BSIM	ISIA	降低百分率/%
50	194.30	194.30	0
90	191.40	189.59	0.95
95	190.51	187.97	1.33
97.5	189.72	186.47	1.71

由表 4.8 可知，相对于 BSIM，ISIA 计算得到的疲劳极限更为保守，降低幅度在 2% 以内。同时，根据小试样试验数据和 ISIA 求解的结果，将试验数据、P-S-N 曲线及概率密度面绘制于三维坐标系中，如图 4.27 所示。

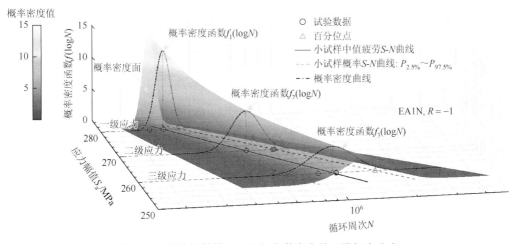

图 4.27　车轴钢材料 EA1N 钢疲劳寿命的三维概率分布

在图 4.27 中，存活率为 2.5%、50% 和 97.5% 的 P-S-N 曲线是由概率密度面上的对应点与横轴和纵轴围成平面的投影。同时，试验数据点也都落在三条疲劳 P-S-N 曲线内部，说明 ISIA 估算得到的寿命分散性系数偏于保守，能够保证部件设计的可靠性。除此之外，呈现开口向下的喇叭口状三维概率密度面也说明了该方法对应的寿命标准差随应力水平的变化规律，即随着应力值的降低，寿命标准差逐渐增加，进一步说明该方法的准确性。

为进一步估算 EA1N 全尺寸车轴寿命，将图 4.22 中的五级载荷谱和图 4.26 相比较，如图 4.28 所示。由图可知，应力幅值的最大峰值低于疲劳极限，因此结合五级载荷谱进行全尺寸车轴寿命估算时，损伤累积可根据式（4.24）计算。结合图 4.26、图 4.28 及式（4.24），求得 TGM 和 BSIM 对应的全尺寸车轴寿命分别为 4.03×10^{11} km 和 1.14×10^{11} km，而 ISIA 对应的疲劳寿命为 2.97×10^{10} km，仅为 BSIM 的 26.1% 和 BSIM 的 7.37%，因此 ISIA 能够获得更为保守的全尺寸车轴预测寿命。

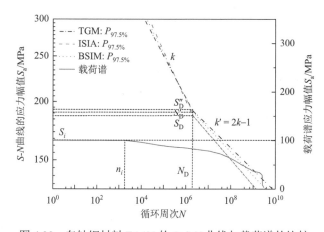

图 4.28　车轴钢材料 EA1N 的 P-S-N 曲线与载荷谱的比较

目前，车轴是根据 EN 13104-2012、EN 13103-2012、JIS E4501-2011 等标准进行无限寿命设计的，但在实际运行过程中，车轴实际报废周期为 30 年或 10^9 次循环，因此 ISIA 的求解结果能够满足实际运用要求。但是必须指出的是，相对于利用损伤累积理论预测服役寿命，车轴实际运行寿命会在很大程度上降低，这主要是因为实际运营的车轴会存在外物损伤、微动腐蚀、铸造缺陷等因素造成疲劳强度的降低，因此车轴部件服役寿命的准确预测仍然是需要重点关注的关键科学问题。

4.4.2　焊接材料结构

通常，焊接结构存在各个方面的不均匀性，如晶体结构、力学性能等，这主要是因为焊接过程中会引入气孔、未融合和未焊透等缺陷，因此该结构的试验数据更为分散。为检验 ISIA 处理高铁焊接结构（如受电弓、车体和构架等）高周疲劳试验数据的适用性，本节采用 ISIA 和 TGM 分别处理钢材与铝合金的八种焊接接头试验数据，包含搅拌摩擦焊（FSW）、惰性气体保护焊（MIG）、活性气体保护焊（MAG）、激光-电弧复合焊（HLW）等焊接接头，相关参数的求解对比如表 4.9 所示。

表 4.9　不同焊接结构材料的试验数据处理

合金种类	材料	焊接方式	R	$\Delta S_D(P_{50\%})$	$\Delta S_D(\text{TGM},\\P_{97.5\%})$	$\Delta S_D(\text{ISIA},\\P_{97.5\%})$	与中值误差/%	与 TGM 误差/%
钢	SS800	对接	0.05	141	128	118	16.3	7.1
		纵向角	0.05	110	89	84	23.6	4.5
	SMA490	MAG	−1	174	97	70	59.8	15.5
铝合金	6082	MIG	0	100	90	80	20.0	10.0
			0.1	90	85	63	30.0	24.4
		MIG-R	0	72	63	53	26.4	13.9
		MIG-R+FSP	0	84	78	63	25.0	17.9
		FSW	0.1	98	93	74	24.5	19.4
	7020	HLW	0.1	82	67	61	25.6	7.3

由表 4.9 可知,当存活率为 97.5% 时,ISIA 预测的三类钢制焊接接头的条件疲劳极限 ΔS_D 与传统方法获得的相比较显著降低,其中 SMA490 MAG 焊接接头的疲劳极限最大降幅超过 15%。对于 5 种铝合金焊接接头,ISIA 获得的条件疲劳极限相对于 TGM 也存在明显的下降,其中 6082 铝合金的 MIG 焊接接头的降低百分比最大,达到 24.4%,7020 铝合金的 HLW 焊接接头降低得最少,为 7.3%。此外,当母材相同时,不同焊接方式对应的条件疲劳极限降低百分比也存在较大差异。此外,在铝合金 6082 的焊接接头中,降低的百分比也略有差异,MIG 的降低百分比约为 10.0%,MIG-R 的降低百分比为 13.9%,MIG-R+FSP 的降低百分比为 17.9%,FSW 的降低百分比为 19.4%。

为说明不同类型焊接接头的疲劳强度分散性,下面计算中值 S-N 曲线的条件疲劳极限与 ISIA 预测存活率为 97.5% 的条件疲劳极限之间的相对误差。结合表 4.9 可知,相对中值 S-N 曲线的疲劳极限,SMA490 的焊接接头通过 ISIA 获得的疲劳极限降低的百分比最大,为 59.8%,即寿命分散性大;SS800 钢的对接焊的疲劳极限降低的百分比最小,为 16.3%,即寿命分散性较小。此外,在母材相同的情况下,接头类型的不同也会影响寿命分散性。例如,当母材为 6082 时,MIG 的降低百分比约为 20.0%,MIG-R 的降低百分比为 26.4%,MIG-R+FSP 的降低百分比为 25.0%,FSW 的降低百分比为 24.5%。为进一步比较 ISIA 和 TGM 之间的差异,将两种方法拟合的 P-S-N 曲线与试验数据对比,如图 4.29～图 4.37 所示。

由以上各图可知,ISIA 获得的条件疲劳极限要高于国际焊接学会(IIW)标准中 FAT 疲劳等级推荐值,即 FAT 疲劳等级,说明改进方法获得的条件疲劳极限能够满足现有的焊接结构设计要求。同时,由图可知,各类焊接材料的试验数据很少,因此基于传统方法的 P-S-N 曲线误差太大,需要基于 ISIA 方法获得准确的疲劳曲线。对焊接接头而言,疲劳寿命的分散性随着应力值降低逐渐增加且 P-S-N 曲线应该呈现开口向下的喇叭口形状。但基于 TGM 获得的曲线并不能反映寿命分散性的变化趋势,而 ISIA 能够刻画该特征,所以 ISIA 拟合焊接接头的概率疲劳 S-N 曲线更有优势。

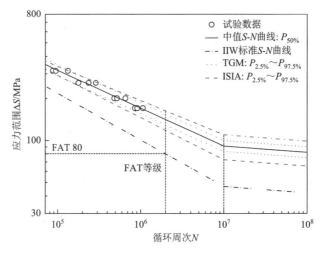

图 4.29　钢 SS800 的对接焊接头疲劳 *P-S-N* 曲线（*R*=0.05）

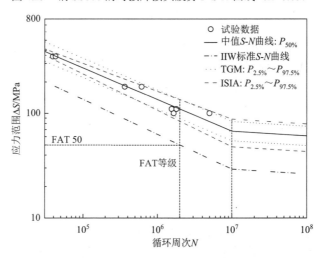

图 4.30　钢 SS800 的纵向角焊接头疲劳 *P-S-N* 曲线（*R*=0.05）

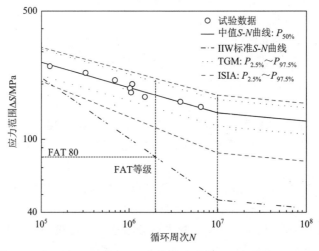

图 4.31　钢 SMA490 的 MAG 焊接接头疲劳 *P-S-N* 曲线（*R*=−1）

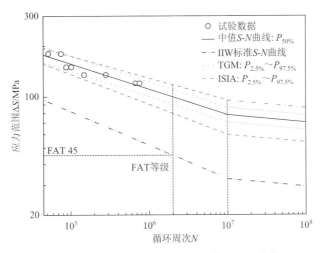

图 4.32　铝合金 6082 的 MIG 焊接接头疲劳 *P-S-N* 曲线（*R*=0）

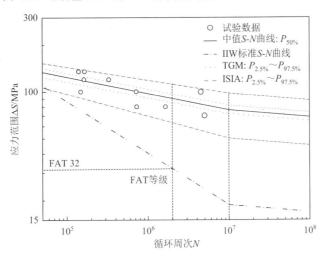

图 4.33　铝合金 6082 的 MIG 焊接接头疲劳 *P-S-N* 曲线（*R*=0.1）

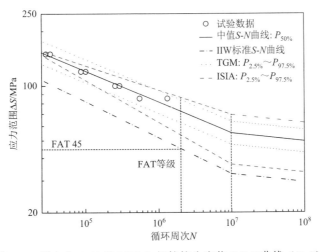

图 4.34　铝合金 6082 的 MIG-R 焊接接头疲劳 *P-S-N* 曲线（*R*=0）

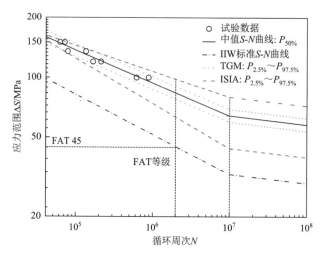

图 4.35 铝合金 6082 的 MIG-R+FSP 焊接接头疲劳 *P-S-N* 曲线（*R*=0）

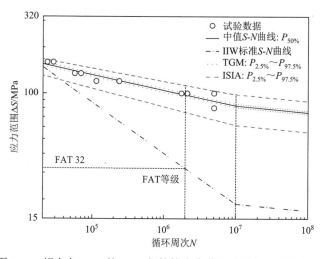

图 4.36 铝合金 6082 的 FSW 焊接接头疲劳 *P-S-N* 曲线（*R*=0.1）

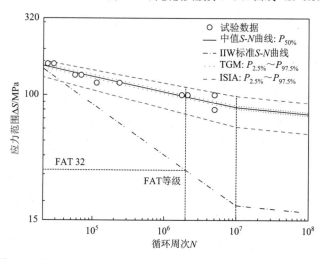

图 4.37 铝合金 7020 的 HLW 焊接接头疲劳 *P-S-N* 曲线（*R*=0.1）

4.5　本 章 小 结

本章基于 BSIM，探究了各检索参数对寿命标准差求解的影响并拟合得到了各类材料的疲劳 P-S-N 曲线。通过与试验数据和相关标准的对比发现：

（1）随着参数 K 的增加和 α 的降低，低于基准应力的应力级对应的标准差获得最大值，即对应更为保守的预测寿命。

（2）考虑到标准差与应力水平之间呈负相关关系，ISIA 获得的 P-S-N 曲线呈现开口向下的喇叭形状，更符实际情况。

（3）通过结合简化的五级载荷谱和拟合的全尺寸车轴 P-S-N 曲线，ISIA 能够估算得到更为保守的全尺寸车轴预测寿命。

（4）结合焊接接头的试验数据，ISIA 预测的条件疲劳极限更为保守，P-S-N 曲线也更为准确和可靠。

参 考 文 献

陈传尧. 2002. 疲劳与断裂[M]. 武汉: 华中科技大学出版社.

何柏林, 邓海鹏, 魏康. 2017. 超声冲击对 SMA490BW 钢焊接接头超高周疲劳性能的影响[J]. 中国表面工程, 30(4): 64-70.

李存海, 吴圣川, 刘宇轩. 2019. 样本信息聚集原理改进及其在铁路车辆结构疲劳评定中的应用[J]. 机械工程学报, 55(4): 42-53.

吴圣川, 胡雅楠, 康国政. 2019. 材料疲劳损伤行为的先进光源表征技术[M]. 北京: 科学出版社.

谢里阳, 刘建中. 2013. 样本信息聚集原理与 P-S-N 曲线拟合方法[J]. 机械工程学报, 49(15): 96-104.

杨晓华, 姚卫星, 段成美. 2003. 确定性疲劳累积损伤理论进展[J]. 中国工程科学, 5(4): 81-87.

杨新岐, 吴铁, 张家龙, 等. 2012. 厚板铝合金 FSW 和 MIG 焊接接头疲劳性能[J]. 焊接学报, 33(5): 5-9.

Fatemi A, Yang L. 1998. Cumulative fatigue damage and life prediction theories: A survey of the state of the art for homogeneous materials[J]. International Journal of Fatigue, 20(1): 9-34.

Filippini M, Luke M, Varfolomeev I, et al. 2017. Fatigue strength assessment of railway axles considering small-scale tests and damage calculations[J]. Procedia Structural Integrity, 4: 11-18.

Haibach E. 2003. Analytical strength assessment of components in mechanical engineering[S]. Frankfurt: FKM.

Hobbacher A F. 2002. Recommendations for fatigue design of welded joints and components: XIII-1539-96/XV-845-86[S]. Paris: International Institute of Welding.

Hu Y N, Wu S C, Song Z, et al. 2018. Effect of microstructural features on the failure behavior of hybrid laser welded AA7020[J]. Fatigue & Fracture of Engineering Materials & Structures, 41(9): 2010-2023.

Lee Y L, Pan J, Hathaway R, et al. 2005. Fatigue Testing and Analysis: Theory and Practice[M]. Burlington: Elsevier Butterworth-Heinemann.

Liao D, Zhu S P, Qian G A. 2019. Multiaxial fatigue analysis of notched components using combined critical plane and critical distance approach[J]. International Journal of Mechanical Sciences, 160: 38-50.

Makino T, Sakai H, Kozuka C, et al. 2020. Overview of fatigue damage evaluation rule for railway axles in Japan and fatigue property of railway axle made of medium carbon steel[J]. International Journal of Fatigue, 132: 105361.

Manson S S, Halford G R. 1981. Practical implementation of the double linear damage rule and damage curve approach for testing cumulative fatigue damage[J]. International Journal of Fracture, 17(2): 169-192.

Rieger M, Moser C, Brunnhofer P, et al. 2020. Fatigue crack growth in full-scale railway axles-influence of secondary stresses and load sequence effects[J]. International Journal of Fatigue, 132: 105360.

Schijve J. 2004. Fatigue of Structures and Materials[M]. 2nd ed. New York: Springer.

Silva J D, Costa J M, Loureiro A, et al. 2013. Fatigue behaviour of AA6082-T6 MIG welded butt joints improved by friction stir processing[J]. Materials & Design, 51: 315-322.

Wang T, Wang D P, Huo L X, et al. 2009. Discussion on fatigue design of welded joints enhanced by ultrasonic peening treatment(UPT)[J]. International Journal of Fatigue, 31(4): 644-650.

Yamamoto M, Makino K, Ishiduka H. 2019. Experimental validation of railway axle fatigue crack growth using operational loading[J]. Engineering Fracture Mechanics, 213: 142-152.

Zhai J M, Li X Y. 2012. A methodology to determine a conditional probability density distribution surface from S-N data[J]. International Journal of Fatigue, 44: 107-115.

Zhao Y X, Yang B, Feng M F, et al. 2009. Probabilistic fatigue S-N curves including the super-long life regime of a railway axle steel[J]. International Journal of Fatigue, 31(10): 1550-1558.

Zou L, Zeng D F, Wang J, et al. 2020. Effect of plastic deformation and fretting wear on the fretting fatigue of scaled railway axles[J]. International Journal of Fatigue, 132: 105371.

第 5 章　服役致损结构的剩余寿命评估

自然界不存在无缺陷的材料，车辆结构部件在运用维护过程中又难免存在磕碰和擦伤从而产生微裂纹，缺陷和裂纹的存在会给部件的安全服役带来巨大隐患。众所周知，缺陷和裂纹尖端位置是结构整体强度评定中的薄弱环节，是"木桶效应"的短板所在，如何对含缺陷或裂纹结构的剩余强度进行评估是一个棘手的问题。本章首先对经典的裂纹扩展唯象模型如 Paris 律、NASGRO 公式以及 iLAPS 模型等的演化过程进行详细阐述，为后续扩展剩余寿命计算提供理论基础。对于含有小尺寸缺陷的材料，本章利用先进的三维成像手段对缺陷进行表征并通过极值统计方法对其特征尺寸进行计算，在此基础上基于 Kitagawa-Takahashi（K-T）图以及相关修正模型对含缺陷材料的疲劳强度进行评估，或基于裂纹扩展模型对其扩展剩余寿命进行计算。对于含物理长裂纹的车辆部件，运用有限元法识别疲劳危险区域并植入裂纹，通过对裂纹尖端应力强度因子的计算并结合裂纹扩展速率模型可对其剩余寿命进行预测，以车轴为例对相关计算过程进行细致展述。至此，不论是含小尺寸缺陷还是含物理长裂纹的结构部件，本章试图建立对应的强度评估模型或寿命计算方法。

5.1　裂纹扩展唯象模型

德国亚琛工业大学 Krupp 教授在《金属与合金的疲劳裂纹扩展》一书中指出，只要机器在运转，就必须关注疲劳和疲劳裂纹失效断裂。据相关统计，缺陷和裂纹的存在已成为核工程、航空、航天、轨道交通等多个行业重大设备失效的重要原因之一。在轨道交通领域，由于疲劳断裂引发的高速列车运行事故占总事故发生的 70%～80%。因此，疲劳裂纹问题成为轨道车辆结构可靠性研究的重要任务。传统的疲劳寿命设计，主要是基于材料的疲劳 S-N 曲线并结合线性损伤累积理论来实现，并未考虑材料表面异物损伤坑、腐蚀坑、冶金缺陷、制造缺陷等对裂纹扩展的影响。事实上，即使带裂纹构件所承受的最大载荷低于材料的疲劳强度极限，其在交变载荷作用下也会因裂纹扩展而断裂破坏。因此，传统的无限寿命（安全寿命）设计方法并不能保证构件长期使用的可靠性和经济性。断裂力学的发展正好为此提供了理论基础，进而产生了基于断裂力学理论的抗疲劳设计方法，即损伤容限设计。损伤容限设计允许结构在安全使用寿命周期内存在损伤，但要求在损伤发展到危险尺寸前能被发现或者损伤在整个指定的安全寿命期间不会达到危险尺寸。综上，建立能够定量表征材料疲劳裂纹扩展速率的模型，合理描述含缺陷或裂纹结构在不同加载载荷、不同应力比等条件下的裂纹扩展规律、预测含缺陷或裂纹结构的剩余寿命等工作的开展对于估算车辆结构安全服役期限与经济性检修周期至关重要。

一般地，裂纹构件有三类破坏模式：Ⅰ型（张开型）裂纹、Ⅱ型（滑开型或平面内剪切型）裂纹和Ⅲ型（撕开型或面外剪切型）裂纹。其中，作为工程上最常见且最容易引发疲劳断裂的裂纹类型，Ⅰ型裂纹也因此成为学术界的研究重点。根据线弹性断裂力学理论，应力强度因子 K 是分析结构中裂纹尖端应力-应变场的关键参量。尽管影响疲劳裂纹扩展行为的因素有很多，但试验证明，应力强度因子范围 ΔK 是控制裂纹扩展速率的主要参量，da/dN 也与 ΔK 之间存在紧密关联的函数关系。在双对数坐标下，典型金属材料的疲劳裂纹扩展速率与裂纹尖端应力强度因子范围的关系曲线包含三个区域，分别为Ⅰ区的近门槛区、Ⅱ区的稳定扩展区，以及Ⅲ区的快速扩展区。表 5.1 列出了三个区各自的扩展特性。

表 5.1　不同裂纹扩展阶段的扩展特征

区段	近门槛区（Ⅰ区）	稳定扩展区（Ⅱ区）	快速扩展区（Ⅲ区）
微观失效模式	单剪切	双滑移	附加静态模式
断口形貌	小平面或锯齿形	辉纹	解理、准解理或微孔聚集
裂纹闭合程度	高	低	—
微观组织影响	大	小	大
应力比影响	大	小	大
环境影响	大	复杂	小
应力状态影响	—	大	大
近顶端塑性区	≤晶粒尺寸	≥晶粒尺寸	远大于晶粒尺寸

在Ⅰ区，裂纹扩展速率随着 ΔK 的降低而迅速降低。当 ΔK 值减小至某一特定数值 ΔK_{th} 时，$da/dN=0$，即裂纹基本上不发生扩展；对应的 ΔK_{th} 值通常称为疲劳裂纹扩展门槛值，它用于表示材料阻止疲劳裂纹开始扩展的能力。从工程应用的角度来看，当裂纹扩展速率 $da/dN<10^{-7}$mm/循环周次时，可认为裂纹停止扩展，此时所对应的 ΔK 可确定为该材料的长疲劳裂纹扩展门槛值 ΔK_{th}。在Ⅱ区，即疲劳裂纹稳定扩展阶段，裂纹扩展速率随 ΔK 的升高而稳步升高，并可表示为 ΔK 的幂函数。在Ⅲ区，裂纹扩展速率随 ΔK 的升高而迅速增大。当应力强度因子的最大值 K_{max} 趋近于材料的平面应变断裂韧度 K_{IC} 时，微孔洞和解理断裂已经形成，大量塑性累积导致 da/dN 迅速增加直至裂纹失稳扩展而快速断裂。由此可见，ΔK_{th} 和 K_{IC} 分别是疲劳裂纹扩展速率曲线的上、下边界。显然Ⅲ区的 da/dN 相当大，所以它占据构件疲劳裂纹扩展寿命的比例很小，因此在建立疲劳裂纹扩展速率模型时，应主要考虑裂纹扩展的Ⅰ区和Ⅱ区。

自 20 世纪 60 年代以来，众多学者为得到疲劳裂纹扩展速率随 ΔK 变化规律的模型，开展了多种材料的试验研究工作，至今已提出了至少 100 多种模型。疲劳裂纹扩展模型是工程金属装备损伤容限设计及探伤周期决策的重要输入，是断裂力学的一个核心概念和重要研究内容。自从著名的 Paris 律提出并在工程中得到广泛运用以来，国内外学者从不同角度对 Paris 方程进行了修正，力图在扩展区域上更加全面，在预测结果上更加准确，在适用范围（如材料、加载、环境等）上更加宽广，其后果是在形式上也愈加复杂。此外，基于裂纹前缘奇异场的裂纹扩展模型也得到了迅速发展。根据求解思路的不同，裂纹前缘的奇异场分为 Hutchinson-Rice-Rosengren（HRR）场和 Rice-Kujawski-Ellyin（RKE）场两种，也都论证了疲劳裂纹扩展在理论上的正确性与合理性，并试图得到一种普适性的中值裂纹扩展模型。这些模型成立的理论基础是基于弹性断裂力学和小变形假设，把线弹性断裂力学的应力强度因子作为主要变量。近年来，作者在疲劳裂纹扩展模型方面也做了一些研究，主要是基于裂纹尖端奇异场 RKE 理论和低周疲劳行为，构建了一个形式相对简单、数据离散性低和适用材料宽广的金属材料疲劳裂纹扩展模型——iLAPS 模型，并成功用于铁路车轴（S38C 和 EA4T）的损伤容限设计和探伤维修决策中。以下将介绍一些代表性的扩展模型。

5.1.1 经典 Paris 律与 NASGRO 方程

20 世纪 60 年代，最早建立了疲劳裂纹扩展速率 $\mathrm{d}a/\mathrm{d}N$ 与应力强度因子范围 ΔK 的唯象关系，这就是著名的 Paris 律：

$$\frac{\mathrm{d}a}{\mathrm{d}N} = C\Delta K_{\mathrm{I}}^{m} \tag{5.1}$$

式中，a 为裂纹长度；N 为载荷循环周次；C 和 m 为材料常数，可通过试验来确定。

Paris 律模型简单、易于掌握，广泛应用于工程金属材料或构件的疲劳裂纹扩展寿命预测。然而，该模型未考虑应力比 R 和裂纹闭合效应，因此 Paris 律模型是评估材料疲劳裂纹扩展速率的一种简化模型。在此基础上，国内外学者陆续提出一系列考虑 R 以及裂纹闭合效应的疲劳裂纹扩展速率模型。

例如，1967 年，Forman 在 Paris 律模型的基础上考虑了应力比 R 和平面应变断裂韧度 K_{IC} 两个对疲劳裂纹扩展行为影响较大的参量，进而提出了基于 Paris 律的修正模型，见式（5.2）。当最大应力强度因子 $K_{\mathrm{I-max}}$ 趋于 K_{IC} 时，$(1-R)K_{\mathrm{IC}}-\Delta K_{\mathrm{I}}$ 趋近于零时，疲劳裂纹扩展速率 $\mathrm{d}a/\mathrm{d}N$ 趋于无穷。该模型能够较好地描述高速扩展阶段的疲劳裂纹扩展行为规律，并在铝合金中得到成功应用。

$$\frac{\mathrm{d}a}{\mathrm{d}N} = \begin{cases} 0, & \Delta K \leqslant \Delta K_{\mathrm{th}} \\ \dfrac{C\Delta K_{\mathrm{I}}^{m}}{(1-R)K_{\mathrm{IC}}-\Delta K_{\mathrm{I}}}, & \Delta K > \Delta K_{\mathrm{th}} \end{cases} \tag{5.2}$$

在 Forman 模型的基础上，Schütz 等进一步考虑了长裂纹扩展门槛值 ΔK_{th} 的影响，进而建立的模型如式（5.3）所示：

$$\frac{\mathrm{d}a}{\mathrm{d}N} = \begin{cases} \dfrac{C(\Delta K_{\mathrm{I}}^{m}-\Delta K_{\mathrm{th}}^{m})}{(1-R)K_{\mathrm{IC}}-\Delta K_{\mathrm{I}}} \end{cases} \tag{5.3}$$

1970 年，Walker 考虑应力比 R 对疲劳裂纹扩展速率的影响后，也提出了一种类似经典 Paris 律的新扩展速率模型：

$$\frac{\mathrm{d}a}{\mathrm{d}N} = \frac{C\Delta K_{\mathrm{I}}^{m}}{(1-R)^{m_2}} \tag{5.4}$$

式中，m_2 为材料常数。当 $R=0$ 时，式（5.4）和 Paris 模型的表达形式基本相同，可以认为 Paris 律模型只是 Walker 模型的一种特殊情况。

1972 年，Pearson 基于上述模型分析了 6 种铝合金的裂纹扩展试验结果，提出了考虑应力比 R 对疲劳裂纹扩展影响的统计经验模型，如式（5.5）所示：

$$\frac{\mathrm{d}a}{\mathrm{d}N} = \frac{C\Delta K_{\mathrm{I}}^{m}}{[(1-R)K_{\mathrm{IC}} - \Delta K_{\mathrm{I}}]^{1/2}} \tag{5.5}$$

试验研究表明，在 ΔK_{I} 值较高的情况下，应力比的增加对超高断裂韧性合金的疲劳裂纹扩展速率影响不大，而其他 5 种铝合金的疲劳裂纹扩展速率随应力比 R 的升高迅速增加。总体来说，在众多考虑应力比 R 的预测模型中，Forman 模型和 Walker 模型因简便、准确得到了较为广泛的应用。

Schijve 提出，疲劳裂纹扩展速率 $\mathrm{d}a/\mathrm{d}N$ 应该是 ΔK 与 ΔK_{th} 之差的函数，而不仅仅是 ΔK。西北工业大学郑修麟教授也提出了类似的思想，并给出了如式（5.6）所示的模型，该模型已在一系列的钢材中得到了验证。

$$\frac{\mathrm{d}a}{\mathrm{d}N} = B(\Delta K - \Delta K_{\mathrm{th}})^2 \tag{5.6}$$

式中，B 为材料常数，可通过拉伸性能获得。

1971 年，Elber 在开展常幅交变载荷下 2024-T3 铝合金的疲劳裂纹扩展试验时发现，在载荷还未归零之前两个裂纹面就发生了闭合，并首次确认了裂纹闭合效应的存在。因此，只有超过闭合应力的交变应力才会引起裂纹面的张开和扩展，引入有效应力范围 $\Delta \sigma_{\mathrm{eff}}$ 及其产生的有效应力强度因子范围 ΔK_{eff}，从而提出了考虑裂纹张开和闭合效应的疲劳裂纹扩展速率模型为

$$\frac{\mathrm{d}a}{\mathrm{d}N} = C(\Delta K_{\mathrm{eff}})^m = C(U\Delta K)^m \tag{5.7}$$

式中，U 的计算公式为

$$U = \frac{\Delta K_{\mathrm{eff}}}{\Delta K} = \frac{K_{\max} - K_{\mathrm{open}}}{K_{\max} - K_{\min}} \tag{5.8}$$

式中，K_{open} 为裂纹完全张开时的应力强度因子；U 为有效应力强度因子范围的修正系数，是描述裂纹闭合的重要参数，对于 2024-T3 铝合金，$U=0.5+0.4R(-0.1\leqslant R\leqslant 0.7)$。

1984 年，Newman 深入研究了裂纹闭合效应，提出了考虑裂纹张开时的应力条件、最大应力以及应力比等共同作用的有效应力强度因子范围修正公式，见式（5.9）。随后，Newman 等建立了疲劳裂纹扩展全阶段的预测模型：

$$\Delta K_{\mathrm{eff}} = [(1-S_0/S_{\max})/(1-R)]\Delta K \tag{5.9}$$

$$\frac{\mathrm{d}a}{\mathrm{d}N} = C\left(\frac{1-f}{1-R}\Delta K\right)^m \frac{\left(1-\dfrac{\Delta K_{\mathrm{th}}}{\Delta K}\right)^p}{\left(1-\dfrac{K_{\max}}{K_{\mathrm{IC}}}\right)^q} \tag{5.10}$$

式中，S_0 为裂纹完全张开时的应力；$S_{\max}$ 为最大应力；f 为裂纹张开函数；p 和 q 分别为考虑近门槛区和瞬断区效应的拟合参数。

考虑裂纹闭合和裂纹扩展的三个阶段，基于改进的 Forman 模型，美国西南研究院和美国国家航空航天局共同开发了 NASGRO 方程：

$$\frac{\mathrm{d}a}{\mathrm{d}N} = C(\Delta K_{\mathrm{eff}})^m \left(1 - \frac{\Delta K_{\mathrm{th}}}{\Delta K}\right)^p \bigg/ \left(1 - \frac{K_{\max}}{K_{\mathrm{IC}}}\right)^q \qquad (5.11)$$

式中，C、m、p、q 均为试验拟合常数，该公式实际上由三部分组成，即描述经典 Paris 区间的 $C(\Delta K_{\mathrm{eff}})^m$、描述近门槛区寿命项 $(1-\Delta K_{\mathrm{th}}/\Delta K)^p$ 及描述瞬断区的寿命项 $(1-K_{\max}/K_{\mathrm{IC}})^q$。其中，裂纹扩展门槛计算式为

$$\Delta K_{\mathrm{th}} = \Delta K_{\mathrm{th0}} \cdot \frac{\sqrt{a/(a+a_{\mathrm{o}})}}{\left[(1-f)/(1-A_0)\cdot(1-R)\right]^{1+C_{\mathrm{th}}R}} \qquad (5.12)$$

式中，ΔK_{th0} 为 $R=0$ 时的门槛值；a 为裂纹深度；a_{o} 为 El-Haddad 参数；A_0 为 Newman 公式中的常数；C_{th} 为用于区分 $C_{\mathrm{th+}}$ 和 $C_{\mathrm{th-}}$ 的经验常数。

另外，考虑了塑性致裂纹闭合效应的 ΔK_{eff} 由式（5.13）计算：

$$\Delta K_{\mathrm{eff}} = \Delta K \cdot (1-f)/(1-R) \qquad (5.13)$$

式中，应力比 R 是与裂纹扩展相关的非恒定值（$R=K_{\min}/K_{\max}$），不能采用单一固定的应力比，而裂纹张开函数 f 由式（5.14）计算：

$$f = \frac{K_{\mathrm{op}}}{K_{\max}} = \frac{\sigma_{\mathrm{op}}}{\sigma_{\max}} = \begin{cases} \max(R, A_0 + A_1 R + A_2 R^2 + A_3 R^3), & R \geqslant 0 \\ A_0 + A_1 R, & -2 \leqslant R < 0 \\ A_0 - 2A_1, & R < -2 \end{cases} \qquad (5.14)$$

$$\begin{cases} A_0 = (0.83 - 0.34\alpha + 0.05\alpha^2)(\cos(\pi\sigma_{\max}/2\sigma_{\mathrm{f}}))^{1/\alpha} \\ A_1 = (0.43 - 0.071\alpha)(\sigma_{\max}/\sigma_{\mathrm{f}}) \\ A_2 = 1 - A_0 - A_1 - A_3 \\ A_3 = 2A_0 + A_1 - 1 \end{cases} \qquad (5.15)$$

为了更加准确地描述金属结构材料在不同扩展阶段的疲劳裂纹扩展行为，国内诸多科研人员在经典疲劳裂纹扩展模型的基础上，通过引入不同的参数，提出了更为合理的修正模型。例如，西南交通大学的赵永翔等在 Forman 公式以及 Elber 裂纹闭合效应理论的基础上，考虑平均应力效应，建立了涵盖疲劳裂纹扩展门槛值 ΔK_{th}、平面应变断裂韧度 K_{IC} 以及应力比 R 等参数的全寿命周期模型，如式（5.16）所示，尝试合理描述疲劳裂纹扩展三个阶段的物理过程。通过对 LZ50 车轴钢疲劳裂纹扩展试验数据的拟合论证了该模型的准确性与合理性。

$$\frac{\mathrm{d}a}{\mathrm{d}N} = C \frac{1}{(1-R)K_{\mathrm{IC}} - \Delta K} \left[\frac{2(\Delta K - \Delta K_{\mathrm{th}})}{1-R}\right]^m \qquad (5.16)$$

西北工业大学王泓教授根据 40CrNiMoA 钢材料的裂纹扩展试验数据，建立了适合疲劳裂纹扩展的预测模型，并将该模型与 Paris、Forman 和 Walker 等经典模型的数据处理结果进行了比较。结果表明，该模型能够准确地描述材料近门槛区、稳定扩展区以及快速扩展区的疲劳裂纹扩展行为，具体表达式为

$$\frac{\mathrm{d}a}{\mathrm{d}N} = \frac{4.8}{E^2}(\Delta K - \Delta K_{\mathrm{th}})^{1/2}\left[\frac{1}{\Delta K} - \frac{1}{(1-R)K_{\mathrm{IC}}}\right]^{-3/2} \tag{5.17}$$

5.1.2 基于单调轴向拉伸的 iLAPS 模型

1. 典型 I 型裂纹尖端应力-应变场

由于断裂力学侧重于简单工程部件剩余强度与裂纹扩展速率的估算，南京航空航天大学郭万林院士认为对裂纹尖端三维应力-应变场的准确描述是建立裂纹扩展模型的关键问题之一。20 世纪 40 年代末，首次提出的断裂力学将弹性力学范畴的能量释放率与应力强度因子相联系。基于断裂力学方法，对 I 型裂纹尖端的应力-应变场的描述主要有两种方法，即 HRR 场理论和 RKE 场理论，下面分别进行介绍。

HRR 场理论是由 Hutchinson、Rice 和 Rosengren 基于 J 积分概念建立的，用于描述裂纹尖端的奇异场，公式为

$$\begin{cases} \sigma_{ij} = \sigma_{\mathrm{y}}\left(\dfrac{J}{\alpha\sigma_{\mathrm{y}}\varepsilon_{\mathrm{y}}I_n r}\right)^{n/(1+n)}\tilde{\sigma}_{ij}(\theta;n) \\[4mm] \varepsilon_{ij} = \alpha\varepsilon_{\mathrm{y}}\left(\dfrac{J}{\alpha\sigma_{\mathrm{y}}\varepsilon_{\mathrm{y}}I_n r}\right)^{1/(1+n)}\tilde{\varepsilon}_{ij}(\theta;n) \end{cases} \tag{5.18}$$

式中，$\varepsilon_{\mathrm{y}} = \sigma_{\mathrm{y}}/E$ 为屈服应变；n 为应变硬化指数；α 为材料常数；r 和 θ 为极坐标参数；I_n 为 n 的无量纲无理函数；$\tilde{\sigma}_{ij}$ 和 $\tilde{\varepsilon}_{ij}$ 为关于 θ 和 n 的无量纲函数。

在线弹性力学范畴，小范围屈服的应力-应变场可由参数 K 衡量。同时，Paris 模型表明，在稳定扩展区裂纹扩展速率与参数 K 线性相关，因此 Glinka 提出将式（5.18）修正为参数 K 控制的应力-应变场，表达式如下：

$$\begin{cases} \sigma = \sigma_{\mathrm{y}}\left(\dfrac{K^2}{\alpha\sigma_{\mathrm{y}}^2 I_n r}\right)^{n/(1+n)}\tilde{\sigma}_{ij}(\theta;n) \\[4mm] \varepsilon = \varepsilon_{\mathrm{e}} + \varepsilon_{\mathrm{p}} \end{cases} \tag{5.19}$$

式中，ε_{e} 和 ε_{p} 分别为弹性应变和塑性应变，求解公式为

$$\begin{cases} \varepsilon_{\mathrm{e}} = \dfrac{\sigma_{\mathrm{y}}}{E}\left(\dfrac{K^2}{\alpha\sigma_{\mathrm{y}}^2 I_n r}\right)^{n/(1+n)}\cdot(\tilde{\sigma}_{\theta} - v\tilde{\sigma}_r) \\[4mm] \varepsilon_{\mathrm{p}} = \dfrac{\alpha\sigma_{\mathrm{y}}}{E}\left(\dfrac{K^2}{\alpha\sigma_{\mathrm{y}}^2 I_n r}\right)^{1/(1+n)}\cdot\left(\tilde{\sigma}_{\theta} - \dfrac{\tilde{\sigma}_r}{2}\right) \end{cases} \tag{5.20}$$

进而，根据式（5.19），Rice 提出塑性叠加原理计算循环载荷作用下的裂纹尖端应力-应变场，公式如下：

$$
\begin{cases}
\Delta\sigma = 2\sigma_{yc}\left(\dfrac{\Delta K^2}{4\alpha_c\sigma_{yc}^2 I_{n'}r}\right)^{n'/(1+n')} \tilde{\sigma}(\theta;n') \\[3mm]
\Delta\varepsilon = \Delta\varepsilon_e + \Delta\varepsilon_p
\end{cases}
\tag{5.21}
$$

其中，弹性应变范围 $\Delta\varepsilon_e(r)$ 和塑性应变范围 $\Delta\varepsilon_p(r)$ 的求解公式为

$$
\begin{cases}
\Delta\varepsilon_e(r) = 2\dfrac{\sigma_{yc}}{E}\left(\dfrac{\Delta K^2}{4\alpha_c\sigma_{yc}^2 I_{n'}r}\right)^{n'/(1+n')} \cdot(\tilde{\sigma}_\theta - v\tilde{\sigma}_r) \\[3mm]
\Delta\varepsilon_p(r) = 2\dfrac{\alpha_c\sigma_{yc}}{E}\left(\dfrac{\Delta K^2}{4\alpha_c\sigma_{yc}^2 I_{n'}r}\right)^{1/(1+n')} \cdot\left(\tilde{\sigma}_\theta - \dfrac{\tilde{\sigma}_r}{2}\right)
\end{cases}
\tag{5.22}
$$

式中，σ_{yc} 为循环屈服强度；$\tilde{\sigma}$ 为参数 n' 和参数 θ 的无量纲无理函数；$I_{n'}$ 为 n' 的无量纲无理函数；α_c 为材料的循环参数。

　　RKE 场理论最初是由 Rice 提出的，用于计算Ⅲ型裂纹的尖端奇异场。此后，Kujawski 和 Ellyin 研究发现Ⅰ型裂纹和Ⅲ型裂纹尖端的受力状态具有很好的相似性，因此该理论也同样适用于Ⅰ型裂纹。在单调加载的工况下，RKE 场理论的描述如下：

$$
\begin{cases}
\sigma = \sigma_y\left(\dfrac{K^2}{\pi(1+n)\sigma_y^2 r}\right)^{n/(1+n)} \\[3mm]
\varepsilon = \varepsilon_e + \varepsilon_p
\end{cases}
\tag{5.23}
$$

式中，弹性应变 ε_e 和塑性应变 ε_p 的求解公式为

$$
\begin{cases}
\varepsilon_e = \varepsilon_y\left(\dfrac{K^2}{\pi(1+n)\sigma_y^2 r}\right)^{n/(1+n)} \\[3mm]
\varepsilon_p = \varepsilon_y\left(\dfrac{K^2}{\pi(1+n)\sigma_y^2 r}\right)^{1/(1+n)}
\end{cases}
\tag{5.24}
$$

　　结合塑性叠加原理，循环载荷作用下的 RKE 场表述为

$$
\begin{cases}
\Delta\sigma = 2\sigma_{yc}\left(\dfrac{\Delta K^2}{4\pi(1+n')\sigma_{yc}^2 r}\right)^{n'/(1+n')} \\[3mm]
\Delta\varepsilon = \Delta\varepsilon_e + \Delta\varepsilon_p
\end{cases}
\tag{5.25}
$$

其中，弹性应变范围 $\Delta\varepsilon_e$ 和塑性应变范围 $\Delta\varepsilon_p$ 的求解公式为

$$
\begin{cases}
\Delta\varepsilon_e = 2\varepsilon_{yc}\left(\dfrac{\Delta K^2}{4\pi(1+n')\sigma_{yc}^2 r}\right)^{n'/(1+n')} \\[3mm]
\Delta\varepsilon_p = \Delta\varepsilon_{yc}\left(\dfrac{\Delta K^2}{4\pi(1+n')\sigma_{yc}^2 r}\right)^{1/(1+n')}
\end{cases}
\tag{5.26}
$$

　　基于对大量试验数据的分析，郭万林院士认为 HRR 场理论能够准确求解 J 积分支配下的裂纹尖端应力-应变场，对裂纹尖端应力-应变奇异值的求解具有重要的指导地位，也奠定了弹塑性断裂力学的理论基础，因此成为建立疲劳裂纹扩展速率模型的理论支撑。

与 HRR 场不同，RKE 场理论避免了无理函数求解的数值分析问题，求解形式更为简单，因此成为建立扩展速率模型的重要理论支撑。

2. 基于 HRR 场的裂纹扩展模型

根据裂纹前缘不同区域的应力-应变差异，Glinka 提出将裂纹尖端区域划分为四个区域：Ⅰ区的过程区、Ⅱ区的循环塑性区、Ⅲ区的单调塑性区，以及Ⅳ区的弹性应变区。结合裂纹闭合效应，裂纹尖端区域的划分如图 5.1 所示。

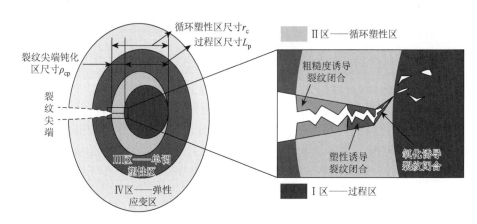

图 5.1　裂纹尖端区域的划分

基于 HRR 场理论和 Paris 公式，Glinka 给出的裂纹扩展速率模型为

$$\frac{\mathrm{d}a}{\mathrm{d}N} = C_6 (\Delta K)^{-2N'/[c(1+N')]} \tag{5.27}$$

式中，$N'=1/n'$；c 为疲劳延性指数；C_6 为与低周疲劳参数相关的材料常数，说明结合低周疲劳参数能够实现疲劳裂纹扩展速率的预测。

为准确描述疲劳裂纹在循环塑性区的扩展状态，Kujawski 和 Ellyin 在建立裂纹扩展速率模型过程中，进一步引入过程区域尺寸 L_p 的概念，如图 5.1 所示。结合 HRR 场对裂纹尖端应力-应变场的计算以及塑性应变能失效原理，提出了另一种裂纹扩展速率模型，计算公式如下：

$$\frac{\mathrm{d}a}{\mathrm{d}N} = 2L_p \left(\frac{\Delta K^2 - \Delta K_{\mathrm{th}}^2}{4\psi E \sigma_{\mathrm{f}}' \varepsilon_{\mathrm{f}}' L_p} \right)^{1/\beta} \tag{5.28}$$

式中，$\varepsilon_{\mathrm{f}}'$ 和 σ_{f}' 分别为疲劳延性系数和疲劳强度系数；参量 ψ 与 β 的计算公式为

$$\begin{cases} \psi = I_{n'} / [\tilde{\sigma}_\theta (\tilde{\sigma}_\theta - 0.5\tilde{\sigma}_r)] \\ \beta = -(b+c) \end{cases} \tag{5.29}$$

式中，b 为疲劳强度指数；c 为疲劳延性指数。

通过与 10Ni 钢、Man-Ten 钢和 2219-T851 铝合金材料试验数据的对比发现，上述模型的理论值与试验值能够很好地吻合。但由于公式中存在无理函数的求解，该模型在工程应用中受到了较大限制。

结合 HRR 场理论与能量守恒定律，印度学者 Chand 引入吸收能的门槛值 W_c 以及每单位每循环的补充塑性能 ϕ_p 来建立裂纹扩展速率模型，即

$$\frac{\mathrm{d}a}{\mathrm{d}N} = \frac{\phi_p}{W_c} = \frac{(1-n')\psi(K_{\max} - K_{th})^2}{4EI_{n'}\sigma_f'\varepsilon_f'} \tag{5.30}$$

式中，参量 ψ 与等效应力 $\tilde{\sigma}_{eq}$ 和等效应变 $\tilde{\varepsilon}_{eq}$ 的联系为

$$\psi = \{\tilde{\sigma}_{eq}(0;n')\,\tilde{\varepsilon}_{eq}(0;n')\} \tag{5.31}$$

通过与 8630 钢材、E36 钢材和 4340 钢材等材料试验数据的对比，式（5.30）能较好地预测裂纹扩展规律。但与式（5.28）类似，由于需要结合数值分析的方法进行无理函数求解，该模型的计算难度大，应用前景受到较大限制。

3. 基于 RKE 场的裂纹扩展模型

与式（5.28）类似，Ellyin 基于 RKE 场理论提出的模型如下：

$$\frac{\mathrm{d}a}{\mathrm{d}N} = 2L_p \left(\frac{\Delta K^2 - \Delta K_{th}^2}{4\psi E \sigma_f' \varepsilon_f' L_p} \right)^{1/\beta} \tag{5.32}$$

式中，参量 ψ 与 β 的计算公式为

$$\begin{cases} \psi = \pi(1+n') \\ \beta = -(b+c) \end{cases} \tag{5.33}$$

与模型（5.28）相比，模型（5.32）对参数 ψ 的求解方式略有不同，不需要借助数值分析方法进行无理函数求解。此外，通过 2024-T341 铝合金的试验数据分析发现，HRR 场理论和 RKE 场理论获得的估算值在塑性区差异较小，但在弹塑性过渡区，RKE 场的理论值与试验数据更接近，结果更为可靠。

考虑应力对 R 的影响，Kujawski 和 Ellyin 进一步将式（5.32）修正为

$$\frac{\mathrm{d}a}{\mathrm{d}N} = 2L_p \left[\frac{\Delta K^2 - \Delta K_{th}^2}{4\pi(1+n')(\sigma_f' - \sigma_m)E\varepsilon_f' L_p} \right]^{1/\beta} \tag{5.34}$$

式中，σ_m 为应力均值。

由于考虑了应力比的影响，式（5.34）能够更为全面地反映裂纹扩展速率的变化趋势，在与试验数据的对比中也验证了这一结论。但对于过程区域的大小，该模型并没有给出准确的求解公式，需要进一步研究。

基于损伤累积理论，韩国学者 Nam 团队研究指出式（5.34）可以进一步修正，并提出过程区尺寸 L_p 的具体计算公式为

$$L_p = \frac{\Delta K^2 - \Delta K_{th}^2}{\pi E \sigma_y'} \tag{5.35}$$

将式（5.35）代入式（5.34），得到的裂纹扩展速率模型如下：

$$\frac{\mathrm{d}a}{\mathrm{d}N} = 2L_p \left[\frac{\sigma_y'}{4(1+n')(\sigma_f' - \sigma_m)\varepsilon_f'} \right]^{1/\beta} \tag{5.36}$$

式（5.36）模型实现了低周疲劳参数对裂纹扩展速率模型的完全表征，也为 RKE 场理论的工程应用奠定了理论基础。

基于 RKE 场理论和塑性应变能理论，西南交通大学蔡力勋团队提出将循环塑性区尺寸 r_{cp} 与裂纹尖端钝化区域尺寸 ρ_{cp} 之间的差值作为过程区尺寸 L_p，并与穿越过程区的循环周次 N_f 相比，获得该过程的扩展速率均值，即基于塑性应变能的疲劳裂纹扩展（fatigue crack growth based on a plastic strain energy，FCG-PSE）模型，求解公式为

$$\begin{cases} \dfrac{da}{dN} = \dfrac{r_c - \rho_c}{N_f} \\ N_f = \dfrac{1}{2}\left[\dfrac{K'}{(\sigma_f' - \sigma_m)\varepsilon_f'}\left(\dfrac{\sigma_{yc}}{E}\right)^{1+n'} \dfrac{r_c}{r_c - \rho_c}(\ln r_c - \ln \rho_c) \right]^{1/(b+c)} \\ r_{cp} = \dfrac{1}{4\pi(1+n')}\dfrac{\Delta K^2}{\sigma_{yc}^2}, \quad \rho_c = \dfrac{1}{4\pi(1+n')}\dfrac{\Delta K_{th}^2}{\sigma_{yc}^2} \end{cases} \quad (5.37)$$

在式（5.37）中，各参数具有明确的物理意义，也能实现低循环疲劳（low-cycle fatigue，LCF）参数对扩展速率的表征，但各参量需要独立求解，求解过程烦琐，有待进一步改进。

随后，基于 RKE 场理论以及线性损伤累积理论，蔡力勋团队又建立了基于线性损伤累积的疲劳裂纹扩展（FCG based linear damage accumulation，FCG-LDA）模型，具体计算公式如下：

$$\begin{cases} \dfrac{da}{dN} = 2\left(\dfrac{E\varepsilon_f'}{\sigma_{yc}}\right)^{1/c}\dfrac{c+cn'}{c+cn'+1}r_{cp}\left[1 - \left(\dfrac{\rho_{cp}}{r_{cp}}\right)^{1+\frac{1}{c+cn'}}\right] \\ r_{cp} = \dfrac{1}{4\pi(1+n')}\dfrac{\Delta K^2}{\sigma_{yc}^2}, \quad \rho_c = \dfrac{1}{4\pi(1+n')}\dfrac{\Delta K_{th}^2}{\sigma_{yc}^2} \end{cases} \quad (5.38)$$

可见，该模型基于损伤容限分析了裂纹扩展过程，无须进行裂纹扩展参量的分散求解，表达形式更为简单，具有较好的应用前景。但该模型中的参数均与低周疲劳相关，使得试验成本高。

考虑到短裂纹的闭合效应，本书作者结合式（5.38）提出了 LAPS（a long and physically short crack）模型，公式为

$$\frac{da}{dN} = U^2(da/dN)_{lc} \quad (5.39)$$

式中，$(da/dN)_{lc}$ 为式（5.37）模型的预测值，考虑短裂纹闭合的参数 ΔK_{th} 和 U 为

$$\begin{cases} \Delta K_{th} = \Delta K_{th,in} + (\Delta K_{th,lc} - \Delta K_{th,in})\cdot\left(1 - \sum_{i=1}^{n} v_i \cdot \exp\left\{-\dfrac{\Delta a}{l_i}\right\}\right) \\ U = 1 - (1 - U_{lc})\cdot\left(1 - \sum_{i=1}^{n} v_i \cdot \exp\left\{-\dfrac{\Delta a}{l_i}\right\}\right) \end{cases} \quad (5.40)$$

式中，n 为考虑的闭合机制个数；l_i 为各闭合机制对应的虚拟裂纹长度。

与试验结果对比，发现该模型的预测趋势能够很好地与物理短裂纹和长裂纹试验数据吻合，说明该模型的预测精度较高且应用范围更加广泛。在此基础上，作者与蔡力勋团队合作进一步提出了一种新的高周疲劳裂纹扩展模型，通过建立与低周疲劳参数之间的关系，达到利用单调拉伸参数求解疲劳裂纹扩展速率的目标，即改进 LAPS（iLAPS）模型：

$$\frac{da}{dN} = \frac{U^2 c (E\varepsilon')^{1/c} (\Delta K)^2}{2\pi \sigma_{yc}^{2+1/c}(1+c+cn')}\left[1-\left(\frac{\Delta K_{th}}{\Delta K}\right)^{2+\frac{2}{c+cn'}}\right] \tag{5.41}$$

由此可见，与标准断裂力学试验测试得到的疲劳裂纹扩展速率相比，该模型的主要优点是显著降低了试验成本与数据离散性。与此同时，考虑了车轴材料裂纹扩展的近门槛区效应和复杂受载的应力比效应，可以充分描述裂纹扩展的近门槛区、稳定扩展区及快速扩展区三个寿命阶段。

5.1.3　NASGRO 方程与新型 iLAPS 方程预测

本节以高速动车组空心车轴钢材料 EA4T 为例，给出 NASGRO 方程和新型 iLAPS 模型拟合过程实例。

1. 必要参数

车轴表面缺陷在旋转弯曲加载下承受循环压拉作用，为充分考虑裂纹闭合与张开效应对疲劳裂纹扩展寿命的影响，需要建立准确的车轴材料疲劳裂纹扩展寿命预测模型，所需的材料性能如下：

（1）材料拉伸性能参数，如抗拉强度 R_m、屈服强度 $R_{p0.2}$、弹性模量 E 等，这些数据参数是进行后续所有试验的基础。

（2）低周疲劳参数。循环屈服强度 σ_y、循环强度系数 K'、循环强化指数 n' 等，这些参数有助于确保 NASGRO 方程的应用条件。

（3）平面应变断裂韧性 K_{mat} 或 K_{IC}，该参数能够较为准确地刻画疲劳裂纹瞬断时所需要的疲劳加载总周次。

（4）疲劳裂纹扩展门槛值 ΔK_{th}，描述裂纹萌生阶段。

（5）基于标准 Paris 模型的常数 C 和 m，这个与材料有关的参数是描述疲劳裂纹稳态扩展阶段的基本数据。

（6）经验常数。根据试验数据拟合得到 p、q、C_{th}，这三个与材料疲劳行为有关的拟合参数分别控制了疲劳裂纹萌生、中速扩展和瞬断期间的比例。

2. 材料性能试验

分别在动车轴三个位置，即车轴外表面（DA1）、壁厚中心（DA2）和内孔表面（DA3）进行取样，依据 GB/T 228.1—2021、GB/T 15248—2008、GB/T 21143—2014 和 GB/T 6398—2017 等标准开展单调轴向拉伸、低周疲劳、断裂韧性、裂纹扩展门槛值、裂纹扩展速率等试验，以下对试验结果进行叙述。

1）单调轴向拉伸试验结果

表 5.2 列出了动车轴试样的单调轴向拉伸性能数据。一般认为车轴材料的抗拉强度与疲劳极限有关。疲劳极限是指疲劳寿命无限或者无疲劳失效发生时的恒定应力幅值。在某些情况下，疲劳试验必须在一个规定的大循环周次（如 10^7 次循环）时终止，这一无失效应力幅值通常在工程上也被称为疲劳极限。

表 5.2　动车轴钢材料 EA4T 的单调轴向拉伸性能数据

试样号	均值 E/GPa	均值 $R_{p0.2}$/MPa	均值 R_m/MPa	均值延伸率/%
DA1	225.03	590.66	722.46	17.45
DA2	214.01	555.30	703.76	18.90
DA3	214.58	538.87	693.20	16.96

2）低周疲劳试验结果

表 5.3 和表 5.4 分别列出了 EA4T 动车轴试样的低周疲劳响应参数及 Manson-Coffin 方程参数。瞬态循环响应描述了材料在循环载荷作用下抵抗变形的能力。车轴材料为典型的循环硬化材料，循环屈服强度随着车轴径向延伸而逐渐降低，所以动车轴表面材料抵抗变形的能力最强。

表 5.3　车轴钢样品的循环响应特性

材料位置	E^*/MPa	σ_y'/MPa	K'/MPa	n'
DA1	200.80	385.20	806.30	0.102
DA2	208.80	380.00	583.5	0.040
DA3	182.80	370.50	883.9	0.119

表 5.4　车轴钢样品的 Manson-Coffin 方程参数

材料位置	σ_f'/MPa	ε_f'/%	b	c
DA1	811.10	0.658	−0.069	−0.641
DA2	777.70	0.293	−0.065	−0.542
DA3	905.60	0.238	−0.083	−0.525

3）基于紧凑拉伸（CT）试样的断裂韧性试验

必须指出，当车轴壁厚不足以截取标准规定的平面应变断裂韧度试样时，不能按照《金属材料 准静态断裂韧度的统一试验方法》（GB/T 21143—2014）截取足够厚度的平面应变试样。为此，依照标准和车轴实际壁厚，截取最大厚度的平面应变试样测试其 K_Q 作为平面应变参考性能。基于同一材料 EA4T 或者 25CrMo4 钢的断裂韧性测试结果的相关文献，结合作者研究，即条件断裂韧性成果，可以折中取断裂韧性为 82MPa·m$^{1/2}$。表 5.5 给出了动车轴的断裂韧性试验结果。

表 5.5　基于 CT 试样的动车轴断裂韧性试验结果

编号	#1	#2	#3	平均值	标准差
$K_Q/(\mathrm{MPa \cdot m^{1/2}})$	84.0	82.4	79.1	81.8	2.5

4）裂纹扩展门槛值试验结果

根据 NASGRO 公式，实际上仅需要获得 $R=0$ 条件下的裂纹扩展门槛值 ΔK_{th0} 就可以推测得到不同应力比条件下的等效应力强度因子范围 ΔK_{th}。但由于需要判断车轴在旋转弯曲疲劳加载条件下的裂纹扩展特性，仍然需要测试 $R=-1$ 时的裂纹扩展门槛值。表 5.6 给出了应力比-1 条件下，动车轴中心裂纹拉伸（MT）试样由裂纹扩展速率曲线外插得到的裂纹扩展门槛值。

表 5.6　基于 MT 试样在应力比 $R=-1$ 时门槛值

压装区试样	DA1-1	DA1-2	DA3-3	DA3-1	DA3-2
$\Delta K_{th}/(\mathrm{MPa \cdot m^{1/2}})$	12.94	10.00	12.01	13.98	14.58
平均 $\Delta K_{th}/(\mathrm{MPa \cdot m^{1/2}})$	—	—	12.70	—	—

5）基于 Paris 律的裂纹扩展速率参数拟合

Paris 律可以很好地拟合疲劳裂纹扩展稳定区，表 5.7 为应力比-1 条件下，基于动车轴 MT 试样测得的疲劳裂纹扩展速率数据拟合得到的材料参数。

表 5.7　基于 MT 试样 DA1 在应力比 $R=-1$ 时扩展速率常数

压装区试样	DA1-8	DA1-9	DA1-10
C	5.12×10^{-15}	7.82×10^{-12}	9.50×10^{-14}
m	4.46	1.82	2.98

3. 考虑裂纹闭合的 NASGRO 方程

通过单调轴向拉伸试验、低周疲劳试验、断裂韧性试验、裂纹扩展门槛值试验以及裂纹扩展速率试验，获得了 EA4T 车轴材料的试验结果，据此可以拟合出适用于车轴的 NASGRO 方程，基本步骤如下：

（1）原始数据记录了裂纹扩展门槛值 ΔK_{th}、应力强度因子范围 ΔK 和扩展速率 da/dN，利用这三个数据进行后续的处理过程。

（2）绘制裂纹扩展速率曲线。利用原始数据中的 ΔK 与 da/dN 在 Origin 中绘制试验数据点，然后基于最小二乘法求得各个试样在 Paris 公式中的参数 C 和 m，在 Origin 中绘制出裂纹扩展速率曲线，处理过程注意单位的统一。

（3）拟合 NASGRO 公式。首先按照 NASGRO 公式计算出除 p 和 q 的其他量，将原始数据点导入 MATLAB 中拟合出参数 p 和 q，此过程中为了得到更佳的拟合效果，可以调整 C、m 和 ΔK_{th}。

1）适用性判定

（1）裂纹尖端应力状态。

由前面式（5.11）可以看出，经典 NASGRO 寿命方程能够较为准确地预测应力比在 $-2\sim0.7$ 的裂纹萌生（ΔK_{th}）、裂纹稳定扩展（ΔK_{eff}）以及断裂破坏（K_{IC}）的全过程。作者通过专题研究发现，在车轴表面裂纹逐步向内扩展的过程中，裂纹前缘的应力-应变状态极为复杂。经典 Paris 公式不能考虑裂纹闭合效应与平均应力影响，仅能预测裂纹稳定扩展区的寿命。NASGRO 方程不仅包含了经典 Paris 公式的寿命区间，而且考虑了近门槛区和车轴破坏期间的服役寿命。

（2）缺口形状。

众所周知，NASGRO 方程最初是根据 MT 试样在均匀外加载荷的条件下提出的。相比 CT 试样、单边裂纹拉伸（SENT）试样以及单边裂纹弯曲（SENB）试样，MT 试样裂纹前缘的约束更小，获得的裂纹扩展特性也更接近于真实裂纹尖端应力-应变场。或者说，基于 MT 试样得到的裂纹扩展速率和门槛值要小于 CT 试样、SNET 试样和 SENB 试样。另外，标准裂纹试样预制缺口也对 NASGRO 方程的适用性提出了限制，即要求裂纹尖端应力集中系数范围在 $3\sim7$。基于 MT 试样和基于 CT 试样的缺口集中系数分别为 $K_t \geqslant 3$ 和 $K_t < 3$，因此用 NASGRO 方程拟合试验数据是合适的。

（3）裂纹张开函数。

由式（5.12）和式（5.13）可以看出，如果要应用 NASGRO 方程来计算车轴的疲劳裂纹扩展寿命，就必须考虑裂纹闭合效应。研究发现，在高应力比时，裂纹闭合几乎不可能发生，当出现压应力状态时，裂纹闭合对裂纹扩展寿命影响显著。在 NASGRO 方程中，裂纹闭合是通过闭合函数 f 来表征的。

闭合函数 f 成立的条件是：$\sigma_{max}/\sigma_0 \in [0.2, 0.8]$。以本章所采用的 MT 试样为例，裂纹张开时的最大荷载为 20kN；预制裂纹后裂纹总长约为 8.2mm，由于板的宽度为 37.5mm，厚度约 5.8mm，则疲劳裂纹即将开始稳定扩展（门槛区）时可求得远场最大应力 $\sigma_{max}=20/[(37.5-8.2)\times5.8]=117.69$MPa。

σ_0 一般有两种选择，即单调流动屈服应力 σ_f 和循环屈服强度 σ'_y。其中单调流动屈服应力可取单调拉伸屈服与抗拉强度的平均值，而循环屈服强度由低周疲劳循环特性参数来确定。取车轴外表面和内孔处拉伸强度（表 5.2）的平均值作为单调流动屈服应力，即有 $\sigma_f=0.5\times722.46+0.5\times693.20=707.83$MPa。取车轴外表面和内孔处的循环屈服强度平均值（表 5.3），即有参考应力 $\sigma_0=377.85$MPa。

本节以低周疲劳循环屈服强度来替代单调流动屈服应力，则近门槛区的裂纹活性（或者即将开始裂纹稳态扩展）为 $\sigma_{max}/\sigma_0=117.69/377.85=0.31$。由此可见，该比值位于 $0.2\sim0.7$，NASGRO 方程适用。

必须指出的是，也有一些学者用单调流动屈服应力 σ_f 来代替 σ_0。根据本章测试结果，$\sigma_{max}/\sigma_0=117.69/707.83=0.17$，近似等于 0.2。众所周知，一旦裂纹开始扩展，则 MT 试样的净截面积将逐步减小，而由于此时外加最大荷载维持 20kN 不变，因此可以肯定使用单调流动屈服应力 σ_f 也同样满足 NASGRO 方程。

2）拟合 NASGRO 方程

根据上述 EA4T 车轴钢材料的单调拉伸力学性能，可知这种韧性较好的车轴钢为应变强化材料，满足 NASGRO 方程应用条件。同时测定了不同应力比条件下的裂纹扩展速率、门槛值和断裂韧性，可以据此拟合出 NASGRO 方程。应力比 $R = -1$ 时试样 DA1-8 的拟合 NASGRO 方程为

$$\frac{\mathrm{d}a}{\mathrm{d}N} = 2.70 \times 10^{-14} \left(\frac{1-f}{1-R} \Delta K \right)^{2.74} \left[\left(1 - \frac{\Delta K_{\mathrm{th}}}{\Delta K} \right)^{p} \middle/ \left(1 - \frac{2\Delta K_{\max}}{K_{\mathrm{IC}}} \right)^{q} \right] \tag{5.42}$$

式中，裂纹扩展速率常数 C=2.70×10^{-14}，m=2.74，拟合常数 p 和 q 分别为 1.3 和 0.001，闭合函数 f = 0.203，根据式（5.12）估算的门槛值 ΔK_{th}=10.0MPa·m$^{1/2}$，折中断裂韧性 K_{IC}=82MPa·m$^{1/2}$，相关系数为 0.9427，均方根误差为 1.16×10^{-9}。试样 DA1-8 的试验结果与 NASGRO 方程拟合结果如图 5.2 所示。

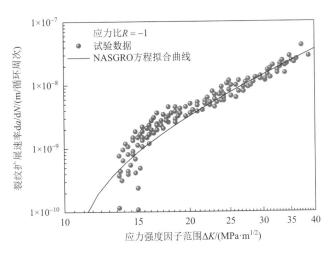

图 5.2　应力比 $R = -1$ 下试样 DA1-8 的拟合 NASGRO 曲线

4. 新型 iLAPS 方程拟合

前面章节获取 iLAPS 方程拟合所需的材料拉伸性能参数，下面简要介绍基于材料拉伸性能获取上述低周循环参数的方法。

1）裂纹闭合函数

裂纹闭合函数取决于应力比 R。iLAPS 模型中的上限闭合分布函数是通过光滑连接分段的 Newman 裂纹闭合函数得到的，下限闭合分布函数是通过将 Codrington 裂纹闭合函数外推至负应力比得到的，最终取上限和下限闭合分布函数的均值进行拟合，得到适用于任意应力比的裂纹闭合函数：

$$U = 0.49 + 0.35R + 0.17R^2 \tag{5.43}$$

2）循环屈服强度

Lopez 和 Fatemi 基于 σ_{yc} 和抗拉强度 σ_b 与屈服强度 $\sigma_{p0.2}$ 比值的散点图，发现 σ_{yc} 存在着以 $\sigma_b/\sigma_{p0.2}=1.2$ 为界点的分段分布特征，分段函数表达式为

$$\begin{cases} \sigma_{yc} = 0.75\sigma_{p0.2} + 82, & \sigma_b/\sigma_{p0.2} > 1.2 \\ \sigma_{yc} = 3\times10^{-4}\sigma_{p0.2}^2 - 0.15\sigma_{p0.2} + 526, & \sigma_b/\sigma_{p0.2} \leqslant 1.2 \end{cases} \tag{5.44}$$

3）疲劳延性指数

疲劳延性指数可通过抗拉强度与弹性模量的比值以及断裂真应变 ε_f 求解，利用屈服强度与抗拉强度的比值进行修正得到 c 的表达式为

$$c = -0.96 - 0.091\times\log(100\varepsilon_f) - 0.22\times\log\left(\frac{\sigma_b}{E}\right) - 0.13\times\log\left(\frac{\sigma_{p0.2}}{\sigma_b}\right) \tag{5.45}$$

式中，ε_f 由式（5.46）决定：

$$\varepsilon_f = \ln\left(\frac{100}{100 - 100\times\psi}\right) \tag{5.46}$$

4）疲劳延性系数

疲劳延性系数可用断裂真应变表示，Genel 提出参数 ε_f' 的估算需要考虑参数 $\sigma_b/\sigma_{0.2}$ 的影响。同时考虑到 $\sigma_b/\sigma_{0.2}$ 以及 ε_f 的影响，拟合试验数据获得参数 ε_f' 的求解模型为

$$\varepsilon_f' = 0.02(100\varepsilon_f)^{0.8219}\left(\frac{\sigma_{p0.2}}{\sigma_b}\right)^{1.8287} \tag{5.47}$$

5）循环应变硬化指数

n' 的表达式为

$$n' = 0.65\left(\frac{\sigma_{yc}}{K'}\right) - 1.34\sqrt{\frac{\sigma_{yc}}{K'}} + 0.74 \tag{5.48}$$

式中，K' 为循环强化系数，$K'=8K^{0.72}$，K 为轴向单调拉伸强度系数。

通过上述求解，可将式（5.41）iLAPS 裂纹扩展模型中的低周疲劳参数 c、ε_f'、σ_{yc} 和 n' 由单调拉伸性能指标 $\sigma_{p0.2}$、σ_b、ψ 和 K 替代。与依赖于作者早期提出的低周疲劳参数的 LAPS 裂纹扩展模型相比，iLAPS 模型的一大优势在于仅对材料进行简单的轴向单调拉伸试验便可有效地预测其裂纹扩展速率曲线。

为验证该方法的有效性，将基于标准轴向单调拉伸试验获得的试验数据，代入式（5.41）和式（5.43）～式（5.48）中，预测疲劳裂纹扩展速率曲线，并与试验结果比较，如图 5.3 所示，iLAPS 模型具有良好的拟合效果。

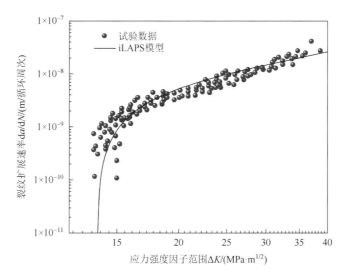

图 5.3　应力比 $R=-1$ 下试样 DA1 疲劳裂纹扩展数据的拟合 iLAPS 预测模型

5.2　标准 K-T 图和修正 K-T 图

为了建立缺陷与疲劳性能的关系，日本学者 Kitagawa 和 Takahashi 将基于经典名义应力法的疲劳极限与基于断裂力学的裂纹扩展门槛值关联，提出了著名的 K-T 图。如今，K-T 图广泛应用于铸造合金、增材材料以及异物致损的发动机叶片和高铁车轴等含缺陷部件的抗疲劳设计中。同时，以标准 K-T 图为基础，衍生了众多修正 K-T 图模型用于不同含缺陷材料或结构的疲劳强度评估，现介绍如下。

5.2.1　标准 K-T 图

无缺陷或满密度材料的疲劳极限以及损伤容限的裂纹扩展门槛值是绘制标准 K-T 图的两个重要材料指标。标准 K-T 图的模型表达式如式（5.49）所示，以缺陷/裂纹尺寸和疲劳应力范围的双对数坐标轴为基础，可完成标准 K-T 图的绘制。其中，图 5.4 所示标准 K-T 图的黑色水平虚线为无缺陷试样的疲劳极限，可视为材料的安全加载应力水平。图中左侧矩形阴影区域允许短裂纹萌生但不允许其突破微结构障碍继续扩展为长裂纹。以线弹性断裂力学的应力强度因子门槛值范围控制的 K-T 图右侧安全边界（斜率约为 $-1/2$），控制裂纹起裂，可保证现有的长裂纹不会继续扩展。两条黑色虚线线段与坐标轴围成的区域统称为疲劳加载安全区。

$$\Delta\sigma = \frac{\Delta K}{F_{\mathrm{w}}\sqrt{\pi\sqrt{\mathrm{area}}}} \tag{5.49}$$

式中，$\Delta\sigma$ 为疲劳极限应力范围，控制加载应力水平；$\sqrt{\mathrm{area}}$ 为缺陷尺寸，标准 K-T 图用于评价裂纹时可用符号 a 来代替；F_{w} 为缺陷的位置修正系数（表面缺陷 $F_{\mathrm{w}}=0.65$，内部缺陷 $F_{\mathrm{w}}=0.50$）。

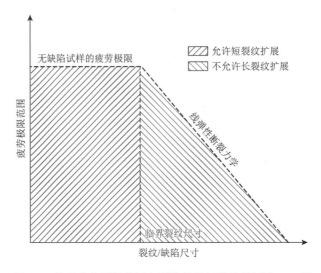

图 5.4　基于疲劳极限范围和裂纹扩展门槛值的标准 K-T 图

　　这里有必要对长裂纹与短（小）裂纹做适当说明和定义。目前学术界对长、短裂纹的定义并不统一，不能简单地以裂纹长度对其进行区分。对于不同的材料，短裂纹与长裂纹之间的判定方法也不尽相同。例如，美国西科斯基飞机公司工程师 Cappelli 等在研究 7075-T7351 铝合金材料的疲劳性能时，将裂纹扩展达到稳定时的长度定义为短裂纹发展到长裂纹的临界尺寸，其值为 15 个材料晶粒尺寸，大小约 330μm。俄亥俄州立大学 Soboyejo 教授等在研究 Ti-6Al-4V 钛合金材料的疲劳裂纹扩展时，发现在 250μm 尺寸下即可观测到短裂纹。在国内，昆明理工大学张玉波教授团队在对 Cu/WCp 复合材料的裂纹萌生和扩展行为进行研究中，将短裂纹发展为长裂纹的临界尺寸设定为 150μm。大量研究表明，小裂纹扩展寿命占整个周期 70%～80%，且在相同加载条件下，短裂纹的扩展速率要高于长裂纹；同时，小裂纹在长裂纹扩展门槛值以下仍会扩展，所以可以根据短裂纹的上述特性对长、短裂纹进行简单区分。

　　标准 K-T 图中的应力强度因子门槛值可以通过裂纹扩展速率试验测试得到，但自然界不存在无缺陷的材料，所以光滑试样的疲劳极限无法通过试验手段获取。由于材料中的缺陷无法避免，采用热等静压方法又会改变其力学性能以及微观组织，所以工程上一般取塑性应变为 0.05%时的循环屈服应力进行估计，但该试验耗时较长且对试验数据的处理比较烦琐。最近，中国科学院金属研究所张哲峰团队提出了一种基于材料拉伸性能和组织特征的疲劳极限预测模型，如下：

$$\sigma_f = \sigma_b(C - P\sigma_b) = \sigma_{f0} - \sigma_{fp} \tag{5.50}$$

式中，σ_f 为应力比-1 时材料的疲劳极限；σ_b 为材料的抗拉极限；C 为材料常数；P 为工艺缺陷敏感系数；σ_{f0} 为材料无缺陷时的疲劳极限；σ_{fp} 为由加工工艺缺陷导致的疲劳强度下降的部分。常见材料的 C、P 常数如表 5.8 所示。

　　由式（5.50）预测得到应力比为-1 时无缺陷材料的疲劳极限。若考虑平均应力的影响，其他应力比下的疲劳极限可由 Walker 公式换算，公式如下：

$$\sigma_{f,R} = \sigma_{-1,\text{eff}} \frac{1}{[(1-R)/2]^{\gamma}} \tag{5.51}$$

式中，$\sigma_{f,R}$ 为应力比 R 时的疲劳极限应力范围；$\sigma_{-1,\text{eff}}$ 为应力比 -1 时的疲劳极限；γ 为材料常数，对于铝合金取 $\gamma = 0.117$，合金钢取 $\gamma = 0.047$。

表 5.8　常见金属材料的 C 和 P 常数取值

材料名称	SAE 4140	SAE 4340	SAE 2340	SAE 4063	Steel alloy[①]	Steel alloy[②]	LC Steel[③]	Cu alloy	Al alloy
材料常数 C	0.87	0.76	0.74	0.92	0.67	0.61	0.60	0.54	0.53
材料常数 P /10^{-4}MPa	2.65	1.78	1.89	2.37	1.52	1.24	2.13	3.72	5.66

①表示轴向超高周试验；②表示旋转弯曲高周疲劳试验；③表示低碳钢材料。

5.2.2　修正 K-T 图

然而，标准 K-T 图无法考虑短裂纹影响，El-Haddad 模型在标准 K-T 图的基础上，引入临界缺陷尺寸对原始缺陷进行修正，临界缺陷尺寸计算公式为

$$\sqrt{\text{area}_0} = \frac{1}{\pi}\left(\frac{\Delta K_{\text{th,lc}}}{F_{\text{w}}\Delta\sigma_0}\right)^2 \tag{5.52}$$

式中，$\sqrt{\text{area}_0}$ 为临界缺陷尺寸，将 K-T 图用于评价裂纹时用 a_0 代替；$\Delta K_{\text{th,lc}}$ 为长裂纹的扩展门槛值；$\Delta\sigma_0$ 为光滑试样的疲劳极限。

根据式（5.52）可用临界裂纹尺寸对标准 K-T 图进行修正。另外，用小试样进行疲劳试验获得的疲劳极限值无法直接用于大尺寸零部件的抗疲劳评估，同 4.3 节疲劳 S-N 曲线修正原理一样需要考虑表面质量、尺寸效应以及加载方式等对疲劳极限的影响。特别地，对于异物致损部件，还需考虑缺口系数的影响。不仅如此，将最小二乘法拟合得到的存活率为 50% 的疲劳极限用于评估结构疲劳强度，无法得到安全、可靠度高的评定结果。与此同时，若考虑缺陷位置（即缺陷出现在材料表面或内部）对裂纹扩展门槛值的影响，K-T 图的右侧边界还将有所偏移。应力比或平均应力对疲劳极限以及裂纹扩展门槛值都有影响，临界尺寸的确定也会受到影响。考虑以上因素影响对 K-T 图进行一定的修正，修正后的 K-T 图如图 5.5 所示。

根据缺陷出现位置对 K-T 图进行修正，由式（5.49）和式（5.52）可知，表面缺陷的修正系数大于内部缺陷，所以在相同条件下计算得到的临界缺陷尺寸小，此时对 K-T 图的修正效果如图 5.5（a）所示。应力比或平均应力对 K-T 图的影响较为复杂，一般地，应力比越高平均应力也越大，这必然导致疲劳极限降低。此外，应力比对长裂纹扩展的门槛值也有较大影响，其值通常随应力比的增大而降低。如此一来，由式（5.52）可知当应力比增大时，临界缺陷尺寸的变化趋势具有不确定性，该值取决于疲劳极限以及门槛值减小的幅度。当疲劳极限减小幅度大于门槛值时，临界缺陷尺寸随应力比的增大而增大，反之，临界缺陷尺寸随应力比的增大而减小。图 5.5（b）绘制的 K-T 图为临界缺陷尺寸随应力比减小的情况。

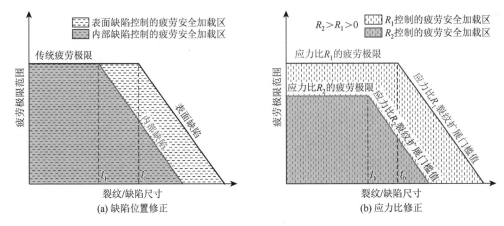

(a) 缺陷位置修正

(b) 应力比修正

图 5.5 修正 K-T 图

El-Haddad 模型试图将材料中初始缺陷或临界缺陷尺寸 a_0 参数引入标准 K-T 图中，并把式（5.49）中的缺陷尺寸 $\sqrt{\text{area}}$ 替换为 $\sqrt{\text{area}} + \sqrt{\text{area}_0}$，得到了从应力控制区到门槛值控制区平滑过渡的 K-T 图，其修正后的表达式为

$$\Delta\sigma = \frac{\Delta K}{F_\text{w}\sqrt{\pi\left(\sqrt{\text{area}} + \sqrt{\text{area}_0}\right)}} \tag{5.53}$$

将 El-Haddad 模型修正后的 K-T 图与标准 K-T 图绘制在同一图中，如图 5.6 所示。

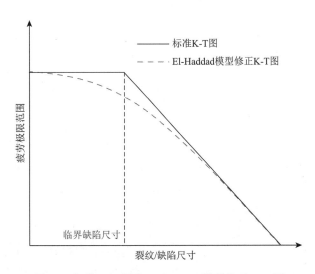

图 5.6 标准 K-T 图和 El-Haddad 模型修正 K-T 图

由图 5.6 可见，El-Haddad 模型修正后的 K-T 图不再出现明显的水平线段，即疲劳极限会随着缺陷尺寸的增大一直减小，其值呈现近二次抛物线下降趋势，直到缺陷尺寸远大于临界尺寸后，才与标准 K-T 图的疲劳极限基本相同。由 El-Haddad 方程控制的疲劳加载安全区小于标准 K-T 图控制安全区，所以应用修正后的 K-T 图进行疲劳设计可以得到偏于保守的评估结果。

　　短裂纹扩展过程中，裂纹扩展门槛值随裂纹长度的增加而增大。研究表明，裂纹闭合效应是裂纹扩展阻力增大的主要原因。常见的裂纹闭合机制包括塑性诱导的裂纹闭合、粗糙度诱导的裂纹闭合和氧化物诱导的裂纹闭合。当短裂纹扩展并转变至长裂纹的临界点时，裂纹闭合效应完全建立，因此不再对裂纹扩展产生影响。为了考虑短裂纹对裂纹扩展门槛值的影响，Chapetti 提出了如下修正模型：

$$\Delta\sigma = \frac{\Delta K_{\text{th,eff}} + (\Delta K_{\text{th,lc}} - \Delta K_{\text{th,eff}})}{F_{\text{w}}\sqrt{\pi\sqrt{\text{area}}}}\left(1 - \exp\left\{-k\left(\sqrt{\text{area}} - \sqrt{\text{area}_{\text{eff}}}\right)\right\}\right) \quad (5.54)$$

式中，$\Delta K_{\text{th,eff}}$ 为等效长裂纹扩展门槛值；k 为材料常数；$\sqrt{\text{area}_{\text{eff}}}$ 为本征缺陷尺寸。以上三个参数分别由式（5.55）、式（5.56）和式（5.57）给出：

$$\Delta K_{\text{th,eff}} \approx 10^{-2}\chi E \quad (5.55)$$

$$\sqrt{\text{area}_{\text{eff}}} = \frac{1}{\pi}[\Delta K_{\text{th,eff}} / (F_{\text{w}}\Delta\sigma)]^2 \quad (5.56)$$

$$k = \frac{1}{4(\Delta K_{\text{th,lc}} - \Delta K_{\text{th,eff}})}\cdot\frac{\Delta K_{\text{th,eff}}}{\sqrt{\text{area}_{\text{eff}}}} \quad (5.57)$$

式中，χ 为修正因子；E 为弹性模量。

　　将 Chapetti 模型修正的 K-T 图与标准 K-T 图绘制在一起，如图 5.7 所示。

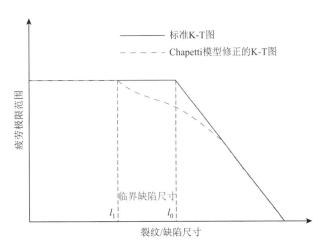

图 5.7　标准 K-T 图和 Chapetti 模型修正的 K-T 图

　　由图 5.7 可见，在考虑短裂纹对裂纹扩展门槛值的影响后，由 Chapetti 模型修正后的疲劳加载安全区减小，所以将该修正的 K-T 图用于疲劳设计可得到偏于安全的结果。在相同的外载荷条件下，为了对比 El-Haddad 模型与 Chapetti 模型修正后 K-T 图的安全区，将两者绘入图 5.8 中。

　　图 5.8 中的 $\sqrt{\text{area}_0}$、$\sqrt{\text{area}_1}$ 以及 $\sqrt{\text{area}_2}$ 均为临界缺陷尺寸，可由长裂纹扩展门槛值及其有效门槛值确定。根据这三个临界尺寸，将短裂纹细分为组织短裂纹、物理短裂纹

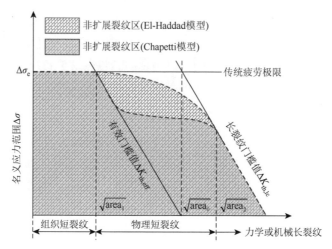

图 5.8　两种修正 K-T 图疲劳加载安全区对比

和力学或机械长裂纹等三种类型。由图 5.8 还可以看出，由 Chapetti 模型控制的安全加载区域小于 El-Haddad 模型，故认为将基于 Chapetti 模型修正的 K-T 图用于材料或结构的抗疲劳设计时更偏于安全。

　　晶粒尺寸有时与缺陷尺寸在同一数量级，以上修正模型未考虑组织特征对结构服役性能的影响。一般认为，当缺陷尺寸大于材料的最大晶粒尺寸时，疲劳评估以缺陷特征为主，反之则以晶粒尺寸和形态为主。所以，进一步将晶粒尺寸引入 K-T 图中，疲劳加载安全区被划分为由满密度或者无缺陷材料的疲劳极限确定的缺陷无害区（微观组织影响区）、由 Murakami 模型确定的小裂纹区（斜率为 $-1/6$）和由 K-T 模型确定的长裂纹区（斜率为 $-1/2$），修正后的 K-T 图如图 5.9 所示。

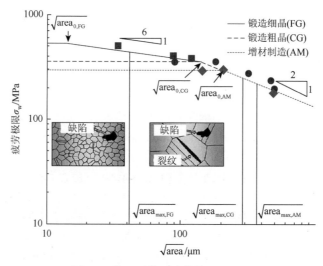

图 5.9　基于晶粒尺寸的修正 K-T 图

　　K-T 图可用于解释材料或构件中存在微小缺陷仍然可以安全服役的现象，与 Goodman 图使用方法相同，认为在 K-T 图控制的疲劳安全加载区域内结构不会发生疲劳断裂。一般

认为表面或近表面最大缺陷处是最可能诱导疲劳失效的优先位置，利用缺陷尺寸极值统
计方法并借助缺陷三维成像系统，可对疲劳裂纹源处的缺陷特征尺寸进行统计和计算。
根据构件的外加应力水平和表面缺陷特征尺寸将相应的坐标点绘入 K-T 图中，由此可对
部件的疲劳安全性进行评价。作者将 K-T 图成功应用于选区激光熔化成型（SLM）AlSi10Mg
铝合金和 Ti-6Al-4V 钛合金、异物致损 EA4T 合金钢、微区原位锻造复合电弧熔丝增材
Al-Mg4.5Mn 合金等材料的抗疲劳评估，相应的 K-T 图如图 5.10 所示。

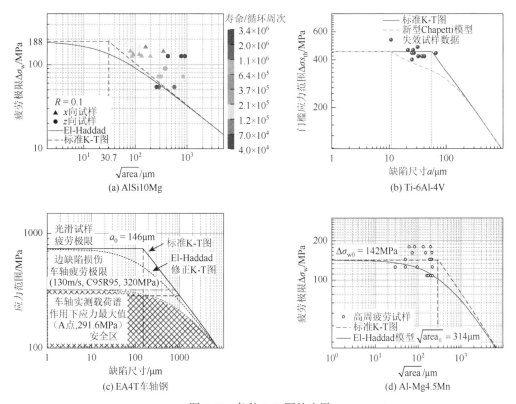

图 5.10　各种 K-T 图的应用

由图 5.10 可知，越靠近 K-T 图疲劳安全加载区域，数据点的疲劳寿命也越高，反之
则越低。此外，不论是用 El-Haddad 模型还是 Chapetti 模型对 K-T 图进行修正，都能得
到更加保守的评估结果。但还需注意在图 5.10（a）和（d）中，尽管有少量数据点处于
K-T 图中的疲劳安全加载区域内，还是出现了疲劳失效行为。一种合理的解释为：K-T 图
只反映了缺陷尺寸对疲劳寿命的影响，但无法考虑缺陷形貌和组织特征对其的影响，所
以 K-T 图的应用仍存在一定的局限性。

5.3　基于缺陷三维成像表征的寿命预测

缺陷对金属材料和结构的疲劳性能有着重要影响。众所周知，裂纹萌生寿命占据了
材料高周或超高周疲劳寿命的绝大部分，由于缺陷位置容易出现应力集中，裂纹往往萌

生于材料或结构的缺陷位置。利用高分辨三维成像装置（如工业计算机断层扫描成像和同步辐射 X 射线成像等）可对材料表面或内部的缺陷进行观测和统计，缺陷的定量化表征主要用球度、位置以及特征尺寸等参数进行描述。其中，缺陷的最大特征尺寸是进行寿命计算的关键参数，但该值的准确获取离不开缺陷的高分辨三维成像分析和概率统计推断方法。所以，有必要对此进行适当说明。下面首先对缺陷三维成像方法做简要介绍，然后对缺陷特征尺寸的统计推断方法进行展述，最后根据 5.1 节的裂纹扩展模型介绍含缺陷材料的寿命计算方法。

5.3.1　缺陷三维成像与表征

利用 X 射线计算机断层扫描（X-CT）未加载材料可得到一系列二维投影切片，从切片图像可以清晰地观测到小尺寸的气孔缺陷与大尺寸的未熔合缺陷以及它们的分布位置等信息，但是简单的二维切片无法反映缺陷的真实形貌，需利用三维图像重构软件 Avizo 对图像进行重新构图将二维切片转换为三维图形。图 5.11 为选区激光熔化成型的激光增材 AlSi10Mg 铝合金材料的三维缺陷重构图。

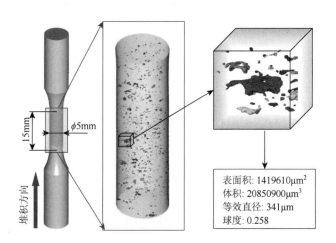

表面积: 1419610μm²
体积: 20850900μm³
等效直径: 341μm
球度: 0.258

图 5.11　AlSi10Mg 铝合金高周疲劳试样标距段三维成像图

由图 5.11 可以看出，该材料内部缺陷数量众多且形貌各异，但分布比较均匀。通常用等效直径来表征缺陷的大小，用球度来表征缺陷的形貌。其中缺陷的等效直径定义为与缺陷具有同等体积球体的直径，球度定义为与缺陷具有相同体积的球体表面积与缺陷表面积之间的比值。缺陷的球度越接近 1，表明缺陷形貌越规则，其相应的表达式为

$$D_{\text{eq}} = \sqrt[3]{6\pi V} \tag{5.58}$$

$$\psi = \sqrt[3]{36\pi V^2 / s^3} \tag{5.59}$$

式中，D_{eq} 为等效直径；ψ 为球度；V 为缺陷体积；s 为表面积。

　　根据对缺陷等效直径和球度的统计,可以掌握材料缺陷的尺寸以及形貌分布特点。为了进一步量化缺陷的形貌特征,还经常采用缺陷中心到材料表面的最小距离、缺陷投影面积等参数对其进行进一步表征和描述。图 5.12 给出了激光增材 AlSi10Mg 铝合金和 Ti-6Al-4V 钛合金的缺陷球度统计结果。

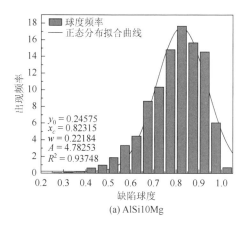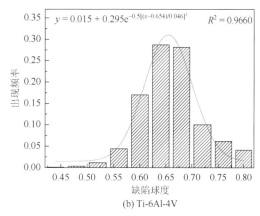

图 5.12　典型增材缺陷形貌特征

　　由图 5.12 可知,两种缺陷球度都近似服从正态分布,AlSi10Mg 和 Ti-6Al-4V 球度分别集中在 0.70~0.95 中 0.58~0.70。从缺陷球度分布可以推断近球形的小尺寸气孔型缺陷占据 AlSi10Mg 材料缺陷的绝大多数,而 Ti-6Al-4V 材料主要缺陷类型为球度较差的扁平形缺陷。从缺陷三维成像表征可获得定量信息,用于指导制造工艺的参数优化、探索材料缺陷致损机理以及预测疲强度和寿命等。缺陷表征方法众多,本书仅对此简单介绍,不再对具体的缺陷表征方法展开介绍。

5.3.2　缺陷特征尺寸的极值统计

　　相关研究表明,数量众多但尺寸较小且形貌规整的缺陷并不是导致结构疲劳破坏的主要原因,疲劳裂纹源处尺寸较大且球度较差的不规则形缺陷才是疲劳失效的根本诱因。由此认为,预测一定体积下材料中的最大缺陷尺寸对结构疲劳强度的影响具有重要意义。然而,对大尺寸部件进行缺陷表征和分析的成本高昂且难度较大。因此,对于含缺陷材料,通常采用抽样检测结果推测材料内部最大缺陷尺寸,是一种更为科学且行之有效的方法。目前,常用的极值统计方法有两种,分别为:①分块取值法(block method,BM),即将一组独立随机观测序列按照某一标准分隔为若干互不重叠的子区间,选取每个区间中的极大值,进而以这些极值数据作为基本参数对广义极值进行分布拟合,得到在总体分布函数 $F(x)$ 未知情况下各参数在总体样本下的分布特征;②越槛取值(peaks over threshold,POT)法,该方法基于广义帕累托分布的超限分布,对超过某门槛值的数据进行统计分析,运用数据模型的观测值描述门槛值以上的数据分布。下面将对两种方法进行详细介绍。

1. 分块取值法

极值统计方法本质上为外推法，其基本思想是：当采集的数据序列服从某一分布时，其最大值也服从这一分布，常用 Gumbel 函数描述缺陷尺寸分布：

$$G(x) = \exp\left\{-\exp\left\{-\frac{x-\lambda}{\alpha}\right\}\right\} \tag{5.60}$$

式中，$G(x)$ 为尺寸小于等于最大缺陷特征尺寸 x 的概率；α 为尺寸参数；λ 为位置参数。

将垂直于加载方向缺陷面积的平方根 $\sqrt{\text{area}}$ 作为特征尺寸，把成像试样均分为 n 个子样，测试每个子样的最大特征尺寸并从小到大进行排列，如 $\sqrt{\text{area}_1} \leqslant \sqrt{\text{area}_2} \leqslant \cdots \leqslant \sqrt{\text{area}_n}$，则第 i 个子样缺陷最大特征尺寸的累计概率可表示为

$$G(\sqrt{\text{area}_i}) = \frac{i}{n+1} = \exp\left\{-\exp\left\{-\frac{\sqrt{\text{area}_i} - \lambda}{\alpha}\right\}\right\} \tag{5.61}$$

式中，$\sqrt{\text{area}_i}$ 为对各子样的最大缺陷特征尺寸由小到大排序中的第 i 个缺陷尺寸。

对式（5.61）进行变形整理，可得

$$\sqrt{\text{area}_i} = \lambda + \alpha \cdot \left[-\ln\left(-\ln G\left(\sqrt{\text{area}_i}\right)\right)\right] \tag{5.62}$$

将 $\sqrt{\text{area}_i}$ 作为直角坐标系的横坐标，$-\ln(-\ln G(\sqrt{\text{area}_i}))$ 作为纵坐标。对统计的最大缺陷尺寸进行线性回归拟合，得到拟合直线的截距为 λ，斜率为 α。随后，将拟合值代入式（5.61），即可得到总体样本中缺陷特征尺寸极值的统计分布。取 $G(\sqrt{\text{area}_i})$ 为一较大的值（如 95%），即认为在本次测量的样本材料中，缺陷特征尺寸小于估计值的概率为 95%，将其代入式（5.61）即可求得本批次样本中缺陷最大特征尺寸的估计值。利用分块取值法对激光增材 AlSi10Mg 材料子样本的极大值数据进行拟合，结果如图 5.13 所示。

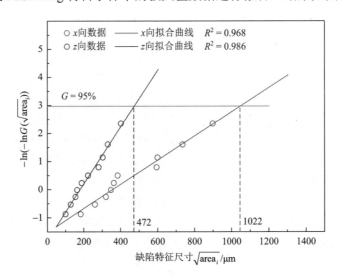

图 5.13   增材 AlSi10Mg 内部缺陷特征尺寸的极值统计拟合曲线

由图 5.13 可见，子样中缺陷的最大特征尺寸拟合效果良好，将两条直线的斜率与截距代入式（5.62），并取 $G(\sqrt{\text{area}_i}) = 95\%$，则可对样品缺陷的最大特征尺寸进行计算，并保证该值的可靠度能够达到一个较高的水平。

2. 越槛取值法

越槛取值法能够充分利用样本的整体数据，并且不对样本的时间相位有所要求，一定程度上可以有效弥补分块取值法数据选取上的不足。具体地，同样将子样本中最大特征尺寸按照从小到大的顺序进行排列，并假设这些样本数据服从未知分布函数 $F(x)$。设定 u 为门槛值，记子样数据中超过门槛值 u 的随机变量为 y，则称 y 服从的分布为超额分布，表达式为

$$F_u(y) = P\{X \le y \mid X > u\} = \frac{F(y) - F(u)}{1 - F(u)} \qquad (5.63)$$

上述分布函数往往并不容易求得，所以通常用一个三参数函数 $T_{\delta,u,\kappa}(y)$ 近似替代超额分布函数，其表达式为

$$F_u(y) \approx T_{\delta,u,\kappa}(y) = \begin{cases} 1 - [1 + \delta(y-u)/\kappa]^{-1/\delta}, & \delta \ne 0 \\ 1 - \mathrm{e}^{-y/\kappa}, & \delta = 0 \end{cases} \qquad (5.64)$$

式中，$T_{\delta,u,\kappa}(y)$ 为广义帕雷托（generalized Pareto，GP）分布；δ 为尺寸参数；κ 为形状参数，其值大于 0。

阈值一般利用平均超额函数进行确定，其表达式为

$$e(u) = E[X - u \mid X > u] \qquad (5.65)$$

由式（5.65）得到的样本超额函数为

$$e_u = \frac{\sum_{i=1}^{N_u}(x_i - u)}{N_u} \qquad (5.66)$$

式中，N_u 为样本数据中大于门槛值 u 的样本个数。

GP 分布的超额均值函数为

$$e(u) = E[X - u \mid X > u] = (\kappa + \delta u)/(1 + \delta) \qquad (5.67)$$

由式（5.67）可知，$e(u)$ 为 u 的线性函数。因此，如果以 u 和 $e(u)$ 分别作为直角坐标系的横轴和纵轴，当样本数据超过某一临界值时，$e(u)$ 将呈线性比例变化，同时将该临界值确定为门槛值 u。为了运用极大似然估计法对参数 δ 和 κ 进行估计，首先对式（5.64）求导，得到 GP 分布的概率密度函数如下：

$$T_{\delta,u,\kappa}(y) = \begin{cases} \dfrac{[1 + \delta(y-u)/\kappa]^{-1-\frac{1}{\delta}}}{\kappa}, & \delta \ne 0 \\ \dfrac{1}{\kappa}\mathrm{e}^{-y/\kappa}, & \delta = 0 \end{cases} \qquad (5.68)$$

所以 GP 分布的对数极大似然估计函数为

$$L(\delta,\kappa)=\begin{cases}-N_u\ln\kappa-(1+1/\delta)\cdot\sum_{i=1}^{N_u}\ln(1+\delta(y_i-u)/\kappa), & \delta\neq0\\ -N_u\ln\kappa-\dfrac{1}{\kappa}\sum_{i=1}^{N_u}(y_i-u), & \delta=0\end{cases}\quad(5.69)$$

对式（5.69）求偏导，并利用 MATLAB 软件求解微分方程组，即可求得 δ 和 κ 的极大似然估计值 $\hat\delta$ 和 $\hat\kappa$。假设缺陷在材料中分布均匀，则预期材料体积内最大缺陷的返回周期可表示为

$$T_f=N_u\cdot V_f/V_s=p_u\cdot V_f \quad(5.70)$$

式中，T_f 为最大缺陷返回周期；V_f 为预测的材料的总体积；p_u 为超门槛值缺陷在材料中的分布密度。

运用极值统计方法，一定体积内缺陷最大特征尺寸计算方法为

$$x_{\max,V_f}=T_{\delta,u,\kappa}^{-1}(y)\cdot(1-1/T_f) \quad(5.71)$$

利用越槛取值法对不同制造工艺的 Al-Mg4.5Mn 合金材料的缺陷极值进行拟合，得到的超额均值函数拟合效果如图 5.14 所示。

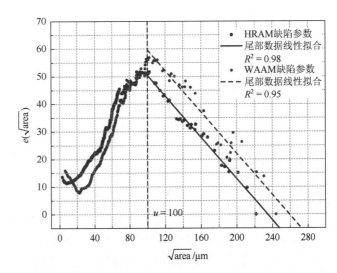

图 5.14　HRAM 及 WAAM 成形 Al-Mg4.5Mn 合金缺陷特征参数超额均值函数的拟合

HRAM 指微区原位锻造复合电弧熔丝增材（hybrid insite rolled wire and arc additive manufacturing），
WAAM 指电弧熔丝增材制造（wire and additive manufacturing）

由图 5.14 可以看出，当缺陷尺寸大于 100μm 时，超额分布函数值 $e(\sqrt{area})$ 均开始呈明显的线性变化，所以取该材料的特征尺寸门槛值 u 为 100μm。在得到该门槛值后，运用上述统计分析方法，即可求得材料的缺陷最大特征尺寸。

5.3.3　含缺陷材料的扩展寿命预测

在开展含缺陷材料的疲劳裂纹扩展寿命预测时，通常缺陷特征尺寸较小，所以一般将其视为短裂纹处理。因此，本节所述的含缺陷材料的疲劳寿命计算模型与基于断裂力学的长裂纹扩展模型将会有一定区别。作者对含缺陷材料的相关模型进行了详细分析，现将主要工作介绍如下。

1.　多级疲劳评价模型

1997 年，美国佐治亚理工学院 Mcdowell 提出多阶段疲劳模型（multistage fatigue model，MSF）用于评价铸造 A356 铝合金的疲劳强度，并对不同制造工艺材料的疲劳寿命进行了预测。该模型将总疲劳寿命分为四个部分，具体为

$$N_{\text{Total}} = N_{\text{inc}} + N_{\text{MSC/PSC}} + N_{\text{LC}} \tag{5.72}$$

式中，N_{Total} 为材料的总疲劳寿命；N_{inc} 为材料萌生裂纹的循环周次，包括裂纹形核周期以及扩展至初始长度 a_i 的寿命；MS 表示与材料微观结构特征相关的长度尺寸；N_{MSC} 表示微裂纹从 a_i 扩展至 k 倍 MS 所需的循环周次；N_{PSC} 表示裂纹扩展至物理小裂纹所需的循环周次，PSC 由材料微观结构形貌以及基体的织构决定，通常取为 $k(\text{MS})\sim 10(\text{MS})$，此处将 MS 与 PSC 整合为统一的裂纹扩展阶段。

将裂纹萌生处的缺陷视为短裂纹，建立了含缺陷材料的疲劳寿命预测模型，见式（5.73），并定义有效裂纹初始长度，如式（5.74）所示：

$$N_{\text{Total}} = N_{\text{MSC/PSC}} + N_{\text{LC}} \tag{5.73}$$

$$a_i = \sqrt{\text{area}}/\sqrt{\pi} \tag{5.74}$$

利用 NASGRO 方程进行寿命预测，定义长裂纹闭合参数 U_{lc}，如（5.75）所示。将 U_{lc} 代入式（5.11），得到简化 NASGRO 模型：

$$U_{\text{lc}} = (1-f)/(1-R) \tag{5.75}$$

$$\frac{\mathrm{d}a}{\mathrm{d}N} = C(U_{\text{lc}}\Delta K)^m \left(1 - \frac{\Delta K_{\text{th}}}{\Delta K}\right)^p \left(1 - \frac{K_{\max}}{K_{\text{IC}}}\right)^{-q} \tag{5.76}$$

由于将缺陷视为短裂纹，所以还需对 NASGRO 方程的裂纹扩展门槛值进行修正，其相应的修正模型为

$$\begin{cases} \Delta K_{\text{th,sc}} = \Delta K_{\text{th,in}} + (\Delta K_{\text{th,lc}} - \Delta K_{\text{th,in}}) \cdot [1 - \mathrm{e}^{-k(a-d)}] \\ U_{\text{sc}} = 1 - (1 - U_{\text{lc}}) \cdot [1 - \mathrm{e}^{-k(a-d)}] \end{cases} \tag{5.77}$$

式中，$\Delta K_{\text{th,sc}}$ 为短裂纹扩展门槛值；$\Delta K_{\text{th,lc}}$ 为长裂纹扩展门槛值；U_{sc} 为短裂纹尺度下的裂纹闭合参数；$\Delta K_{\text{th,in}}$ 为微观结构相关门槛值；k 为材料参数。

需要注意的是，用应力强度因子 K 表征裂纹前缘应力场强度的必要前提是满足小范围屈服条件或线弹性断裂力学，即要求裂纹尖端的塑性区尺寸远小于裂纹长度。一般地，

当裂纹尖端塑性区尺寸与裂纹体的最小特征尺寸之比小于 0.4 时，对于平面应变状态，为满足小范围屈服条件，则需

$$2.5(K/\sigma_{p0.2})^2 \leqslant \begin{cases} a \\ t-a \end{cases} \tag{5.78}$$

式中，t 为样品厚度。

裂纹从有效初始长度 a_i 扩展为临界裂纹长度 a_c 的寿命计算公式为

$$N_{\text{Total}} = \int_{a_i}^{10\text{MS}} \left[C^{-1}(U_{sc}\Delta K)^{-m} \left(1 - \frac{\Delta K_{\text{th,sc}}}{\Delta K}\right)^{-p} \left(1 - \frac{K_{\max}}{K_{\text{IC}}}\right)^q \right] da$$
$$+ \int_{10\text{MS}}^{a_c} \left[C^{-1}(U_{lc}\Delta K)^{-m} \left(1 - \frac{\Delta K_{\text{th,lc}}}{\Delta K}\right)^{-p} \left(1 - \frac{K_{\max}}{K_{\text{IC}}}\right)^q \right] da \tag{5.79}$$

运用以上模型对 HRAM 成形 Al-Mg4.5Mn 合金材料的疲劳寿命进行积分计算，并取短裂纹的初始长度为 10 倍最大晶粒等效直径，约为 980μm。将试样失效时的裂纹定义为临界裂纹 a_c，取其值为高周疲劳试样横截面对角线长度的一半，大小为 3mm。基于式（5.79）的裂纹扩展寿命计算结果如表 5.9 所示。

表 5.9　HRAM 成形 Al-Mg4.5Mn 合金材料疲劳寿命预测及对比

试样编号	缺陷特征尺寸 $\sqrt{\text{area}}$ /μm	实际寿命/循环周次	预测寿命/循环周次	误差/%
#01	201	977000	1007860	3.16
#02	218	1037000	978190	5.67
#04	174	1045000	1057428	1.19
#05	219	354506	284261	19.81
#09	197	387300	356707	7.90
#13	211	213900	131984	38.30

需要指出的是，疲劳寿命计算精度受缺陷类型的影响很大。该材料中的缺陷主要为未熔合与孔隙两种类型。当缺陷主要为未熔合或者未熔合与孔隙组合时，寿命预测误差较小，而当缺陷主要为孔隙时，预测误差较大。可见，疲劳寿命的准确预测还需考虑缺陷的三维形貌、裂纹源外其他缺陷对裂纹源缺陷的耦合、外加应力水平、缺陷在材料中的分布和数量等因素的影响。

2. 应力-缺陷-寿命评估图

将疲劳裂纹扩展寿命定义为裂纹从初始长度扩展至临界失效长度所经历的总循环周次。标准 K-T 图在进行疲劳设计时只能给出一个定性的评估结果，但不能定量地预测含缺陷构件的疲劳裂纹扩展寿命。本节基于缺陷或短裂纹容限思想，仍将缺陷视为短裂纹，采用 Murakami 的 $\sqrt{\text{area}}$ 模型对缺陷特征尺寸进行等效，并结合 5.1.2 节裂纹扩展速率预测的 iLAPS 模型与 5.3.2 节缺陷特征尺寸的极值统计方法，采取一定的积分方法即可对

含缺陷试样的疲劳寿命进行计算。以增材 AlSi10Mg 铝合金材料的裂纹扩展寿命计算为例，其具体过程如下。

首先将单调拉伸试验获取的材料基本性能参数如抗拉强度、屈服强度、断面收缩率等代入式（5.41）中，由此得到材料的裂纹扩展速率为

$$da \, / \, dN = (-9.3139 \times 10^{-7})(\Delta K)^2 [1 - (1.2 \, / \, \Delta K)^{-0.8841}] \tag{5.80}$$

得到材料的裂纹扩展速率预测模型后，根据疲劳断口源缺陷特征尺寸的极值统计，以此处缺陷尺寸为裂纹扩展的初始尺寸，并将试样发生断裂时的缺陷尺寸视为裂纹扩展的最终尺寸，对式（5.80）进行积分，具体公式为

$$\int_0^{N_g} dN = \int_{\sqrt{area_0}}^{\sqrt{area_c}} \{(-9.3139 \times 10^{-7}) \cdot (\Delta K)^2 \cdot [1 - (1.2 \, / \, \Delta K)^{-0.8841}]\}^{-1} \, da \tag{5.81}$$

式中，N_g 为疲劳寿命；$\sqrt{area_0}$ 为裂纹源处的缺陷特征尺寸；$\sqrt{area_c}$ 为试样发生疲劳断裂时的裂纹尺寸，可由式（5.82）计算：

$$\sqrt{area_c} = \frac{1}{\pi} (K_{IC} \, / \, F_w \, / \, \sigma_{max})^2 \tag{5.82}$$

式中，σ_{max} 为最大施加载荷。当缺乏材料的断裂韧性数据时，可以近似选取强度相近材料的断裂韧性或者通过 da/dN-ΔK 曲线的渐近线进行估算。

将计算的疲劳寿命与试样实际寿命进行对比，并计算预测寿命占实际寿命的百分比，得到的结果如表 5.10 所示。

表 5.10　增材制造 AlSi10Mg 合金材料疲劳寿命预测

试样编号	最大应力 σ_{max}/MPa	缺陷特征尺寸 $\sqrt{area}$ /μm	实际寿命/循环周次	预测寿命/循环周次	百分比/%
FZ01	200	774	46100	24657	53.5
FZ02	200	905	56200	20720	36.9
FZ03	180	429	47100	44074	93.6
FZ04	180	384	384100	158596	41.3
FZ05	160	370	316100	165000	52.2
FZ06	160	703	180200	83221	46.2

由表 5.10 可知，疲劳寿命预测有的与实际寿命相差不大，而有的相对误差较大。这是因为在进行疲劳寿命计算时，直接将缺陷尺寸等效为初始裂纹进行计算，未考虑到缺陷导致的裂纹萌生寿命部分，所以计算结果偏于保守。基于 iLAPS 裂纹扩展速率模型，并结合式（5.81）的疲劳寿命计算方法，计算在疲劳加载安全区以外每一点对应的疲劳寿命，并以云图形式绘制在传统 K-T 图中，可得应力-缺陷-寿命关系。据此对 K-T 图进行修正，得到如图 5.15 所示的寿命扩展 K-T 图。

基于缺陷容限思想，将小尺寸缺陷视为微裂纹（此时裂纹尺寸大于晶粒尺寸）进行剩余寿命预测，由此制定的缺陷检测流程为：当构件疲劳载荷的循环周次达到预估的剩余寿命时进行检测，若缺陷未长大，则下一阶段的维修周期仍为上述预测的剩余寿命，否则应根据现阶段检测到的裂纹长度重新进行扩展寿命计算。利用上述方法进行检测周期

制定偏于安全,因为在最初的剩余寿命评估中没有考虑微裂纹的萌生寿命。从寿命扩展 K-T 图不仅可以得到不同缺陷尺寸下安全加载疲劳极限,进一步还可以定量计算材料在给定应力水平下不同缺陷尺寸的疲劳寿命。寿命 K-T 图的建立是对缺陷三维表征方法、名义应力理论以及断裂力学模型三者的有机整合,可为含缺陷材料或部件的疲劳寿命预测提供一种较为全面和可靠的评估方法。

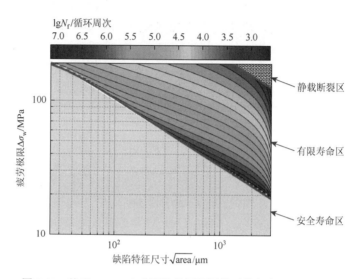

图 5.15   基于 iLAPS 疲劳裂纹扩展预测模型的寿命扩展 K-T 图

3. 异物致损车轴的寿命预测

车轴在实际服役过程中的受载情况十分复杂,是典型的变幅承载模式。将异物对车轴材料的剥离、凹坑等损伤均视为缺陷,则可以运用损伤容限思想对损伤车轴的疲劳寿命进行计算。相关研究表明,疲劳极限、S-N 曲线斜率以及拐点的疲劳寿命这三个参数能代表一类车轴的疲劳特性,如此可以利用名义应力法的损伤累积理论以及断裂力学方法建立异物致损车轴的寿命预测模型。

一般认为异物冲击缺陷对材料的抗拉强度影响较弱,所以根据 S-N 曲线的拐点应力,建立光滑车轴试样与含缺陷试样在此处的关系如下:

$$\Delta\sigma_0 N_0^{m_0} = C = \Delta\sigma N_w^{m_w} \qquad (5.83)$$

式中,$\Delta\sigma_0$、$\Delta\sigma$ 分别为光滑试样与含缺陷试样的疲劳极限;m_0、m_w 分别为光滑和含缺陷试样疲劳 S-N 曲线的斜率;N_0、N_w 分别为光滑与含缺陷试样 S-N 曲线拐点处的疲劳寿命;C 为与材料抗拉强度有关的疲劳强度系数。

对式(5.83)重新整理,得到光滑试样疲劳极限的另一种表达式为

$$\frac{\Delta\sigma}{\Delta\sigma_0} = \frac{N_0^{m_0}}{N_w^{m_w}} \qquad (5.84)$$

将式（5.84）与修正 K-T 图的表达式（5.53）相互结合，得到缺陷面积的开方 $\sqrt{\text{area}}$、疲劳极限 $\Delta\sigma$ 和 S-N 曲线斜率之间的关系为

$$\begin{cases} \Delta\sigma = \dfrac{\Delta\sigma_0 N_0^{m_0}}{N_w^{m_w}} \\[3mm] \sqrt{\text{area}} = \sqrt{\text{area}_0}\left(\dfrac{\Delta\sigma_0 N_w^{m_w}}{\Delta\sigma_w N_0^{m_0}} - 1 \right) \end{cases} \tag{5.85}$$

根据上述模型，任意给出 $\sqrt{\text{area}}$、$\Delta\sigma$、m_w 和 N_w 中的两个参数，即可对其他两个参数进行求解。最后，利用 Miner 线性损伤累积模型并结合实测车轴载荷谱即可对损伤车轴的疲劳寿命进行估算，结果如表 5.11 所示。

表 5.11　损伤车轴的疲劳寿命计算结果

已知参数	存活率/%	损伤试样寿命计算值/循环周次	模型预测值/循环周次
N_w，m_w			1.35×10^9
N_w，$\sqrt{\text{area}}$	50	6.43×10^{11}	1.10×10^9
m_w，$\sqrt{\text{area}}$			1.20×10^9
N_w，m_w			1.85×10^5
N_w，$\sqrt{\text{area}}$	97.5	2.42×10^9	5.99×10^8
m_w，$\sqrt{\text{area}}$			7.55×10^6

需要注意的是，不论是预测的疲劳寿命还是真实试验寿命都偏大。因为车轴的实际服役环境非常复杂，实验室环境中无法模拟列车过道岔、曲线、桥梁等环境，但可以从表 5.11 看出采用该寿命预测模型可以得到更为保守的计算结果。同样，若已知损伤车轴的疲劳裂纹扩展速率，也可运用寿命扩展 K-T 图进行疲劳强度评估，异物致损车轴的寿命扩展 K-T 图如图 5.16 所示。

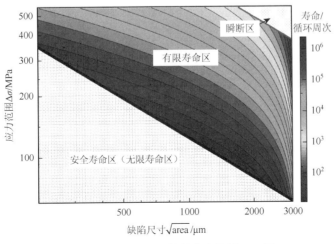

图 5.16　异物致损车轴的寿命扩展 K-T 图

5.4　车辆结构的剩余寿命计算

　　应用 5.3 节裂纹扩展寿命计算方法的前提是将缺陷视为小裂纹，但实际结构中的裂纹长度远超缺陷尺寸，所以本节主要介绍含有物理长裂纹车辆部件的剩余寿命预测以及损伤容限能力评估方法。车辆结构部件在运用维护过程中难免会出现磕碰和擦伤，极有可能导致结构部件产生疲劳裂纹。此时，名义应力法不再适用于含裂纹结构的安全服役分析。基于断裂力学理论思想的损伤容限设计的目的是评估含裂纹结构的运用可靠性，该方法的具体评估流程如图 5.17 所示。

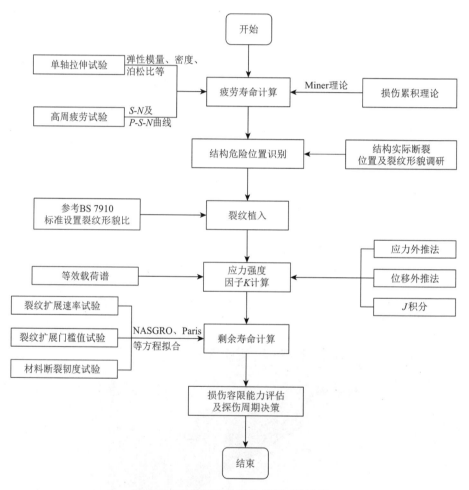

图 5.17　车辆部件的损伤容限评估流程

　　由图 5.17 可见，车辆结构的损伤容限评估流程可分为试验与有限元仿真两个步骤。剩余寿命计算需要的试验有单轴拉伸试验、高周疲劳试验以及裂纹扩展速率试验等。其中，单轴拉伸试验用于确定材料的泊松比、密度以及弹性模量等基本参数；高周疲劳试验用于获取材料疲劳 S-N 曲线以及疲劳 P-S-N 曲线，落脚于分析结构的疲劳加载危险区域，为裂纹植入提供依据；裂纹扩展速率相关试验是获取 da-dN 曲线方程、裂纹扩展门槛值、材料断裂韧度等参数的基础，与剩余寿命计算直接相关。基于载荷谱，通过有限元分析可得到结构裂纹尖端的位移场和应力场，据此可计算裂纹尖端的应力强度因子，进而可计算应力强度因子范围。下面对结构剩余寿命估算进行论述。

5.4.1　危险位置识别与裂纹植入

裂纹植入位置以及形貌比的确定是结构进行剩余寿命计算的基础，本节采用的方法是：首先结合第 4 章的损伤累积原理，施加等效载荷谱获得结构的全场寿命或损伤分布云图，据此识别部件的疲劳危险区域；然后根据实际运维调研，分析结构容易发生疲劳开裂的位置；最后比对第一步和第二步确定的危险区域，结合 BS 7910-2019 标准确定裂纹植入的最终位置及其形貌比。调研表明，车轴的轮座、卸荷槽，构架的横梁、侧梁焊缝，过渡圆弧段常常容易萌生疲劳裂纹进而导致断裂事故发生。另外，由损伤累积计算得到的结构疲劳寿命或损伤云图也印证了这一事实，如图 5.18 所示。

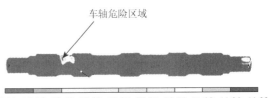

(a) 车轴

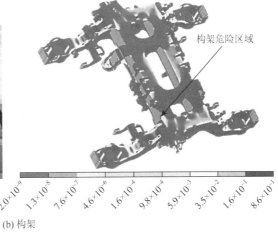

(b) 构架

图 5.18　车辆部件运维过程中实际开裂位置与仿真寿命（损伤）云图

实际运用中可能存在多个裂纹同时萌生和扩展，甚至存在多个小裂纹合并为一个尺寸较大且更加扁平状主裂纹的情况，但本节分析中只考虑单裂纹源的情况。另外调研表明，无论初始裂纹是半圆形还是半椭圆形，最终都会稳定扩展为半椭圆形状。所以，将缺陷或裂纹等效为椭圆形可获得较为理想的计算结果。若将椭圆裂纹短半轴定义为 a，长半轴定义为 c，则形貌比定义为短半轴与长半轴的比值，即 a/c。结合实际结构的疲劳断口特征分析与 BS 7910-2019 标准，植入车轴的裂纹形貌比在 0.6～0.9，植入构架的裂纹形貌比在 0.10～0.20，如图 5.19 所示。

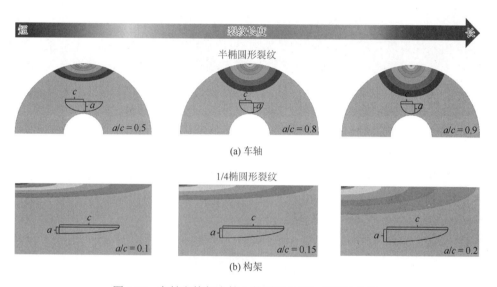

图 5.19　车轴和构架上植入的裂纹长度与形貌比设置

由图 5.19 可见，车轴上植入的裂纹多为半椭圆形，而构架焊缝位置植入的多为 1/4 椭圆形裂纹。需要注意的是，以上裂纹植入操作假定裂纹扩展过程中不发生偏折，即认为裂纹只在平面内扩展，这与实际情况存在一定偏差。

5.4.2　应力强度因子计算方法

众所周知，裂纹尖端应力场具有奇异性（即无穷大），故用应力场来描述含裂纹结构的强度状态不再合适，因此引入了应力强度因子 K。运用有限元法可自由绘制裂纹形状，得到裂纹尖端的位移场及应力场分布。对于线性断裂问题，常采用应力外推法或位移外推法计算裂纹尖端的应力强度因子；对于非线弹性断裂问题，则采用 J 积分方法。线弹性断裂力学理论已比较完备，基于此得到的计算结果已得到广泛认可，所以接下来将着重介绍计算 K 的应力外推法与位移外推法。

1. 应力外推法

对于 I 型裂纹，通过有限元仿真的后处理分析，容易获得裂纹前缘节点的应力值与其对应的距离裂纹尖端位置坐标 r 的值。尽管裂纹尖端应力具有 $r^{-1/2}$ 的奇异性，不能直接用该点应力值计算应力强度因子，但裂纹前缘上节点的应力值是非奇异的，这些位置上应力强度因子 K 的计算公式为

$$K_{\mathrm{I}i} = \sigma_i \sqrt{2\pi r} \qquad (5.86)$$

式中，σ_i 为裂纹尖端节点垂直于裂纹扩展方向上的应力值；i 为节点数。

在裂纹扩展前缘选择多个数据点，构造数据对（$r_i, K_{\mathrm{I}i}$）并采用最小二乘法进行数据拟合。此时，r_i 与 $K_{\mathrm{I}i}$ 之间呈线性关系，相关表达式为

$$K_{\mathrm{I}i} = Ar_i + B \qquad (5.87)$$

式中，令 $r_i=0$，即可求得裂纹尖端的应力强度因子 $K_{\mathrm{I}i}$；A、B 均为拟合常数，根据最小二乘法拟合原理，可用式（5.88）和式（5.89）求得：

$$A = \frac{\sum r_i \sum K_{\mathrm{I}i} - N \sum r_i K_{\mathrm{I}i}}{\left(\sum r_i\right)^2 - N \sum r_i^2} \qquad (5.88)$$

$$B = \frac{\sum r_i \sum r_i K_{\mathrm{I}i} - \sum r_i^2 \sum K_{\mathrm{I}i}}{\left(\sum r_i\right)^2 - N \sum r_i^2} \qquad (5.89)$$

基于车辆结构等效载荷谱，计算得到的裂纹尖端应力场分布以及基于应力外推法计算应力强度因子的方法示意图如图 5.20 所示。

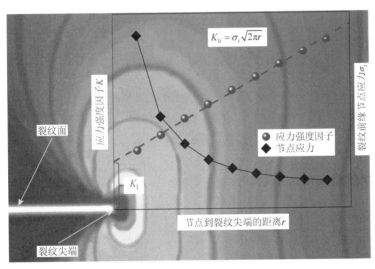

图 5.20　裂纹尖端应力场分布及应力外推法计算应力强度因子 K

由图 5.20 可以看出，裂纹尖端出现了应力集中现象。距离裂纹尖端越远，节点应力越低，但是应力强度因子 K 却逐渐增大。相应地，由各节点应力强度因子拟合得到的直线与纵轴交点的坐标值，即所求的裂纹尖端应力强度因子 K。

2. 位移外推法

大多数商业软件求解应力-应变场都需先求出位移场分布。从数值计算的角度来看，结构的位移解具有比应力解更高的精度。因此，基于位移外推法求解得到的应力强度因子 K 的精度也会更高。应力外推法需要用到裂纹前缘节点的应力值，而位移外推法则需用到裂纹后端节点的位移场求解结果。与式（5.86）相似，基于位移外推法裂纹后端节点的应力强度因子计算公式为

$$K_{1i} = \frac{2\nu u_i}{\eta + 1}\sqrt{\frac{2\pi}{r_i}} \tag{5.90}$$

式中，ν 为材料泊松比；u_i 为裂纹后端节点垂向位移；η 为膨胀模量，对于平面应力问题 $\eta = (3-\nu)/(1-\nu)$，对于平面应变问题 $\eta = 3 - 4\nu$。

　　同样采用最小二乘法对裂纹后端节点的应力强度因子计算结果进行拟合，拟合直线与纵轴的交点即所求 K_I 的值。当然，也可用式（5.87）进行计算，平面应力状态下裂纹位移场分布以及裂纹尖端应力强度因子的计算方法如图 5.21 所示。

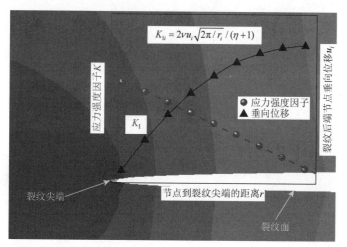

图 5.21　裂纹尖端位移场分布以及基于位移外推法求 K 示意图

　　由图 5.21 可见，距离裂纹尖端越远，裂纹后端节点的变形越大，应力强度因子却越小。节点位移随 r 的变化呈非线性增大，但应力强度因子与 r 线性相关，拟合直线纵轴的截距为所求的裂纹尖端应力强度因子 K。

　　需要指出的是，无论是应力外推法还是位移外推法，都存在着一定的局限性。一方面，计算需要用到裂纹尖端附近的位移场和应力场求解数据，但这些位置的求解精度难以得到保障，可能引起较大的计算误差。另一方面，对参与拟合节点的选取没有统一的标准，如何剔除误差较大的数据需要经验，拟合结果具有较大的不确定性。此外，与应力强度因子有关的有限元分析需特别关注网格质量，同时需进行网格敏感性测试，确保得到不具有网格敏感性的计算结果。

5.4.3　剩余寿命预测

　　一般认为，裂纹尖端应力强度因子应为裂纹长度的连续函数，但对含裂纹结构进行网格划分工作量很大，因此仅能采用有限数量的裂纹尺寸进行剩余寿命计算。此时，无法得到随裂纹长度变化的连续应力强度因子范围 ΔK，所以采用逐步循环积分方法中的线性近似方法描述裂纹扩展中 ΔK 的变化。

　　在等效载荷谱的作用下，可求得 ΔK 随裂纹扩展深度的一些离散数据点，据此求出裂纹长度为 a 时的加权平均裂纹扩展速率 $(da/dN)_i$。计算裂纹某个扩展过程如裂纹长度从 a_{i-1}

扩展到 a_i 的剩余寿命时，逐步循环积分方法假定在该裂纹扩展增量 Δa 内，裂纹扩展速率保持不变，所以该阶段的扩展寿命可用式（5.91）计算：

$$\Delta N = \Delta a / (\mathrm{d}a / \mathrm{d}N)_i \qquad (5.91)$$

式中，ΔN 为裂纹增量 Δa 内的扩展剩余寿命。

将每个扩展阶段的寿命叠加，得到整个扩展周期内的剩余寿命：

$$N_i = N_{i-1} + \Delta N \qquad (5.92)$$

以某高速动力组车轴剩余寿命计算为例，对上述方法的具体执行过程进行说明。图 5.22（a）给出了车轴等效载荷谱，图 5.22（b）为基于该载荷谱计算得到的裂纹扩展速率随裂纹长度的变化关系。

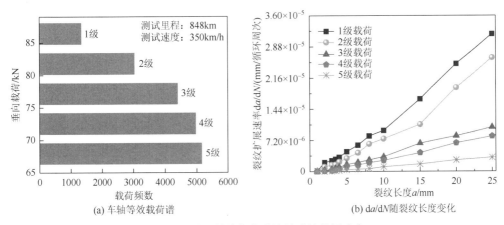

(a) 车轴等效载荷谱　　　　(b) da/dN随裂纹长度变化

图 5.22　基于等效载荷谱计算裂纹扩展速率

由图 5.22 可以看出，在相同裂纹长度下，载荷值越大，裂纹扩速率也越高；施加相同的垂向载荷时，裂纹扩展速率随裂纹长度的增加而显著提高。下面以裂纹从 6.5mm 扩展为 8mm 为例来说明剩余寿命计算的具体方法。此时的裂纹扩展增量 Δa=1.5mm，应力强度因子范围取 8mm 裂纹对应的计算值，可得到偏于保守的计算结果。对图 5.22 中对应的载荷频次以及 8mm 裂纹对应的应力强度因子范围加以整理，表 5.12 总结了该裂纹扩展阶段的寿命计算的具体过程。

表 5.12　深度 6.5～8mm 裂纹的扩展寿命计算方法

载荷等级	1 级	2 级	3 级	4 级	5 级
载荷频次	1336	3036	4400	4967	5155
8mm 裂纹的 da/dN/(mm/循环周次)	8.2×10^{-6}	6.4×10^{-6}	2.7×10^{-6}	2.1×10^{-6}	6.4×10^{-7}
8mm 裂纹的 (da/dN)/(mm/循环周次)	$\dfrac{1336 \times 8.2 + 3036 \times 6.4 + 4400 \times 2.7 + 4967 \times 2.1 + 5155 \times 0.64}{1336 + 3036 + 4400 + 4967 + 5155} \times 10^{-6} = 2.96 \times 10^{-6}$				
6.5～8mm 裂纹 扩展寿命 ΔN/循环周次	$\dfrac{1.5}{2.93 \times 10^{-6}} = 5.12 \times 10^{5}$				

表 5.12 计算的扩展寿命具体含义为：裂纹由 6.5mm 扩展到 8mm 长度时，需要经过

的载荷循环周次为 5.12×10^5。按照相同的计算方法可得到裂纹不同扩展阶段的寿命，进行叠加后即可得到总的剩余寿命。将该等效载荷谱视为一个"块谱"，则可根据该"块谱"转换得到车轴的剩余寿命里程与服役年限，具体公式为

$$L_s = \frac{N_i}{N} L_t \tag{5.93}$$

式中，L_s 为转换的剩余寿命里程；L_t 为实测线路里程；N_i 为累加循环周次；N 为实测等效载荷谱中总的循环周次。

一般地，高速动车组车轴的设计使用年限为 20～30 年，对应里程为 800 万～1200 万 km，所以将年运行里程设置为 40 万 km 对计算的剩余寿命进行折算，对以上裂纹扩展各阶段的计算结果进行整理，得表 5.13。

表 5.13　车轴剩余寿命计算结果

裂纹长度 a/mm	扩展增量 Δa/mm	扩展速率 da/dN /(mm/循环周次)	扩展寿命 ΔN/循环周次	累加寿命 N_i/循环周次	剩余里程 L_s/万 km	剩余寿命/年
1.0	1.0	4.9×10^{-8}	20388976	20388976	91.51	2.29
2.0	1.0	4.3×10^{-7}	2324858	22713834	101.94	2.55
3.0	1.0	6.0×10^{-7}	1662475	24376309	109.41	2.74
3.5	0.5	7.6×10^{-7}	655432	25031741	112.35	2.81
4.0	0.5	1.1×10^{-6}	479766	25511507	114.50	2.86
5.0	1.0	1.6×10^{-6}	619303	26130810	117.28	2.93
6.5	1.5	2.2×10^{-6}	697357	26828168	120.41	3.01
8.0	1.5	2.9×10^{-6}	511813	27339981	122.71	3.07
10.0	2.0	3.6×10^{-6}	548749	27888730	125.17	3.13
15.0	5.0	6.1×10^{-6}	826998	28715727	128.88	3.22
20.0	5.0	9.2×10^{-6}	541534	29257261	131.31	3.28
25.0	5.0	1.2×10^{-5}	421715	29678976	133.21	3.33

以裂纹长度为纵轴，剩余里程或剩余寿命为横轴，将表 5.13 的计算结果重新绘制在图 5.23 中便于直观展示。由图可见，从初始裂纹扩展到 25mm 时的剩余里程为 133.21 万 km，剩余寿命为 3.33 年，不足一个大修周期（五级修程以运行 6 年或 240 万 km 为期限）。从初始裂纹扩展到 6.5mm 长度时，该阶段扩展寿命占据总扩展寿命的 90.4%。裂纹从 6.5mm 扩展至 25mm 时的剩余寿命不足总寿命的 10%，所以可以将 6.5mm 作为裂纹快速扩展的临界尺寸。据此制定的检修策略为：当检测出的裂纹长度小于 6.5mm 时，可认为车轴满足安全服役要求；而当检出的裂纹长度大于 6.5mm 但不超过 25mm 时，则需立即对车轴进行维修处理。

虽然本节以车轴为例对典型车辆结构的剩余寿命计算方法进行了说明，其他车辆部件如构架、齿轮箱、轴箱装置等均可在基于等效载荷谱计算剩余寿命时参照上述方法。但必须指出的是，剩余寿命计算的精度很大程度上依赖于裂纹扩展模型方程的正确拟合，同时基于等效载荷谱计算的剩余寿命也无法考虑结构的变幅加载情况，与真实的受载模式存在一定出入，计算结果可能偏于保守。

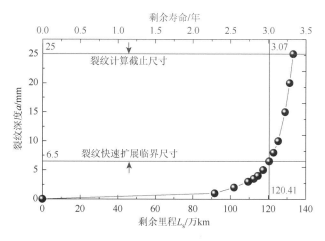

图 5.23　基于等效载荷谱的车轴剩余里程与剩余寿命计算结果

5.5　本 章 小 结

　　本章首先重点对疲劳裂纹扩展唯象模型中的 Paris 律、NASGRO 方程以及基于单调拉伸试验的 iLAPS 模型的推导、变形及演化过程进行了细致的阐述，并结合具体实例对 NASGRO 方程的拟合过程和步骤进行了展示，为后续材料或结构的剩余寿命计算积累了理论基础。随后介绍了用于评价含小尺寸缺陷材料疲劳强度的 K-T 图及其修正模型，从缺陷成像表征到特征尺寸的极值统计方法，再到运用裂纹扩展模型计算缺陷材料的剩余寿命均有较为详细的展述。此外，还将裂纹扩展模型与 K-T 图相互结合，得到了寿命扩展 K-T 图，已成功应用于含缺陷增材铝合金材料的疲劳评估。最后对于含有物理长裂纹车辆结构的剩余寿命计算方法进行了介绍，包括结构疲劳加载危险区域识别、裂纹植入位置和形貌比确定、应力强度因子计算方法以及基于裂纹扩展模型的剩余寿命预测等内容。所以，不论是含有小尺寸缺陷的材料还是含有物理长裂纹的构件，本章均提供了相应的疲劳强度评估或剩余寿命预测方法。

参 考 文 献

曹建国, 宋红攀, 刘鑫, 等. 2017. 基于 ANSYS/FE-SAFE 的高速动车组非动力车轴疲劳寿命分析[J]. 中国铁道科学, 38(1): 111-116.

陈龙. 2012. 考虑应变循环损伤的材料疲劳裂纹扩展行为预测方法与应用[D]. 成都: 西南交通大学.

董智超. 2013. 高速轮轴载荷谱及疲劳强度分析[D]. 北京: 北京交通大学.

郭万林, 于培师. 2010. 构件三维断裂与疲劳力学及其在航空工程中的应用[J]. 固体力学学报, 31(5): 553-571.

李存海. 2020. 铁路车辆结构材料疲劳 S-N 曲线及裂纹扩展模型研究[D]. 成都: 西南交通大学.

刘莎莎. 2014. POT 模型阈值的选取及应用[D]. 长春: 吉林大学.

罗艳. 2020. 异物致损合金钢 EA4T 车轴抗疲劳评估方法[D]. 成都: 西南交通大学.

祁爽. 2019. 基于低周疲劳性能的 I-II 型裂纹疲劳扩展理论及试验方法[D]. 成都: 西南交通大学.

师小红, 徐章遂, 康健. 2020. 基于断裂力学的疲劳裂纹扩展速率公式研究[J]. 机械设计与制造, 7(10): 11-12.

石凯凯. 2015. 循环与准静态裂纹扩展的理论和测试方法[D]. 成都: 西南交通大学.

宋哲. 2019. 选区激光熔化钛合金的缺陷容限评价方法[D]. 成都: 西南交通大学.

王泓. 2002. 材料疲劳裂纹扩展和断裂定量规律的研究[D]. 西安: 西北工业大学.

王莹. 2005. 应用 PVDF 压电材料测量结构应力和应力强度因子[D]. 大连: 大连理工大学.

吴圣川, 李存海, 张文, 等. 2019. 金属材料疲劳裂纹扩展机制及模型的研究进展[J]. 固体力学学报, 40(6): 489-538.

吴圣川, 胡雅楠, 杨冰, 等. 2021a. 增材制造材料缺陷表征及结构完整性评定方法研究综述[J]. 机械工程学报, 57(22): 30-32.

吴圣川, 任鑫焱, 康国政, 等. 2021b. 铁路车辆部件抗疲劳评估的进展与挑战[J]. 交通运输工程学报, 21(1): 81-114.

吴正凯. 2020. 基于缺陷三位成像的增材铝合金各向异性疲劳性能评价[D]. 成都: 西南交通大学.

解德, 钱勒, 李长安. 2009. 断裂力学中的数值计算方法及工程应用[M]. 北京: 科学出版社.

谢成. 2021. 微区原位锻造复合电弧熔丝增材 Al-Mg4.5Mn 合金缺陷与疲劳行为研究[D]. 成都: 西南交通大学.

徐忠伟. 2018. 高速铁路外物损伤车轴疲劳评估方法[D]. 成都: 西南交通大学.

殷之平. 2012. 结构疲劳与断裂[M]. 西安: 西北工业大学出版社.

张继明, 张建锋, 杨振国, 等. 2004. 高强钢中最大夹杂物的尺寸估计与疲劳强度预测[J]. 金属学报, 40(8): 846-850.

张啸尘. 2016. 高速列车结构铝合金材料疲劳裂纹扩展行为研究[D]. 沈阳: 东北大学.

张玉波, 郭荣鑫, 夏海廷, 等. 2017. 颗粒和微观结构对 Cu/WCp 复合材料疲劳裂纹萌生和扩展行为的影响[J]. 材料导报, 31(18): 85-91.

赵永翔, 杨冰, 张卫华. 2005. 随机疲劳长裂纹扩展率的新概率模型[J]. 交通运输工程学报, (4): 6-9.

Aigner R, Pusterhofer S, Pomberger S, et al. 2019. A probabilistic Kitagawa-Takahashi diagram for fatigue strength assessment of cast aluminium alloys[J]. Materials Science and Engineering: A, 745: 326-334.

Chapetti M D. 2003. Fatigue propagation threshold of short cracks under constant amplitude loading[J]. International Journal of Fatigue, 25(12): 1319-1326.

Cappelli M D, Carlson R L, Kardomateas G A. 2008. The transition between small and long fatigue crack behavior and its relation to microstructure[J]. International Journal of Fatigue, 30(8): 1473-1478.

El Haddad M H, Topper T H, Smith K N. 1979. Prediction of non-propagating cracks[J]. Engineering Fracture Mechanics, 11(3): 573-584.

Elber W. 1971. The significance of fatigue crack closure. Damage tolerance in aircraft structures[J]. ASTM STP, 486: 212-230.

Ellyin F. 1986. Crack growth rate under cyclic loading and effect of different singularity fields[J]. Engineering Fracture Mechanics, 25(4): 463-473.

Forman R G, Kearney V E, Engle R M. 1967. Numerical analysis of crack propagation in cyclic-loadedstructures[J]. Journal of Basic Engineering, 89(3): 459-463.

Glinka G. 1982. A cumulative model of fatigue crack growth[J]. International Journal of Fatigue, 4(2): 59-67.

Hartman A, Schijve J. 1970. The effects of environment and load frequency on the crack propagation law for macro fatigue crack growth in aluminium alloys[J]. Engineering Fracture Mechanics, 1(4): 615-631.

Hu Y N, Wu S C, Wu Z K, et al. 2020. A new approach to correlate the defect population with the fatigue life of selective laser melted Ti-6Al-4V alloy[J]. International Journal of Fatigue, 136: 105584.

Hutchinson J W. 1968. Plastic stress and strain fields at a crack tip[J]. Journal of the Mechanics & Physics of Solids, 16(5): 337-342.

Kevinsanny, Okazaki S, Takakuwa O, et al. 2020. Defect tolerance and hydrogen susceptibility of the fatigue limit of an additively manufactured Ni-based superalloy 718[J]. International Journal of Fatigue, 139: 105740.

Krupp U. 2007. Fatigue crack propagation in metals and alloys[J]. Materials Today, 10(7): 53.

Kujawski D, Ellyin F. 1984. A fatigue crack propagation model[J]. Engineering Fracture Mechanics, 20(5-6): 695-704.

Kujawski D, Ellyin F. 1987. A fatigue crack growth model with load ratio effects[J]. Engineering Fracture Mechanics, 28(4): 367-378.

Li D M, Nam W J, Lee C S. 1998. An improvement on prediction of fatigue crack growth from low cycle fatigue properties[J]. Engineering Fracture Mechanics, 60(4): 397-406.

Mcdowell D L. 1997a. An engineering model for propagation of small cracks in fatigue[J]. Engineering Fracture Mechanics, 56(3): 357-377.

Mcdowell D L. 1997b. Multiaxial small fatigue crack growth in metals[J]. International Journal of Fatigue, 19(93): 127-135.

Murakami Y. 2002. Metal Fatigue: Effects of Small Defects and Nonmetallic Inclusions[M]. Oxford: Elsevier Science Ltd.

Newman J C. 1981. A crack-closure model for predicting fatigue crack growth under aircraft spectrum loading[J]. ASTM Special Technical Publications: 1-7.

Newman J C. 1984. A crack opening stress equation for fatigue crack growth[J]. International Journal of Fracture, 24(4): R131-R135.

Newman J C, Phillips E P, Swain M H. 1999. Fatigue-life prediction methodology using small-crack theory[J]. International Journal of Fatigue, 21(2): 109-119.

Pandey K N, Chand S. 2003. An energy based fatigue crack growth model[J]. International Journal of Fatigue, 25(8): 771-778.

Pang J C, Li S X, Wang Z G, et al. 2013. General relation between tensile strength and fatigue strength of metallic materials[J]. MaterialsS Science, 564: 331-341.

Paris P, Erdogan F. 1963. A critical analysis of crack propagation laws[J]. Journal of Basic Engineering, 85(4): 528-533.

Peacson S. 1972. The effect of mean stress on fatigue crack propagation in half-inch (12.7mm) thick specimens of aluminium alloys of high and low fracture toughness[J]. Engineering Fracture Mechanics, 4(1): 9-24.

Pippan R, Hohenwarter A. 2017. Fatigue crack closure: A review of the physical phenomena[J]. Fatigue & Fracture of Engineering Materials & Structures, 40(4): 471-495.

Regazzi D, Beretta S, Carboni M. 2014. An investigation about the influence of deep rolling on fatigue crack growth in railway axles made of a medium strength steel[J]. Engineering Fracture Mechanics, 131: 587-601.

Rice J R, Rosengren G F. 1968. Plane strain deformation near a crack tip in a power-law hardening material[J]. Journal of the Mechanics & Physics of Solids, 16(1): 1-12.

Romano S, Brückner-Foit A, Brandão A, et al. 2018. Fatigue properties of AlSi10Mg obtained by additive manufacturing: Defect-based modelling and prediction of fatigue strength[J]. Engineering Fracture Mechanics, 187: 165-189.

Schütz W. 1979. The prediction of fatigue life in the crack initiation and propagation stages—A stage of the art survey[J]. Engineering Fracture Mechanics, 11(2): 405-421.

Shi K K, Cai L X, Chen L, et al. 2014. Prediction of fatigue crack growth based on low cycle fatigue properties[J]. International Journal of Fatigue, 61: 220-225.

Sinha V, Mercer C, Soboyejo W O. 2000. An investigation of short and long fatigue crack growth behavior of Ti-6Al-4V[J]. Materials Science and Engineering: A, 287(1): 22-30.

Walker K. The effect of stress ratio during crack propagation and fatigue for 2024-T3 and 7075-T6 aluminum[C]. ASTM International, 1970: 1-7.

Zheng X L, Hirt M A. 1983. Fatigue crack propagation in steels[J]. Engineering Fracture Mechanics, 18(5): 965-973.

第 6 章 典型车辆结构的阶梯疲劳评估

2019 年国铁集团机辆部针对动车组整车以及关键零部件的现行检修制度，提出进一步优化检修周期和检修范围，减少过度修，避免失修，实现保证质量可靠、减少检修频次、优化检修标准、降低检修成本、提高运维效率的目标。针对检修周期内高速列车关键零部件是否会发生疲劳断裂的问题，大多数国家通常是在实践中根据经验制定无损检测周期。引入基于断裂力学的有限元法来预测含缺陷部件剩余寿命，同时结合探伤设备与运营经验给出合理的检修周期，这是目前最为经济、有效的方式。为更好地贯彻阶梯疲劳评估技术，下面对高速列车碳钢车轴、车轮、转向架构架以及制动盘这四个关键零部件进行剩余寿命评估，以便读者更深入地理解结构完整性评估概念。

6.1 动车组车轴的服役行为评估

列车速度不断提高，运行工况日趋严苛，关键部件的疲劳损伤受到关注。作为安全临界部件，轮对运行品质关系到车辆超长距离运行的可靠性。调查发现，近 2/3 车轴破坏是交变载荷引起的裂纹所致。2008 年，德国高铁在刚驶离科隆站时因裂纹导致断轴，至今仍不清楚裂纹何时萌生和扩展，此后进一步降低了探伤周期。为确保安全，日本新干线 S38C 车轴每运行 45 万 km 就需要磁粉探伤检查，每年探伤车轴总数达 2 万余根。当前，我国 CRH2 型动车组 S38C 车轴运营状态良好，但也存在缺陷超标隐患，因此优化无损探伤周期具有重要的研究意义和工程价值。

表面强化技术是提高车轴抗疲劳断裂性能的重要措施，其基本原理是车轴表层组织的细化和残余压应力的引入，并且由表及里呈现出明显的梯度变化。例如，日本新干线中碳钢 S38C 车轴采用高频感应淬火工艺，欧系合金钢 EA4T 车轴采用了深滚压工艺。事实表明，强化车轴均能够在很大程度上减少微动磨损、断轴现象的发生，有效提高车轴安全性、寿命可靠性。然而，例行检修中在轴身发现各种外物损伤（划擦、异物冲击等），深度可达 0.5mm，宽度达 8.0mm，可见表面感应淬火处理后也无法确保车轴的绝对安全。实际使用经验也表明，仍旧有一定数量的车轴由于各种缺陷导致失效发生。因此，对含缺陷车轴进行疲劳强度及剩余寿命评估，刻不容缓。

近年来，世界铁路发达国家引入基于断裂力学的有限元法来预测含缺陷车轴的剩余强度和疲劳寿命，并结合各种探伤设备和丰富的运用经验，给出车轴的无损探伤周期。迄今为止，还少见把材料性能梯度变化和残余压应力同时考虑进来预测表面强化车轴剩余寿命的研究成果报道。为此，本节根据径向变化的组织和硬度来建立网格分层的车轴有限元模型，采用表面单位压力法和二次迭代法将实测残余应力分布在实物车轴中重建出来，分别采用工程中常用的经典 Paris 公式和车轴损伤容限评估中公认的修正 NASGRO 方程来预测 S38C 空心车轴的剩余寿命，获得不同初始深度裂纹下的车轴运行总里程，为 S38C 车轴运用维护提供数据支撑。

6.1.1　碳钢 S38C 车轴的结构特征

1. 硬度与梯度组织

20 世纪 50 年代之前，日本铁路曾发生多起断轴，事故报告表明裂纹源主要集中在车轮与车轴的压装配合部位，这是由于微动磨损形成的表面缺陷导致该部位疲劳强度急剧下降。研发人员从日本刀的淬火工艺中得到启发，即将钢刀在高温下充分锻造后进行急速水冷，钢刀表面发生硬化而内部仍然保持优异的韧性。此后日本铁路开始引入高频淬火技术，日本新干线车轴采用该技术试用后，确认了高频感应淬火技术能有效提高疲劳强度和耐磨损性能，故在以后新研制的铁路车轴上推广。

根据日本新干线相关标准和数据，S38C 空心车轴采用表面感应淬火强化处理，不同部位采用不同的淬火工艺。如图 6.1 所示，在两个轴肩内部表面进行全面的感应淬火处理，车轴轴身采用移动式淬火（图中红色区域），轮轴压装处则采用固定式淬火（图中橙色区域）。随后还需对整根车轴进行低温回火处理，以获得更大的残余压应力层深。

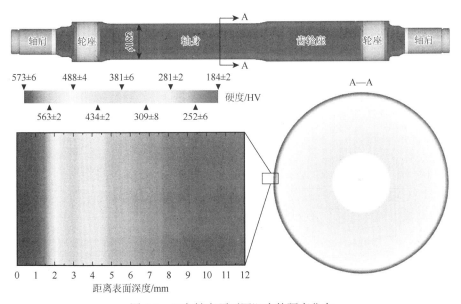

图 6.1　距车轴表面不同深度的硬度分布

采用维氏硬度计对车轴梯度小试样由表及里进行硬度测定，拟合得到如图 6.1 所示的硬度云图。根据图 6.1 中硬度值分布可以大致将梯度结构分为三个区域，即硬化层、过渡层和芯部。并且硬度值随着距轴表面深度的增加而逐渐降低，当深度超过 8mm 时，硬度值趋于稳定。硬化层深度大约为 2mm，其维氏硬度值大约是芯部的 3 倍。一般认为，高硬度组织可以有效提高抗微动疲劳性能，同时也具有优异的抗裂纹萌生能力。

从 S38C 空心车轴上沿径向取样获得的金相结果表明，车轴表面到芯部形成了显著的组织梯度，如图 6.2（a）所示，且不同深度的微观组织能够很好地与硬度值吻合。硬化层内几乎被板条状的回火马氏体填充，如图 6.2（b）所示。当深度超过 2mm 以后，铁素体和珠光体开始出现，回火马氏体的逐渐减少也导致了硬度值的显著下降。当深度超过 8mm 以后，混合组织逐渐转变为铁素体与珠光体的正火态基体组织，硬度也趋于稳定，如图 6.2（e）所示。

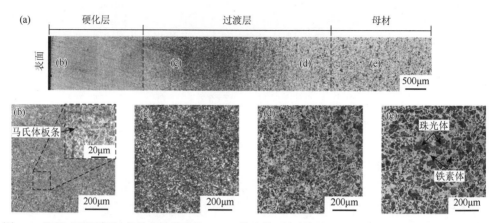

图 6.2　距轴表面不同深度的光学微结构：（a）梯度截面金相组织；（b）0～2mm；（c）2～5mm；（d）5～8mm；（e）大于 8mm

综上分析，由于采用感应淬火处理，车轴表面形成了梯度微观结构和硬度分布，高硬度回火马氏体组织对于提高压装部的耐磨性能有积极作用，韧性较好的芯部铁素体与珠光体组织则能够提高车轴抗冲击能力和抗裂纹扩展能力。可以预见的是，不同深度的组织也会有不同的单调拉伸特性。

2. 基本力学性能

为了获取梯度层内不同区域组织的应力-应变响应，从轴身处逐层截取小尺寸试样并进行单调拉伸试验。不同梯度层的工程应力-应变曲线如图 6.3 所示。随着与轴表面距离的增加，抗拉强度和屈服强度均逐渐降低，断裂延伸率增加。从应力-应变曲线来看，小尺寸试件的试验结果基本是合理的。

一般而言，感应淬火热处理对材料泊松比影响不大，此处取 0.33，此外，对杨氏模量的影响也可以忽略不计，因为不同梯度层的杨氏模量值差异很小。这些应力-应变响应作为数值建模的重要参数，分别输入损伤车轴评价模型的硬化层、过渡层与芯部的本构关系中，进而建立起与实物车轴性能基本一致的有限元模型。

3. 残余应力分布

作为一种成功的表面强化工艺，感应淬火不仅在车轴表面形成了显著的梯度组织变化，同时引入了梯度变化的残余应力。大量研究表明，零部件表面残余压应力可以降低平均应力的影响，能够显著提高疲劳强度，并抑制裂纹扩展。

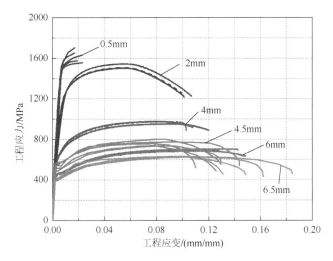

图 6.3　感应淬火 S38C 铁路车轴表面不同深度的工程应力-工程应变曲线比较

与喷丸或滚压等变形强化技术引入的残余应力不同，感应淬火 S38C 车轴残余应力主要源于相变导致的体积变化，这就使得残余应力在高周疲劳载荷下重新分布的变化量较小。图 6.4 展示了感应淬火 S38C 铁路车轴经过 30 万 km、300 万 km 和 600 万 km 服役里程后的轴向残余应力分布，结果表明残余应力并未出现明显的释放现象，这为建立强化车轴的断裂力学模型提供了试验数据支撑。为保守评估残余应力对剩余寿命的影响，选取图 6.4 中 30 万 km 服役里程的残余应力分布，并将其植入有限元计算模型中。

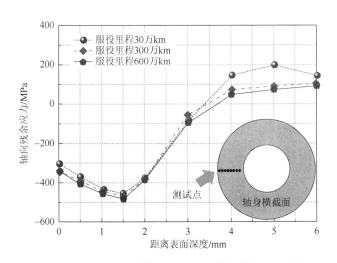

图 6.4　日本新干线车轴不同里程下轴向残余应力变化

4. 裂纹扩展速率模型

考虑到硬化层较浅和切割中残余应力释放现象，目前尚无有效方法截取标准试样进行试验，尤其无法有效获取 S38C 车轴在负应力比下的裂纹扩展速率、门槛值及断裂韧性。为此，在垂直于车轴中心线方向切取厚度为 10mm 的三点弯曲试样，受拉侧为车轴表面，采用线切割预制 0.5mm 深度的缺口，以模拟硬化层的裂纹萌生和扩展特性。采用高频疲劳试验机对试样进行三点弯曲疲劳加载（选择应力比 R=0.1），并用光学摄像设备观测试样的侧面缺口区域。一旦发生裂纹扩展，则持续跟踪裂纹的扩展情况。每到一定的裂纹扩展阶段，停机对裂纹拍照，用图像处理软件测量各循环周次所对应的裂纹长度，然后继续施加载荷，最终得到不同循环周次下的裂纹扩展长度。

　　裂纹扩展模型是损伤容限分析中的重要评估依据。经典 Paris 公式仅描述了裂纹稳定扩展寿命，但给出的结果过于保守。对于铁路车轴以短裂纹寿命作为主要服役区间的临界安全部件，国内外普遍认为包含裂纹萌生寿命的 NASGRO 方程是进行剩余寿命评价的优选模型。首先采用 Paris 公式对获取的试验数据进行拟合，图 6.5 给出了 Paris 公式的拟合结果，表 6.1 给出了相应的断裂参数。

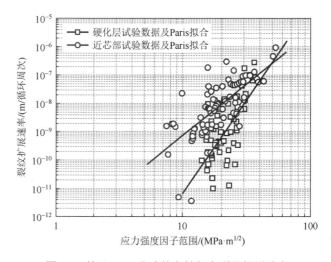

图 6.5　基于 Paris 公式的车轴径向裂纹扩展速率

表 6.1　基于经典 Paris 公式的车轴径向裂纹扩展速率

抗裂性能	C	m	ΔK_{th}/(MPa·m$^{1/2}$)	K_{IC}/(MPa·m$^{1/2}$)
硬化层	6.40×10^{-18}	6.50	12.6	81
近芯部	2.14×10^{-13}	3.54	6.20	60

　　从图 6.5 中可以看出，S38C 车轴的裂纹扩展数据分散性较大，尤其是硬化层材料在近门槛区分散性更大，显然经典 Paris 公式不能描述裂纹萌生区域，所得到的寿命预测也偏于保守。为此采用 NASGRO 方程对试验数据点进行拟合，图 6.6 给出了拟合结果，表 6.2 则给出了相应的断裂参数。

　　由图 6.6 可以看出，NASGRO 方程能够有效地把近门槛区的裂纹扩展行为考虑进来。注意到三点弯曲试样的缺口深度达 0.5mm，预制缺口时难免释放掉一部分残余压应力，同时该区域的原始组织和硬度梯度变化也比较大。这一特点会导致硬化层的裂纹扩展数据离散性较大，也反映出该区域的裂纹扩展速率较慢。一般地，硬度越高，断裂韧性越低，S38C 车轴硬化层厚度不足以制备平面应变试样，因此表 6.1 中 K_{IC}=81MPa·m$^{1/2}$ 实为平面应力试样的断裂韧性。

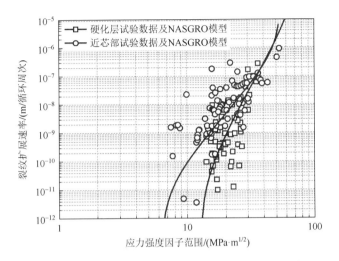

图 6.6　基于 NASGRO 方程的车轴径向裂纹扩展速率

表 6.2　基于 NASGRO 方程的车轴径向裂纹扩展速率

抗裂性能	C'	m'	p	q	α
硬化层	6.09×10^{-17}	6.16			
近芯部	8.33×10^{-17}	6.57	1.3	0.001	2.5

6.1.2　缺陷车轴的建模技术

1. 缺陷表征及裂纹植入

日本新干线列车将 0.3mm 的最大缺陷深度作为 S38C 铁路车轴的报废标准。目前，中国高铁运营里程已超过 3 万 km，是新干线铁路里程的 10 倍左右。此外，中国铁路的无损检测（NDT）精度（1.0mm）约为日本铁路（3.0mm）的 3 倍。因此，在提质增效的大背景下，是否可以降低车轴报废标准和优化无损检测周期已成为亟待解决的重要研究课题。其中一个重要的解决方案是进行损伤容限分析，即在最大概率发生裂纹扩展的车轴安全临界部位植入初始裂纹，从而进行剩余强度和寿命评估。

车轴损伤情况主要有轮座处的微动磨损和轴身处的划擦伤、异物冲击以及大气腐蚀等，如图 6.7 所示。但服役经验表明，由于轴身部位暴露于大气环境中，易受到道砟撞击形成冲击坑，维护不当等会造成意外划擦伤。加之采用移动淬火技术，车轴轴身处表面残余压应力较小，因此相同条件下轴身处对裂纹扩展的阻力较弱。车辆在高速运行状态下，一旦发生车轴表面损伤，或在上一次无损检修期间漏检，极易发生检修周期内的疲劳裂纹扩展甚至断轴事故，从而使轴身部位成为安全临界区域。

 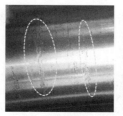  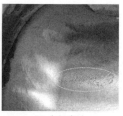

(a) 微动磨损　　　　(b) 意外划擦伤　　　　(c) 异物致损　　　　(d) 大气腐蚀

图 6.7　车轴表面损伤类型

图 6.8（a）显示了典型 S38C 轴身疲劳断口，清晰的海滩条纹体现出特定疲劳寿命下的裂纹面形貌。对于没有表面残余应力的铁路车轴，裂纹面的长宽比 a/c 一般为 0.4～0.8，其中 a 是裂纹深度，c 是裂纹长度。然而，对于新干线感应淬火空心车轴或欧洲深滚压空心车轴，车轴表面区域的残余压应力提高了抗疲劳开裂性。这种特征可以使得车轴表面的裂纹生长延迟和沿径向方向的扩展加速。裂纹前缘趋于闭合，主要是由于存在着残余压应力。因此，对于感应淬火 S38C 铁路车轴，建议采用较大的长宽比 a/c。结合车轴断口上的海滩条纹，并据此在有限元建模时设定裂纹初始形貌。为尽可能模拟出车轴疲劳裂纹扩展的实际情况，设置裂纹长宽比逐渐增大，即采用变化的 a/c 进行数值建模，不同深度下裂纹前沿建模如图 6.8（b）所示。

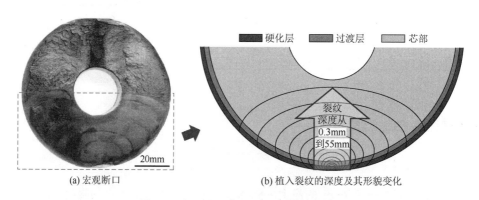

(a) 宏观断口　　　　　　　　　(b) 植入裂纹的深度及其形貌变化

图 6.8　全尺寸 S38C 车轴疲劳断口特征

2. 残余应力场重构

研究表明，高频感应淬火为车轴表面区域近 4mm 范围内引入残余压应力。为准确模拟残余应力的径向分布及变化，对车轴表面及 8mm 深度的网格进行细化处理，并在车轴径向引入三层细密网格，按照实测残余应力和硬度分布进行实体网格划分：第一层网格为 0～3mm，第二层网格为 3～6mm，而第三层芯部网格为 6～8mm，如图 6.9 所示。

随后对有限元模型进行残余应力的引入。首先在车轴表面施加 1N/mm^2 单位压力，同时对车轴芯部网格进行全位移约束，从而模拟感应淬火导致的残余压应力，过程如图 6.10 所示。在 ABAQUS 中进行分析，获得车轴各节点应力分量 S_{ij} 数据的 odb 文件，使用 Field Output 功能以 inp 文件格式输出可用于编辑的各单元质心点处的 6 个应力分量 S_{ij} 数据。

为降低 inp 文件编辑难度，并结合相关文献，确定车轴内轴向残余应力 S_{11} 对抑制裂纹扩展起到决定性作用。因此，将输出的 inp 文件导入 Excel 后进行手动修改，获得仅包含 S_{11} 方向残余应力数据的 dat 文件。

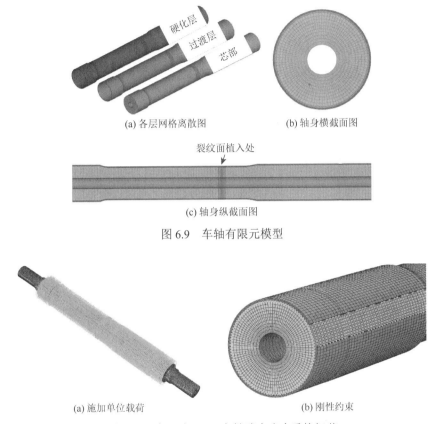

(a) 各层网格离散图　　　　　　　　(b) 轴身横截面图

(c) 轴身纵截面图

图 6.9　车轴有限元模型

(a) 施加单位载荷　　　　　　　　　　(b) 刚性约束

图 6.10　全尺寸 S38C 车轴残余应力重构细节

　　dat 文件需要在 ABAQUS 中用 initial stress 命令导入，使用 Edit Keywords 功能添加命令行，命令行应准确添加在模型文件的 Step 模块起始线之前。保存修改后的模型文件，便可在运行文件时导入编写的残余压应力 dat 文件。需要指出的是，应仔细检查初始应力场各层单元节点 S_{11} 方向应力数值与文献中对应深度残余压应力是否相同，反复迭代 dat 文件，得到与预期相符的目标残余压应力分布 dat 文件。

　　然而，有限元模型导入符合预期的初始残余应力分布 dat 文件时，在经过一个无外载平衡分析步后，计算所得残余应力与实测数据有所偏离。为此，使用比例-积分（proportional integral，PI）迭代调整法进行应力迭代，修正应力分布。PI 迭代调整法的基本思想与数值分析中迭代求解法相似。对结果进行反复修正，使之接近预期结果，直至满足精度要求，迭代公式如下：

$$\sigma(x)_{\text{dat}}^{i+1} = \sigma(x)_{\text{dat}}^{i} + \beta(\sigma(x)_{\text{targ}} - \sigma(x)_{\text{out}}^{i}) \tag{6.1}$$

式中，$\sigma(x)_{\text{dat}}$ 为导入有限元模型中的初始应力分布；$\sigma(x)_{\text{targ}}$ 为目标应力分布；$\sigma(x)_{\text{out}}$ 为由

$\sigma(x)_{dat}$ 代入模型经无外载平衡分析后输出的应力结果，上标 i 代表第 i 次迭代，$\beta=1$ 为积分因子，首次迭代令 $i=0$，$\sigma(x)_{dat}=\sigma(x)_{targ}$，$\sigma(x)_{out}=0$。

对上述有限元模型共迭代计算两次，即可得到较为满意的残余应力分布，如图 6.11 所示。再将具有不同深度裂纹的有限元模型导入 ABAQUS 软件中，并对模型的不同部位赋予相应的材料属性。

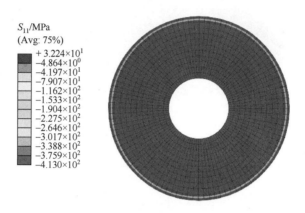

图 6.11　迭代完成后轴向残余应力分布云图

提取 odb 结果文件中轴身处沿深度方向的残余应力 S_{11}，并与服役 600 万 km 线路数据及感应淬火频率 3kHz 和回火温度 473K 下车轴的残余应力相比，如图 6.12 所示。结果表明，预测结果与服役数据基本一致，且残余压应力峰值较低。

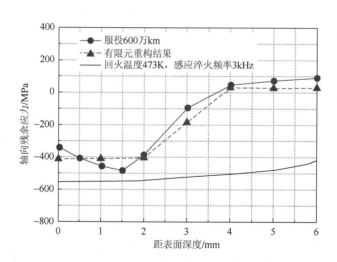

图 6.12　轴身处残余应力模拟结果与实测数据对比

3. 压装应力及边界条件

对全尺寸的铁路轮轴进行有限元建模，该模型在距车轴表面的不同深度处具有不同的应力-应变关系。然后将具有不同几何形状的半椭圆裂纹面植入车轴模型。需要谨慎处理车轮和齿轮与车轴之间的过盈配合，因为压装配合引起的应力场的准确表征对于剩余寿命的评估也十分重要。为提高接触分析的精度，进行三方面优化选择，即主从面、过盈量和摩擦系数。

（1）主从面：一般地，以大刚度部件表面作为主面，反之应为从面；网格较粗的表面可选为主面。选取齿轮和车轮内表面为主面，车轴外表面为从面。

（2）过盈量：考虑到我国动车组空心轴过盈量在 $-0.20 \sim -0.30$mm，因此表面强化 S38C 碳钢车轴有限元模型中过盈量选择为保守值 -0.30mm，在后续加载步中以逐渐递增的方式分多个增量步加载。

（3）摩擦系数：综合考虑过盈配合计算的收敛性、精度、效率及主从面良好的接触配合，最终得到比较合适的摩擦系数为 0.6。

压装配合是轮轴之间具有过盈量的压力配合（即配合件车轮和齿轮的内径小于车轴外径），产生的接触压力可以确保车轮与车轴/齿轮进行正常的载荷传递。需要指出的是，齿轮和车轮的压装配合可以显著改变几何过渡处车轴横截面的应力场，如齿轮座与车轮座之间的卸荷槽。由于压装配合，车轮和齿轮会压缩配合的车轴并产生拉伸应力区。施加压装配合与垂直载荷后的全尺寸 S38C 铁路车轴的轴向应力场如图 6.13 所示，可以观察到卸荷槽的表面及其下方的区域为拉应力特征状态，这被认为是车轴的安全关键区域。

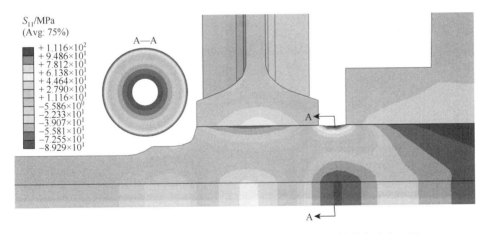

图 6.13　齿轮和车轮与 S38C 车轴的压装配合而产生的轴向应力云图

需要注意的是，齿轮座与轮座之间的卸荷槽作为 S38C 铁路车轴的安全关键区域，出现冲击缺陷的概率非常低。通过对在役铁路车轴的缺陷分布调研，发现大部分冲击缺陷和划擦伤出现在齿轮箱和轴肩附近，因此轴身位置才是由异物致损导致裂纹萌生的临界安全区。为了模拟异物冲击的影响，在全尺寸 S38C 铁路车轴的有限元模型的轴身植入裂纹，然后评估在轴身扩展的潜在裂纹应力强度因子和裂纹扩展寿命。

车轴表面残余应力引入工况的边界条件为约束轴身所有节点 x、y、z 三个方向上的位移；过盈接触工况则只需要固定一侧轴端 x、y、z 三个方向上的位移；垂向载荷工况需约束轮轨接触部位 x、y、z 三个方向上的位移，同时在轴肩中部施加垂向载荷，具体约束条件如图 6.14 所示。

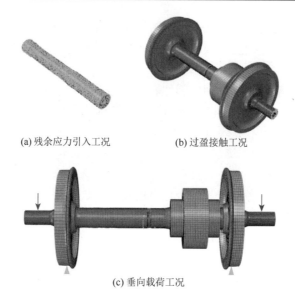

(a) 残余应力引入工况　　　　　(b) 过盈接触工况

(c) 垂向载荷工况

图 6.14　各工况边界约束条件

在车轴表面区域引入压缩应力以及完成压装配合和边界条件后，为模拟服役车轴的载荷条件，引入试验速度 350km/h 车轴实测载荷谱（京沪线）施加外载，如图 6.15 所示。采用应力外推法从裂纹前缘的应力场中计算裂纹尖端应力强度因子 K，并分别代入较为保守的 Paris 方程和较为准确的 NASGRO 方程，结合试验测得的裂纹扩展速率拟合曲线，积分得出裂纹扩展寿命，最终进行结果对比。

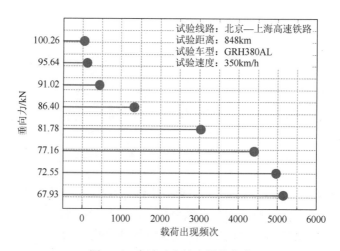

图 6.15　高速动车轴实测载荷谱

6.1.3　剩余寿命的计算过程

1. 剩余寿命计算

确认残余压应力引入的有效性后，在车轴端施加实测外载荷。考虑到实际运用中轴身易受到外物损伤形成可扩展性裂纹，并且极易发现，因此在轴身中部植入不同深度（a=0.5mm、1.0mm、2.0mm、3.0mm、4.0mm、5.0mm、7.0mm、9.0mm、12.0mm、15.0mm、19.0mm、24.0mm 和 30.0mm）的初始裂纹进行断裂力学计算，并采用应力外推法估算裂纹尖端的 ΔK 值。

各扩展阶段的裂纹前缘轴向应力分布表明，只有当裂纹深度大于等于 4.0mm 时，裂纹前缘才会受到拉应力作用，这就意味着只有表面初始深度大于 4.0mm 的裂纹才会发生张开和扩展。而当初始裂纹深度小于 4.0mm 时，裂纹前缘在各级载荷下均为压应力状态，认为裂纹不会扩展。

为获得可靠的裂纹扩展寿命，采用各扩展阶段上限深度的扩展速率，如 4.0～5.0mm 阶段的车轴剩余寿命采用 a=5.0mm 时的裂纹扩展速率计算。为此，分别对经典 Paris 扩展公式和先进 NASGRO 方程积分，便可计算出车轴径向不同裂纹扩展阶段下的剩余寿命，并整理成表 6.3 和表 6.4。

表 6.3　基于 Paris 公式的剩余寿命预测

裂纹深度/mm	循环周次 N	服役寿命/万 km
4.0～5.0	47098317	12.72
5.0～7.0	31259814	8.45
7.0～9.0	12898836	3.48
9.0～12.0	7088375	1.92
12.0～15.0	3477968	0.94
15.0～19.0	2281424	0.62
19.0～24.0	1044771	0.28
24.0～30.0	343541	0.09
总计	105493046	28.50

表 6.4　基于 NASGRO 方程的剩余寿命预测

裂纹深度/mm	循环周次 N	服役寿命/万 km
4.0～5.0	213097250	57.57
5.0～7.0	79792117	21.56
7.0～9.0	21710834	5.87
9.0～12.0	9292510	2.51
12.0～15.0	3736914	1.01
15.0～19.0	2045423	0.55
19.0～24.0	740919	0.20
24.0～30.0	184997	0.05
总计	330600964	89.32

由此可见,轴身 4.0mm 以下裂纹不发生扩展。我国的车轴探伤技术可确保 4.0mm 深度裂纹被检出。损伤容限设计方法要求漏检裂纹的扩展总寿命小于探伤周期,以确保装备服役安全。从初始裂纹深度 4.0mm 开始,采用经典 Paris 公式和先进的 NASGRO 方程估算的总疲劳寿命分别为 28.50 万 km 和 89.32 万 km。

目前 S38C 车轴裂纹限界为 0.3mm,超过该值的车轴应予以报废。为确保列车安全,原中国铁路总公司维修规程要求按照一定间隔里程进行无损探伤。为定量化裂纹扩展寿命,对表 6.4 数据进行曲线化表征。图 6.16 给出了应力强度因子范围和裂纹扩展速率与裂纹深度之间的关系。由图可知,随着裂纹稳定扩展,裂纹尖端应力强度因子范围明显增大。另外,图 6.16 中的虚线表示小于 4.0mm 裂纹不会扩展,其基本依据是标准 BS 7910-2019 给出的一般车轴钢裂纹扩展经验参数的限值,即 C=1.6475×10^{-11} 和 m=3.0,而裂纹扩展门槛值 ΔK_{th}=2.0MPa·$m^{1/2}$。

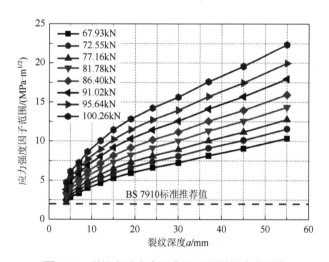

图 6.16　裂纹尖端应力强度因子范围的演变规律

图 6.17 给出了采用经典 Paris 方程和先进 NASGRO 方程分别在含残余应力与不含残余应力情况下估算的车轴服役里程与裂纹深度之间的关系。由图可知,残余应力对剩余寿命的影响显著,尤其是采用 NASGRO 方程时考虑到近门槛区的扩展寿命,此处的残余压应力可以有效地提高车轴抗裂性能。其次,利用经典 Paris 公式和先进 NASGRO 方程计算的车轴寿命差别较大,前者更为保守。然而,不管是采用 Paris 方程还是 NASGRO 方程,发现当裂纹深度大于 7mm 时,裂纹扩展速率都将急剧增大,此后剩余寿命均不足 6 万 km,表明车轴有大概率断裂风险,应根据相关规范进行封存或报废处理。当裂纹扩展至 7mm 时,经典 Paris 方程和先进 NASGRO 方程估算的剩余寿命分别为 21.2 万 km 和 86.1 万 km;而当裂纹扩展至 30mm 时(一般地,国内外均以壁厚一半为止裂计算判据),经典 Paris 方程估算的总剩余寿命为 28.5 万 km,采用 NASGRO 方程估算的结果为 89.32 万 km,即从 7~30mm 裂纹的扩展寿命仅占总寿命的 7.4% 和 9.6%,可认为是车轴失稳断裂状态。为此,在进行铁路车轴损伤容限评估及剩余寿命计算中,建议以裂纹扩展至车轴壁厚 12%(7/60≈0.12)作为止裂判据。

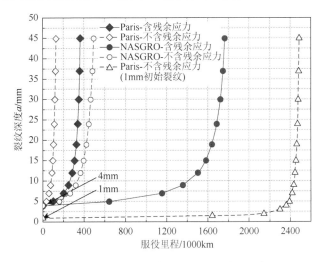

图 6.17　实测载荷谱下裂纹扩展循环周次

除了 S38C 高铁车轴的无损检测周期，允许的最大裂纹深度（a=0.3mm）也需要引起足够的关注。因为该深度标准已经超出了弹性断裂力学理论的要求，导致维护成本急剧增加。更为关键的是，随着无损检测技术的快速发展，中国铁路网已经能够实时监测小于 1.0mm 的裂纹。轴身缺陷大于 1.0mm 的 S38C 车轴台架疲劳试验表明，在标准载荷谱下未出现裂纹萌生现象。即便如此，作为动车组最重要的临界安全部件，还需要更多地从材料性能本身（尤其是短裂纹扩展特性）、高保真台架试验、长期运用经验、线路环境条件及探伤技术水平等方面考察放宽缺陷极大值的可能。

2. 损伤容限评估

通过在 S38C 空心车轴模型中引入与实测结果基本一致的残余压应力场，并基于车轴表层和芯部材料试验（组织、硬度、单调拉伸、残余应力、裂纹扩展速率及门槛值等）及实测载荷谱进行断裂力学仿真计算，得到如下结论：

（1）残余应力对含缺陷 S38C 车轴的剩余寿命有较大影响，硬化层中的残余压应力对裂纹扩展具有显著抑制和阻碍作用，但一旦穿越硬化层，裂纹扩展速率将迅速增加。

（2）对于轴身处裂纹，当深度小于 4mm 时，由于裂纹尖端处于压应力状态，裂纹不会发生扩展，而当初始裂纹深度大于等于 4mm 时裂纹前缘开始受到拉应力作用，便开始扩展。

（3）基于 Paris 公式和 NASGRO 方程估算的车轴寿命相差较大，前者更为保守。但不论是采用哪种裂纹扩展速率模型，当裂纹深度大于 7mm 时，裂纹扩展速率会迅速增大，此后各阶段寿命均不足 6 万 km。

（4）当裂纹由 4mm 扩展至壁厚一半即 30mm 时，经典 Paris 方程和包含萌生寿命的 NASGRO 方程估算的总寿命分别为 28.5 万 km 和 89.32 万 km，仅比裂纹扩展至 7mm 时寿命高出 7.4% 和 9.6%，表明裂纹深度超过 7mm 后为失稳断裂阶段。

（5）对于表面强化铁路车轴，损伤容限评估中的裂纹止裂深度设定为 7mm 更为合理。

断裂仿真结果指出，当轴身处裂纹深度大于4mm时才会扩展，然而铁路车轴超声探伤可确保1mm深度裂纹的检出，尤其是轴身缺陷。但是，尚不能把研究结果直接推证到压装部位。车轴运用规程，之所以定义如此小（如0.3mm）的裂纹限界，是因为短裂纹萌生及扩展寿命具有不确定性，尤其是一旦出现裂纹，便迅速扩展且无法预测和控制。计算也表明，当裂纹深度超过7mm时，裂纹扩展速率急剧增大，扩展寿命极短。因此，任何有关高速动车组车轴无损探伤周期里程制定和延长的决策都需要在理论、试验、仿真及运用数据等多方面进行深入、系统的探讨。在这一方面，日本铁路公司、德国联邦材料研究与测试研究所、意大利米兰理工大学，以及中国铁道科学研究院、西南交通大学等机构一直在进行相关研究。

目前的工作是从数值模拟上探讨高速S38C铁路车轴感应淬火产生的残余压应力对剩余寿命的影响。未来的工作还应考虑梯度硬度和拉伸应力应变响应的影响。残余压应力改变了裂纹尖端前缘的塑性区，这实际上否定了线弹性断裂力学的基础。因此，当前可以采用J积分和裂纹尖端张开位移等弹塑性断裂力学参数代替标准的ΔK参量。另外，直接关系到铁路车轴损伤容限设计的重要输入之一还有载荷谱，本节仅采用垂向载荷作为输入，还应考虑纵向产生的扭转以及横向产生的弯矩，这说明全面考虑缺陷处的真实应力状态是车轴剩余寿命评估的重要课题。最后，目前采用的裂纹扩展速率大多从小试样获取，如何建立真实加载工况下全尺寸车轴的裂纹扩展速率也是重要研究方向。

6.2　动车组车轮的服役行为评估

高速列车车轮是车辆运行、转向以及承受和传递载荷的关键部件，其安全性和可靠性很大程度上决定了车辆的运行品质。长期运营中，在交变载荷作用下车轮踏面和非踏面区域均发现了缺陷导致裂纹萌生的现象，如踏面剥离、辐板腐蚀裂纹和轮辋裂纹等，严重威胁行车安全。因此，研究含裂纹车轮在复杂服役工况下的剩余寿命，对进行合理检修以及保障行车安全具有重要意义。

6.2.1　有限元模型的建立

有限元模型的建立是进行数值分析的基础与前提。首先根据设计图纸，采用SolidWorks三维软件建立车轮、车轴和钢轨的几何模型。考虑到网格划分的规模并兼顾计算效率和精度，此处忽略几何模型中的微小倒角和圆弧，同时也不考虑轴上其他装配零件对计算结果的影响。几何模型建立完成后，需按标准规定的装配关系进行装配，避免出现几何初始穿透或者装配位置存有偏差的情况。将装配模型另存为有限元前处理软件HyperMesh可以识别的中间文件格式，如此可对导入的几何模型直接进行高质量网格划分，提升了工作效率。

在商用有限元软件底层逻辑中，应力点和应变积分点的数量直接决定了单元内的应力-应变场是否存在梯度变化。相较于六面体单元，一阶线性四面体单元仅有一个应力-应变积分点，无法准确描述单元内应力-应变场的变化，与真实情况差别较大。另外，相同单元尺寸下，采用六面体单元进行几何离散，往往使用数量更少的网格与节点就能得到收敛性更好的计算结果。因此，除了在极少数过渡区域采用四面体网格外，本节均采用六面体单元对几何模型进行网格划分。

本节采用由二维面网格旋转生成所需的三维实体网格。需要注意的是，并非所有区域的单元尺寸均相同，在轮轴过盈配合位置、车轴过渡圆弧处，以及其他施加边界条件的区域均需进行网格细化。对全域模型来说，在保障计算精度的基础上，需选择合适的单元尺寸进行网格划分。为提高接触分析的收敛性，还要保证车轴轮座节点与车轮轮毂节点的一一对应。二维网格划分完成后，利用 Spin 功能旋转生成轮对实体有限元模型，如图 6.18 所示。该模型总共包含了 3886224 个网格、4217706 个节点，将模型以 inp 格式输出，便于后续计算。车轮与车轴之间的过盈配合参数与 6.1 节保持一致，车轮与钢轨之间的接触摩擦系数 μ 设置为 0.23。

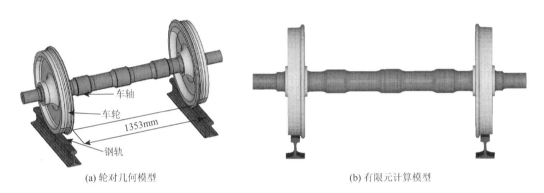

(a) 轮对几何模型　　　　　　　　　　　　　　　(b) 有限元计算模型

图 6.18　基于几何模型的网格划分

本节使用 ABAQUS 软件作为求解器，部分前处理工作、大部分后处理工作均使用该软件进行操作，接触设置也在该软件中操作。在软件中需设置接触的主面和从面，主面网格尺寸较大、刚度也大，从面网格尺寸较小、刚度较小。本节分析的主要对象为车轮，所以在轮轴接触中选择车轴上的网格面为主面，轮毂孔面为从面。同样，在轮轨接触设置中，选择车轮轮辋为从面，轨头表面为主面。设置接触时要避免网格的初始穿透和侵入，这会造成极大的应力集中进而影响仿真的精度与可信度。

合理的边界条件是获取高精度结构力学响应场分布的关键。为了保证计算效率，边界条件需要在符合实际的条件下进行必要简化，还需避免出现由过约束或欠约束导致的计算不收敛和巨大的结果误差。铁路车轮在实际运行过程中承受的载荷大致可以分为以下几种：轮轨之间的制动载荷、牵引载荷、横向载荷、线路产生的载荷和车体的动静载荷。另外，车轮在制造和装配过程中产生了残余应力，但目前还少见将残余应力考虑进高铁车轮安全服役分析。

通过建立接触条件，可同时考虑车轮与钢轨、车轴之间的接触载荷的作用。另外，车轴是承载车辆重量的关键部件，并通过过盈配合关系将载荷传递给车轮。出于简化考虑，本节选择车轴轴径部位作为垂向载荷的作用位置。所以，在轴径部位施加垂向载荷 F，真实条件下载荷 F 由不同应力水平随机载荷组合而成，以模拟车轴的变幅加载情况。

但为了简化计算，计算时使用了文献中公开的峰值应力较大的简化五级载荷谱。综合以上分析，选取直线工况进行计算，在钢轨底部施加固定约束，车轴对称面施加对称约束，模型的边界条件与车轴等效载荷谱如图 6.19 所示。

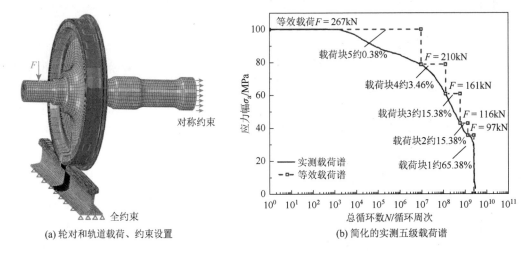

(a) 轮对和轨道载荷、约束设置　　　　　　(b) 简化的实测五级载荷谱

图 6.19　车轮有限元模型与载荷谱

6.2.2　基于名义应力法的寿命评估

1. 车轮临界安全部位

在高铁车轮的损伤容限评估过程中，确定实际载荷谱下车轮的临界安全位置至关重要。调研表明，车轮易于发生疲劳破坏的三个位置分别为轮毂、轮辋与辐板。其中，轮辋失效常常由滚动接触疲劳引起，轮毂失效常由微动磨损导致，辐板破坏形式则属于热-机械疲劳破坏或高周疲劳类型。本节的主要目的是评估车轮辐板部位的疲劳强度并预测其疲劳寿命，不对轮毂和轮辋位置进行详细的研究。于有限元模型中施加前面章节所述的边界条件，计算得到如图 6.20 所示的应力云图。计算结果表明，在载荷谱作用下车轮轮毂与辐板过渡区域形成了明显的应力集中现象，并且随着载荷的增大该区域的应力集中程度也不断增大。进一步分析可知，危险区域应力最大位置距车轮中心约 186mm。异物磕碰和制造工艺缺陷都会进一步降低该位置的疲劳寿命，危及车辆运行安全，所以后续章节将重点对该区域进行疲劳寿命预测与评估。

2. 基于损伤累积的疲劳寿命

由第 2 章可知，相关标准通常将车轮的实际服役工况分为三种类型，即直线工况、曲线工况和过道岔工况。本节将轮对和钢轨作为整体进行研究，考虑了轮轴之间的复杂载荷以及轮轨之间的接触作用，与车轮的实际服役条件更加贴近。通过在轴径位置施加五级载荷谱，反推得到了车轮辐板危险部位的应力谱，并据此开展车轮的安全寿命评估，相应的计算结果如图 6.21 所示。

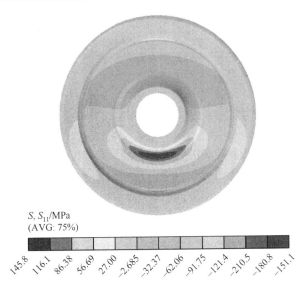

$S, S_{11}/\text{MPa}$
(AVG: 75%)

145.8　116.1　86.38　56.69　27.00　-2.685　-32.37　-62.06　-91.75　-121.4　-210.5　-180.8　-151.1

图 6.20　峰值应力工况下车轮应力分布

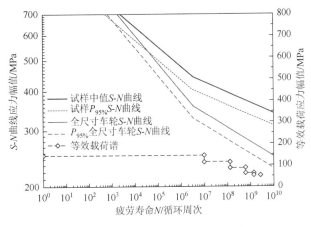

图 6.21　疲劳 S-N 曲线与载荷谱比较

由图 6.21 可以看出，车轮辐板危险部位的应力值低于材料的疲劳极限，在名义应力法框架下可认为车轮不会产生疲劳失效。但是低值应力对疲劳过程损伤的积累也是不能忽视的，故这里采用了 Miner 修正理论，该理论将疲劳 S-N 曲线水平段的斜率改为 $k'=2k-1$。另外 D 的取值是判定疲劳失效的关键参数，计算公式见式（6.2），出于安全和可靠性考虑，D 常取 0.1～0.5。

$$D=\frac{1}{\sigma_{\lim}^{k}N_{i,\text{f}}}\cdot\sum_{\sigma_{i}\geqslant\sigma_{\lim}}n_{i}\cdot\sigma_{i}^{k}+\frac{1}{\sigma_{\lim}^{k'}N_{i,\text{f}}}\cdot\sum_{\sigma_{i}\geqslant\sigma_{\lim}}n_{i}\cdot\sigma_{i}^{k'} \tag{6.2}$$

式中，k 和 $k'=2k-1$ 分别为疲劳 S-N 曲线斜线段斜率和疲劳极限以下疲劳 S-N 曲线的斜率；$\sigma_{\lim}$ 为疲劳极限；$N_{i,\text{f}}$ 为载荷谱中第 i 级应力 σ_{i} 下的疲劳寿命。

考虑到车轮运用的安全可靠性，采用可靠度和置信度均为 95%的全尺寸车轮的疲劳极限进行估算。则式（6.2）可进一步简化为

$$D_{\mathrm{cri}} = \frac{1}{\sigma_{\mathrm{a,fs}}^{k'} N_{i,\mathrm{f}}} \cdot \sum_{\sigma_i \geqslant \sigma_{\mathrm{a,fs}}} n_i \cdot \sigma_i^{k'} \tag{6.3}$$

根据 FKM 标准的经验估计，通常取钢制材料部件的临界损伤值 D_{cri}=0.3，此处采用式（6.3）中修正的 Miner 公式来估算车轮的寿命。计算结果表明，车轮辐板的临界安全区疲劳寿命较大，仍处于无限寿命范围，满足车轮安全寿命设计要求。尽管如此，车轮辐板疲劳断裂的事故时有发生，一个可能的原因是未考虑服役致损和制造缺陷对车轮运用性能的影响。在复杂的服役环境下，车轮辐板难免存在表面损伤，如腐蚀坑和异物冲击等，均会对车轮疲劳强度有较大影响。

6.2.3　基于损伤容限法的寿命评估

1. 车轮裂纹植入方法

车轮在实际服役过程中，辐板区域容易出现道砟、冰雪、飞石等冲击产生不同深度的缺陷，而且车轮在运输和服役时还会出现微小的腐蚀坑。众所周知，缺陷的存在会加速裂纹萌生，从而大幅降低车轮的使用寿命。此外，若缺陷出现在车轮辐板临界安全区，将进一步降低车轮的服役寿命。因此，有必要采用损伤容限法对其进行剩余寿命评估，确保服役车轮的安全性和可靠性。

在计算车轮剩余寿命时，假定车轮辐板临界安全区存在初始裂纹，因此可在有限元模型中将裂纹植入该区域。为了确定车轮表面裂纹的形貌，根据前面章节计算的安全寿命结果，以及实际调研的服役车轮真实的疲劳断口形貌，发现该区域裂纹在扩展过程中的形貌为近似半椭圆形状，如图 6.22 所示。将形貌比定义为裂纹深度 a 与裂纹半长 c 的比值，发现该裂纹形貌比较小，呈现长浅型形状。因此，参考实际断口形貌，在辐板位置分别植入了裂纹深度为 0.6mm、2mm、3mm、5mm、8mm、12mm、16mm 以及 20mm 等 8 种半椭圆裂纹，并设定形貌比在 0.2～0.4 变化。

图 6.22　车轮实际断口形貌与有限元裂纹形貌

在无缺陷有限元模型的基础上，将裂纹引入其中，且仍然采用 C3D8 类型的六面体单元划分网格。计算裂纹尖端的应力强度因子时，需进行网格敏感性分析。计算发现，裂纹前缘的网格尺寸对计算结果影响显著，工程上认为网格前缘尺寸为裂纹深度的1%～10%时，计算结果误差小于10%可以认为满足需求。为保证计算结果的精度与可靠性，将裂纹前缘网格划分得较为细密，然而考虑到仿真的时间成本，远离裂纹面的单元尺寸又可以相对较大。以子模型的方式将裂纹模块引入，其与车轮彼此独立，可利用 ABAQUS 软件中 Tie 绑定功能进行刚性连接，传递力学响应，车轮有限元模型与裂纹网格划分结果如图 6.23 所示。需注意，在 Tie 绑定设置过程中对主面和从面的选择要遵循一般的有限元理论，因此本节在计算时将裂纹块的网格面定义为从面。

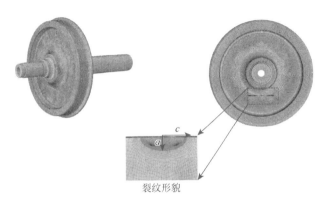

图 6.23　车轮辐板裂纹形貌及其装配部位

2. 车轮辐板剩余寿命评估

根据前述临界安全部位应力分析可知，载荷谱作用下车轮辐板与轮毂过渡区域的应力最大。所以在车轮的初始设计阶段须对这一区域格外重视，在维护时则要加强对这一位置缺陷和裂纹的检测。将上述 8 种深度的裂纹模型依次装配到车轮临界安全区并导入 ABAQUS 有限元计算软件中，施加 6.2.1 节所述的载荷谱以及边界条件进行计算。图 6.24 为 3mm 深度裂纹在第五级载荷作用下的应力计算结果。由图可知，裂纹尖端出现了显著

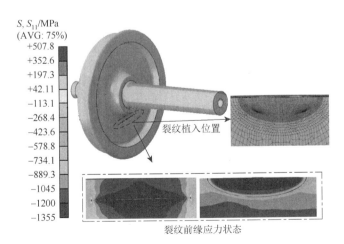

图 6.24　3mm 深度裂纹在第五级载荷下的应力状态

的应力奇异现象，但从第 5 章的损伤容限理论可知，含裂纹结构的强度应由裂纹尖端的应力强度因子 K 决定，故需计算此处的应力强度因子。

采用第 5 章所述的应力外推法计算裂纹尖端的应力强度因子，得到的 8 种不同深度裂纹尖端 K 的计算结果如图 6.25 所示。由图可知，裂纹尖端应力强度因子随裂纹深度以及载荷谱等级的变化趋势基本一致。当裂纹深度相同时，应力强度因子随载荷水平的增大而增大；载荷水平相同时，应力强度因子随裂纹长度的增大也逐渐增大，并且可以看出，裂纹深度在 0.6~2mm 时应力强度因子增幅较大。车轮材料应力比为 0.1 时的裂纹扩展门槛值 $\Delta K_{th}=6.5\mathrm{MPa\cdot m}^{1/2}$，在五级载荷谱作用下，裂纹深度为 0.6mm 时，应力强度因子范围均未达到裂纹扩展门槛值。

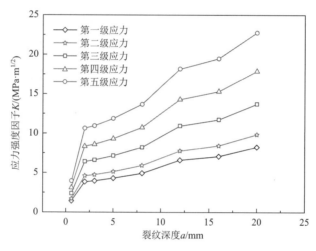

图 6.25　载荷谱作用下裂纹驱动力曲线

为更加清楚地展示剩余寿命计算过程，以裂纹从 2mm 扩展至 3mm 为例（Δa=1mm），计算在五级载荷谱作用下，裂纹深度为 3mm 时裂纹尖端的最大应力强度因子范围 ΔK，代入裂纹扩展速率模型中得到此时的裂纹扩展速率。之后，假设裂纹循环基数 N_0 为 1000 循环，按照载荷谱每一级的占比分别求出各个载荷作用下的循环数 N_1、N_2、N_3、N_4、N_5，再分别计算出各级载荷对应的裂纹扩展增量 Δa_1、Δa_2、Δa_3、Δa_4、Δa_5，将其累加得到 Δa_0，这就是载荷谱作用下循环 $N_0(1000)$ 的总计裂纹扩展增加量，使用计算公式 $\Delta a/\Delta a_0 \times N_0$ 便能求出裂纹深度 2mm 增长到 3mm 的总循环数 ΔN。参照载荷谱循环数对应的里程，可将计算所得循环数按比例转换为车轮服役里程。

根据第 5 章所述的逐步积分法计算裂纹扩展各阶段的车轮剩余寿命，并将其转换为对应的剩余里程。分别采用 Paris 公式、NASGRO 模型以及 iLAPS 模型计算裂纹从 0.6mm 扩展至 20mm 时车轮的剩余寿命，计算结果如图 6.26 所示。由图可见，运用三种模型计算得到的车轮剩余使用里程分别为 111.2 万 km、221.5 万 km 和 410.1 万 km。还可以看出，不论使用哪种裂纹扩展速率方程，当裂纹深度超过 8mm 时裂纹均发生了快速扩展，而且裂纹从 8mm 扩展为 20mm 时的剩余寿命分别占总扩展寿命的 22.5%、8.2%和 6.5%，这表明车轮裂纹深度超过 8mm 时将很快失效。裂纹从初始长度扩展到

8mm 深度时，三种方程估算的寿命分别为 86.8 万 km、203.2 万 km 以及 383.2 万 km。实际运用中车轮的大修周期一般为 2～3 年（约为 240 万 km），可见计算的剩余寿命较为合理。比较三裂纹扩展速率模型计算的寿命结果可以发现，iLAPS 模型形式简单且计算精度较高，在工程领域中可以考虑其作为前期的结果预测，后续再加以试验分析进行对比验证。

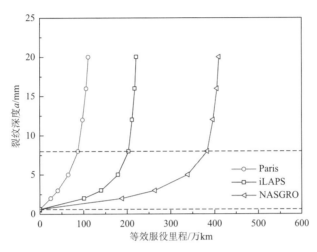

图 6.26　含裂纹车轮剩余寿命预测曲线

6.2.4　车轮辐板的安全裂纹限界

当前，高速动车组零部件的设计大多采用安全寿命设计方法，该方法的运用前提是材料或构件内部无缺陷或裂纹的存在。当部件在远低于疲劳极限的条件下工作时，该理论认为其可以长久安全服役不会发生疲劳断裂失效。从第 5 章的分析可知，这种忽视构件内部固有缺陷以及服役过程中产生的表面缺陷的设计方法，即便给出最保守的设计方案，也不能完全保证部件服役期间的绝对安全。在前面的章节中，给出了含长裂纹车轮部件的剩余寿命分析方法和流程，但对于裂纹尖端塑性区域较大的短裂纹，还需采取 K-T 图来对车轮的小尺寸临界缺陷进行标定。

高速列车车轮在应用标准 K-T 图进行疲劳评估时，需要考虑几何尺寸、表面粗糙度以及试验加载方式等各种因素对材料疲劳极限的影响。然而，用存活率为 50% 的 S-N 曲线的疲劳极限来进行疲劳评估得到的结果往往不够保守。因此，在绘制 K-T 图时，考虑了尺寸效应等因素的影响将全尺寸车轮的疲劳极限控制在 K-T 图的安全上界。考虑短裂纹对临界尺寸的影响，由于此时裂纹尖端闭合效应还没有完全形成，在绘制 K-T 图时采用的是应力比 R=0.1 时材料的裂纹扩展门槛值。

实际调研表明，无论是制造、存储导致的缺陷还是服役期间擦伤、磕碰导致的缺陷或微裂纹都可能引起疲劳裂纹的扩展。为研究实际服役条件下车轮疲劳裂纹的扩展行为，建立了如图 6.27 所示的 K-T 图。根据应力比为 0.1 时测得的车轮材料的裂纹扩展门槛值，以及存活率为 95% 全尺寸车轮 S-N 曲线的疲劳极限，可以得到偏于保守的疲劳评估结果，此外，还引入了 El-Haddad 材料相关常数 a_0 用于修正应力强度因子，进一步修正了 K-T 图的疲劳安全区加载范围。

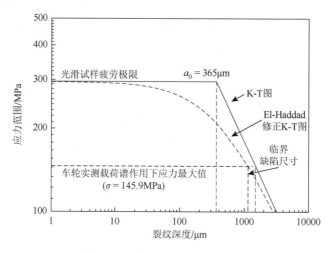

图 6.27   适用于车轮钢的 K-T 图

前述章节基于等效载荷谱采用有限元法计算了高铁车轮临界安全区的应力场分布，获得了危险部位的应力峰值，将此值绘制到 K-T 图中。由图可以看出，标准 K-T 图中车轮辐板部位的临界缺陷尺寸为 1.5mm，El-Haddad 修正后，临界缺陷尺寸为 1.1mm。根据前面章节的计算发现，0.6mm 深度的裂纹在五级载荷谱作用下不会扩展，而运用 K-T 图可以对此提供一种合理的解释。

6.3   转向架构架的服役行为评估

转向架构架是高速动车组最重要的传力部件，承受着车-轨之间复杂的冲击和振动作用，长期处于剧烈的变幅疲劳加载状态。此外，我国广阔的地域还决定了高速动车组在持续的长距离运营过程中必将面临低温、高温、风沙和盐雾腐蚀等极端环境工况的考验。这些极端环境工况将在很大程度上影响着列车的动力学性能，并加速转向架焊接构架疲劳行为的劣化过程。在动载荷加剧和疲劳劣化的双重作用下，转向架焊接构架中的微裂纹和微缺陷形核过程将加速，继而缩短缺陷/裂纹的汇聚和扩展过程，最终导致疲劳失效。因此，准确评估转向架焊接构架的疲劳寿命对于轨道车辆，尤其是长期、高速工况下服役的高速动车组的运维安全至关重要。

现阶段，先进的损伤容限设计思想已成功用于铁道车辆领域，用以评估含缺陷结构的剩余寿命。本章运用作者提出的时域阶梯评估（time-domain stepwise fatigue assessment，TSFA）方法来实现基于车辆系统动力学仿真载荷谱（simulated load spectrum，SLS）的高速动车组转向架焊接构架损伤容限评估。其具体步骤是，首先建立包含车体、轮对和转向架构架等柔性体在内的高速动车组刚-柔耦合动力学仿真模型，通过车辆多体动力学仿真分析获取作用于转向架构架的动态疲劳载荷谱；随后将这些仿真载荷谱施加到转向架构架的有限元模型，开展瞬态动力学分析并提取动应力时间历程；再根据动应力谱开展疲劳损伤累积寿命评估，并据此识别焊接构架的临界安全位置；在此基础上，在临界安全位置植入缺陷，更新有限元模型，再次应用仿真载荷谱，通过瞬态动力学分析临界安全位置的动应力-时间历程并转换为对应的动态应力强度因子范围-时间历程，据此便可评估含缺陷焊接构架的剩余寿命；最后，将剩余寿命评估结果用于指导焊接构架的损伤容限设计和安全运维决策。

6.3.1 刚-柔耦合系统动力学模型

本章所建立的单节车辆的刚-柔耦合多体系统动力学仿真分析模型主要包括一个车体子系统和两个转向架子系统。其中，车体子系统通过二系悬挂装置（空簧和减振器）安装到两个转向架子系统上方，每个转向架子系统均包括一个焊接构架、两条轮对和两套驱动系统。每条轮对通过两个轴箱和两套一系悬挂装置（高圆簧）安装到转向架构架下方。在模型中将一系悬挂装置的高圆簧、二系悬挂装置的空簧和两系悬挂装置的减振器均简化为线性的弹簧-减振器单元。采用分段线性单元模拟止挡装置和抗蛇行减振器的非线弹性刚度和阻尼特性。轮轨法向接触力通过 Hertzian 理论确定，轮轨间的蠕滑力通过 FASTSIM 方法计算。

1. 柔性体建模

众所周知，大质量和大刚度部件的弹性变形将显著影响高速动车组的振动响应，尤其是高频振动响应。然而，车辆的高频振动能够随着两系悬挂装置的传递而被大幅抑制和逐渐衰减，因此根据在线测试数据分别将轮对、转向架构架和车体的模态截止频率选取为 1500Hz、500Hz 和 50Hz。同时，采用超单元有限元法和分块兰索斯模态分析方法将高速动车组单体质量最大的三类部件（车体、两个转向架焊接构架和四条轮对）均建立为柔性体。这些部件采用了多种轻量化材料，如车体采用了 6×××系铝合金、转向架构架采用了耐候钢、轮对采用合金钢。为提高仿真计算精度和效率，将车体、轮对和焊接构架的有限元模型（图 6.28）主要离散为六面体单元，辅助采用总数不超过 3%的楔形单元和金字塔单元。利用上述部件的有限元模型开展无约束自由模态分析，获取上述柔性体的自由模态振型和对应的固有频率，随后将这些模态仿真分析结果与模态测试结果进行对比，并据此修正有限元模型。

在图 6.28 中，轮对、构架和车体低于截止频率的自由模态振型分别为 26 阶、33 阶和 67 阶。通过 SIMPACK 软件的 FEMBS 模块将上述低于截止频率的模态振型的模态矩阵包装成柔性体子结构文件用于后续的车辆系统动力学建模。

尽管已采用了超单元有限元法和模态缩聚方法来降低柔性体子结构模型的规模，但开展包含这些柔性体子结构的车辆系统动力学仿真分析依然需要巨大的计算资源。考虑到仿真计算效率和现有计算能力，本节仅建立了单节车辆的多体系统动力学模型，并将以此为例来演示 TSFA 方法的基本流程。因为未建立多节车辆的列车模型，所以上述模型并不能准确模拟考虑车辆之间的纵向冲击及牵引/制动工况。另外，本节将不评估制动吊座和牵引拉杆座附近位置的疲劳寿命。在后续研究中将继续探索降低刚-柔耦合模型规模的仿真分析方法，建立包含多节车辆的列车系统动力学模型之后依然可以按照相似的载荷分析方法获取上述纵向载荷的动态时间历程，按照本章所提出的 TSFA 方法评估制动吊座和牵引拉杆座附近位置的疲劳寿命。

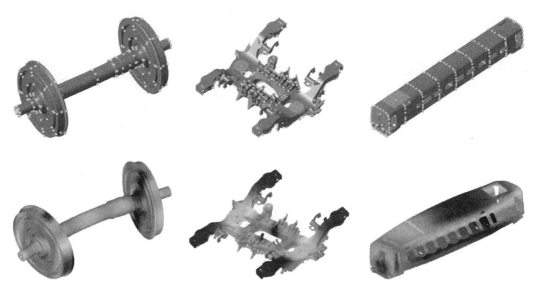

图 6.28 轮对、构架和车体模型的主节点及模态分析

2. 线路运行条件

在应用 TSFA 方法时，需要详细地考虑高速动车组服役的线路条件，这也是 TSFA 方法区别于其他评定方法的主要特点。这些线路条件既可以来自于研究设计阶段的通用线路参数，也可以来自于运维或故障诊断阶段的某些有针对性的特殊线路参数。我们知道武广高铁是世界上首条达到最高运营速度 350km/h 等级的铁路干线，因此本节参照武广高铁的实际线路参数来制定仿真线路条件。所制定的特征线路共包括 9 种疲劳仿真工况，其中每个工况的行驶速度、线路构造参数、分段里程和总里程数均参照武广高铁制定。武广高铁的干线里程为 968.3km，单程行驶时间约为 4h，最大坡度为 12‰，最小竖曲线半径为 20km。干线共包括 10 种平面曲线线路，共 139 处，其中在总里程占比中超过 2.0%的曲线线路共有 5 种。

为便于展示本节所制定的特征线路总长为 100km，约为武广高铁干线里程的 1/10，大于线路上两站之间的最大距离，因此认为通过该特征线路能够比较充分地获取所需观测的仿真线路谱样本。另外，在特征线路中平面曲线线路的占比为 37%（武广高铁为 36.9%），通过速度超过 250km/h 的高速线路占比为 50%（武广高铁为 50.3%）。每段平面曲线线路由两端 20m 的直线线路、进线缓和曲线、平面曲线和出线缓和曲线所组成。同时参照武广高铁，缓和曲线选取为改型的三次抛物线。

3. 内外部激励因素

考虑到源于轮轨界面的外部激励和源于驱动系统的内部激励，分别将轨道不平顺和齿轮啮合力作为两者的代表性激励施加到车辆系统动力学模型，并研究两种激励对转向架构架疲劳寿命的影响。除 12.6km 的过渡线之外，武广高铁干线均由二型无砟轨道板铺设，根据《高速铁路无砟轨道不平顺谱》（TB/T 3352—2014）所给出的功率谱反演了线路不平顺谱，并施加到全部 9 种疲劳工况作为外部激励。图 6.29 中，建立了一个扭振系统模型来计算驱动系统斜齿轮副之间的齿轮啮合力。

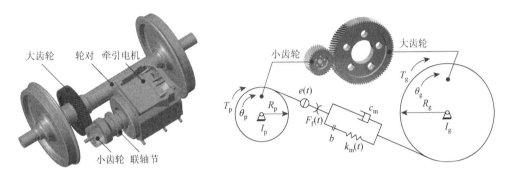

图 6.29 转向架驱动系统的扭振系统模型

驱动系统的扭振系统模型包括小齿轮角位移 θ_p、大齿轮角位移 θ_g、小齿轮的等效转动惯量 I_p、大齿轮的等效转动惯量 I_g、小齿轮的基圆半径 R_p、大齿轮的基圆半径 R_g、驱动力矩 T_p、负载端工作力矩 T_g、啮合误差传递函数 $e(t)$、啮合刚度函数 $k_m(t)$、啮合阻尼 c_m、滑动摩擦力函数 $F_f(t)$、齿侧间隙 b。本节采用了一个修正的非线性内部激励模型来描述齿轮的时变啮合力，该时变啮合力公式为

$$F(t) = \begin{cases} s(t) + \Delta k(t)e(t) - m_e\ddot{e}(t) + bk_m(t)/2, & x > b/2 \\ 0, & |x| \leqslant b/2 \\ s(t) + \Delta k(t)e(t) - m_e\ddot{e}(t) - bk_m(t)/2, & x < -b/2 \end{cases} \quad (6.4)$$

式中，$s(t)$ 为齿面冲击载荷；$\Delta k(t)$ 为啮合刚度中的时变部分；m_e 为等效惯性质量；x 为动态啮合误差。$s(t)$ 和 x 的计算公式为

$$s(t) = -\Delta k(t)(R_p\theta_p + R_g\theta_g)$$
$$x = R_p\theta_p - R_g\theta_g - e(t) \quad (6.5)$$

$k_m(t)$ 可以采用有限元法进行数值计算，采用一个 8 项的傅里叶级数对仿真结果进行拟合，置信度为 96.77%，该傅里叶级数的计算公式为

$$k_m = k_0 + \sum_{i=1}^{8}[a_i\sin(i\omega t) + b_i\cos(i\omega t)] \quad (6.6)$$

式中，平均啮合精度 $k_0=1.228\times10^9$N/m；a_i 和 b_i 为傅里叶级数的拟合常数；ω 为拟合频率，时变啮合误差 $e(t)$ 可以写成余弦函数的形式：

$$e(t) = e_0 + e_r\cos(\omega_e t) \quad (6.7)$$

式中，e_0 和 e_r 分别为余弦函数的两个拟合参数；ω_e 为拟合频率。

m_e 是一个与齿轮传动系统设计参数相关的常数，计算公式为

$$m_{e} = \frac{I_{p}I_{g}}{R_{p}^{2}I_{g}(1+\mu l_{p}) + R_{g}^{2}I_{p}(1+\mu l_{g})} \tag{6.8}$$

式中，μ 为滑动摩擦系数；l_{p} 和 l_{g} 分别为小齿轮和大齿轮的滑动摩擦力矩。

6.3.2　阶梯疲劳评估的载荷谱

图 6.30 给出了基于瞬态动力学分析的焊接构架精细有限元模型。其中，在 4 个一系弹簧末端约束垂向位移，在同一侧的两个定位转臂安装节点约束横向位移，在一端的牵引拉杆座约束垂向位移。在包含上述约束的条件下首先开展弹性振动分析，同样将截止频率设置为 500Hz，焊接构架低于该频率的约束模态振型共有 29 阶。相比于焊接构架的自由模态分析结果，低于截止频率的模态振型共减少了 4 阶。焊接构架自由模态和约束模态的最低阶模态振型均为构架的扭转振型，但所对应的固有频率由 47.107Hz 提高到了 55.678Hz，表明在约束条件下焊接构架的低阶弹性振动更难以激发。这些约束模态分析结果将用于后续的瞬态动力学分析。

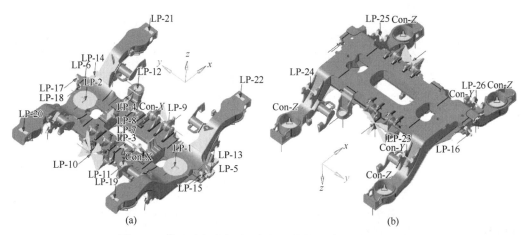

图 6.30　基于瞬态动力学分析的焊接构架精细有限元模型

疲劳载荷加载位置（LP-）：
†1、2-空簧安装座（x,y,z）；†3、4-二系横向减振器安装座（y）；†5、6-二系垂向减振器安装座（z）；†7、8-横向止挡（y）；†9、10-齿轮箱吊座（x,y,z）；†11、12-牵引电机质心（x,y,z）；†13、14-抗侧滚扭杆安装座（z）；†15～18-抗蛇行减振器安装座（沿减振器安装方向）；†19～22-一系垂向减振器安装座（z）；†23～26-轴箱转臂定位节点（z）
位移约束（Con-）：
Con-X-牵引拉杆座；Con-Y-轴箱转臂定位节点；Con-Z-一系弹簧

此处将仿真线路谱分为 26 个作用方向各异的加载位置（图 6.30）。在轨道不平顺和齿轮啮合力的共同激励作用下，采用高速动车刚-柔耦合多体动力学模型分析了总里程为 100km 共 9 种疲劳工况条件下的疲劳载荷谱。四种直线线路工况（E1～E4）和五种曲线线路工况（S1～S5）条件下作用于空气弹簧安装座、齿轮箱吊座和一系弹簧座的垂向载荷时间历程如图 6.31（a）～（c）所示。

为了达到需要的里程，对每个工况都进行了多次分段模拟，各工况的分段模拟次数如图 6.31（a）所示。仿真结果表明，当运行速度由 350km/h 下降至 200km/h，疲劳载荷

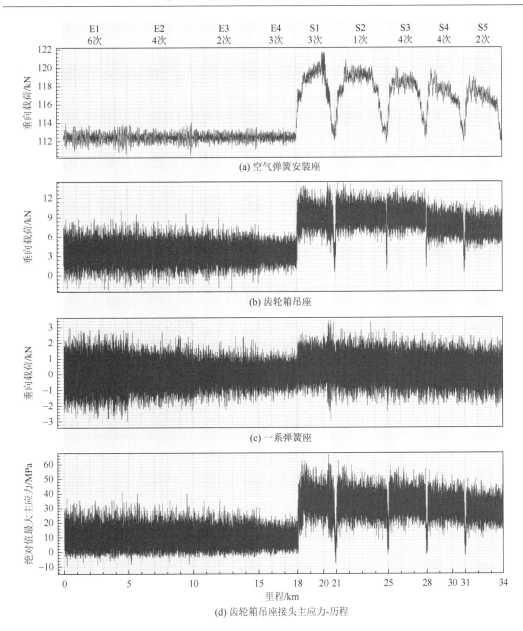

图 6.31　基于刚-柔耦合多体动力学模型的垂向载荷历程结果

幅值的总体水平从直线线路工况 E1（350km/h）到 E4（200km/h）显著下降；而随着曲线半径由 5.5km 提高至 12km，其总体水平从工况 S1 到 S5 同样显著下降。可见高速动车的行驶速度和曲线半径对作用于焊接构架仿真载荷谱的影响显著。相比于曲线半径为 8km 的工况 S2，在曲线半径为 5.5km 的 S1 工况条件下作用于焊接构架的仿真载荷谱更加剧烈，但 S1 工况的通过速度 300km/h 低于 S2 工况的 350km/h，因此可以认为曲线线路的半径是比行驶速度影响效果更显著的因素。

在仿真分析中，焊接构架低于截止频率 500Hz 的约束模态振型共有 29 阶，可利用上述约束模态分析结果建立焊接构架的瞬态动力学分析模型，分析并记录了 9 种疲劳载荷工况下焊接构架的动应力时间历程。随后采用雨流计数法将这些动态载荷时间历程转换为应力变化范围-应力比-循环周次的三参数雨流矩阵。利用这些仿真载荷谱及其所转化的动应力雨流矩阵，高速动车在总里程 100km 的特征线路条件下的动态响应即可关联到后续的疲劳寿命评估研究中。构架齿轮箱吊座对接接头位置处的疲劳载荷谱如图 6.31（d）所示，图中可见载荷谱的应力幅值随着行驶速度（工况 E1～E4）和曲线半径（工况 S1～S5）的降低而减小。

6.3.3 考虑动态响应的剩余寿命

1. 临界安全区确认

耐候钢材料 S355J2W 既有较高的屈服强度和疲劳强度，同时还对极寒、盐雾腐蚀和风沙等多种极端运行环境有较好的适应性，因此被认为是在铁道车辆焊接构架中极具发展潜力的新型材料。本章采用两块对接电弧焊的 S355J2W 钢板制备了焊接接头，焊接区域经过打磨，使其与母材部分持平。在母材区域和焊接接头部分分别制备尺寸相同的试样，试样表明经充分的抛光，以去除细小的表面缺陷。

通过拉伸试验获得了母材和焊接接头的抗拉极限、屈服强度和弹性模量等基本力学性能参数，这些参数已用于建立焊接构架的模态分析模型和动应力分析模型。采用平板试样开展了母材和焊接接头的高周疲劳性能测试，试验所加载的应力比为 0.1。采用改进的样本信息聚集原理（ISIA）对试验数据进行拟合，所拟合的置信度为 2.5%、50% 和 97.5% 的概率疲劳 S-N 曲线如图 6.32 所示。

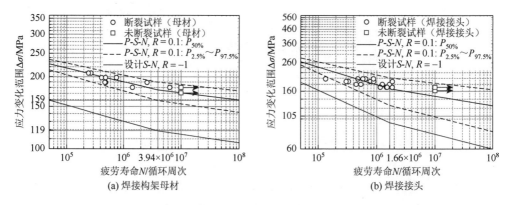

图 6.32　耐候钢焊接接头的疲劳 P-S-N 曲线

必须指出，在考虑动态响应的条件下，疲劳载荷谱中每一个载荷循环的应力比均是不同的，因此需要考虑平均应力（应力比）对材料疲劳性能的影响。作者所提出的 TSFA 方法中采用了设计疲劳 S-N 曲线和等效平均应力变化范围 $\Delta\sigma_{\text{eff}}$ 来计入应力比的影响。参照 FKM 标准，等效平均应力变化范围的计算公式为

$$\Delta\sigma_{eff} = \begin{cases} \Delta\sigma_i\left(1 + M_\sigma\dfrac{1+R_i}{1-R_i}\right), & 0 \leqslant R_i \leqslant 1 \\[4mm] \Delta\sigma_i\dfrac{(1+M_\sigma)\dfrac{M_\sigma(1+R_i)}{3(1-R_i)}}{1+\dfrac{M_\sigma}{3}}, & -0.5 < R_i < 0 \\[4mm] \Delta\sigma_i\dfrac{3(1+M_\sigma)^2}{3+M_\sigma}, & R_i \leqslant -0.5 \end{cases} \quad (6.9)$$

$$M_\sigma = a_M \times \sigma_U + b_M \quad (6.10)$$

式中，$\Delta\sigma_i$ 和 R_i 为第 i 级应力范围和应力比；M_σ 为平均应力系数；σ_U 为抗拉强度；a_M 和 b_M 为材料常数，参照 FKM 标准，分别选取为 3.5×10^{-3} 和 -0.1。

通过将等效平均应力变化范围 $\Delta\sigma_{eff}$ 代入 Basquin 公式，拟合的疲劳 S-N 曲线可以被转换为设计疲劳 S-N 曲线，其修正公式为

$$N = \begin{cases} C_1\left(\dfrac{1}{\gamma}\Delta\sigma_{eff}\right)^{m_1}, & \Delta\sigma_{eff} \leqslant \Delta\sigma_C \\[4mm] C_2\left(\dfrac{1}{\gamma}\Delta\sigma_{eff}\right)^{m_2}, & \Delta\sigma_{eff} > \Delta\sigma_C \end{cases} \quad (6.11)$$

式中，$\Delta\sigma_C$ 为拐点处的疲劳强度，母材和接头分别为 119MPa 和 94MPa；C_1 和 C_2 为材料的拟合常数；γ 为不确定因素修正系数，FKM 标准建议考虑最不利条件时将该值选取为 1.5；m_1 和 m_2 为 S-N 曲线的斜率系数，分别为 -1 和 2。

基于相对 Miner 损伤累积准则、设计 S-N 曲线和绝对值最大主应力时域历程所转换的 $\Delta\sigma$-R-n 三参数雨流矩阵计算了焊接构架的损伤累积寿命。转向架焊接构架的疲劳寿命 N_a 可通过特征线路的总里程进行拓展，外推公式为

$$N_a = L_s\dfrac{D_a}{\displaystyle\sum_i\left[\sum_{\Delta\sigma_{eff,i}\geqslant\Delta\sigma_C}\dfrac{n_i}{C_1\cdot\left(\dfrac{1}{\gamma}\Delta\sigma_{eff,i}\right)^{m_1}} + \sum_{\Delta\sigma_{eff,i}\leqslant\Delta\sigma_C}\dfrac{n_i}{C_2\cdot\left(\dfrac{1}{\gamma}\Delta\sigma_{eff,i}\right)^{m_2}}\right]} \quad (6.12)$$

式中，D_a 为许用损伤值，参照 FKM 标准将其定为 0.3；n_i 为第 i 级等效应力范围所对应的循环周次；L_s 为特征线路的总里程，此处为 100km。

如图 6.33 所示，转向架构架母材部件均有较高的安全裕度，热点位置均分布在焊接接头，其中寿命较低的位置是齿轮箱吊座和定位转臂节点安装座的焊接接头位置。齿轮箱吊座对接接头边缘的上表面位置处疲劳损伤累积最低，为 1.739×10^{-6}，根据式（6.12）所得到的转换寿命为 1725 万 km。参照武广高铁将高速动车的年运营里程设置为 10.6 万 km，则最小折算寿命为 162.7 年安全裕度充分。

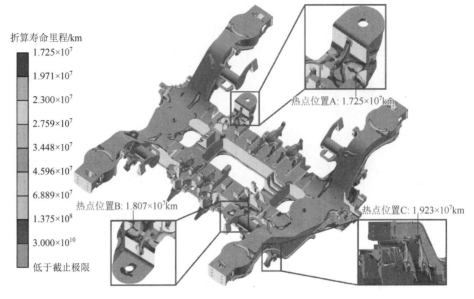

图 6.33 转向架构架的寿命分布及热点区域

2. 剩余寿命预测过程

采用中心裂纹试样在应力比为 0.1、0.3 和 0.7 的条件下分别开展母材和焊接接头的裂纹扩展速率试验。由图 6.34 可知，焊接构架的母材部分仍具有较充足的安全裕度，疲劳临界安全位置主要分布在焊接接头位置。为此，重点关注焊接接头疲劳断裂参数的影响。首先测试获取了三种应力比条件下的长裂纹扩展门槛值ΔK_{th}，发现其存在近似的线性关系。为此，定义等效应力强度因子门槛值 ΔK_{th}^* 来拟合任意应力比下的计算表达式，引入拟合参数 β（此处为 0.36817）后有

$$\Delta K_{th}^* = 10^{\beta R}(3.80457 - 2.08929 \times R) \tag{6.13}$$

我们知道，修正的 NASGRO 方程已在欧洲和我国高速列车合金钢 EA4T 车轴及碳钢 S38C 车轴的服役寿命评估中得到广泛应用，其主要特点是比较准确地描述了近门槛区短裂纹扩展行为（修正ΔK_{th}值）、长裂纹稳定扩展行为（经典 Paris 方程）及失稳扩展行为（断裂韧性 K_{IC}）。为了将上述拟合方程引入作者所提出的新型 TSFA 方法中，需要将裂纹扩展速率表示为应力比的连续函数。目前已提出很多相似的函数，其中 Mann 函数因为其形式简单和精度较高而被广泛应用。

将等效应力强度因子范围定义为

$$\Delta K^* = 10^{\beta R} \times \Delta K \tag{6.14}$$

式中，β 是 Mann 系数，由试验数据结果拟合获得。

疲劳裂纹扩展速率为 1×10^{-5}mm/循环周次所对应的应力强度因子范围的试验数据和拟合曲线如图 6.34（a）所示。从中可以看到采用式（6.14），在 β=0.36817 时拟合曲线有较好的拟合精度。将等效应力强度因子范围ΔK^*代入式（6.13）代替应力强度因子范围ΔK，可将 NASGRO 方程修正为

$$\frac{\mathrm{d}a}{\mathrm{d}N} = C'\left(\Delta K^* \frac{1-f}{1-R}\right)^{m'}\left\{\left(1-\frac{\Delta K^*_{\mathrm{th}}}{\Delta K^*}\right)^{p'}\middle/\left(1-\frac{\Delta K^*}{K_{\mathrm{IC}}(1-R)}\right)^{q'}\right\} \qquad (6.15)$$

式中，C'、m'、p' 和 q' 为拟合常数，可通过裂纹扩展试验数据拟合，具体数值分别为 7.5×10^{-9}、3.2、0.55 和 5。

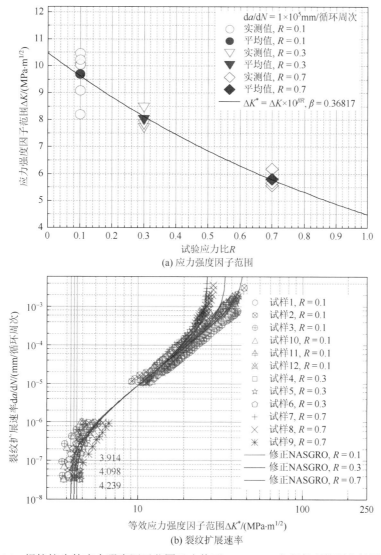

图 6.34　焊接接头的应力强度因子范围及由修正 NASGRO 方程得到的裂纹扩展速率

根据式（6.15）的修正 NASGRO 方程绘制应力比分别为 0.1、0.3 和 0.7 加载条件下的裂纹扩展速率曲线（图 6.34（b）），可见裂纹扩展速率曲线与试验数据有较好的一致性，且裂纹扩展速率曲线均能够被压缩在一个窄带之内。

在执行含缺陷构架的损伤容限评估之前需要首先确定缺陷的形貌和尺寸。沿焊趾扩展的狭长平面裂纹是焊接构架最主要的疲劳失效模式。基于经典的阶梯评估方法，缺陷应当植入损伤累积寿命评估中疲劳寿命的最低位置，此处可将缺陷植入如图 6.35 所示的齿轮箱吊座对接接头的上表面。基于 BS 7910-2019 标准的裂纹规则化原则，假设裂纹扩展过程中始终保持平面状态和四分之一椭圆的形貌，裂纹植入位置和扩展方向如图 6.35 所示。为提高断裂分析精度和效率，采用退化的五面体单元模拟裂纹前缘，采用细化的六面体单元建立裂纹前缘的外推区。经收敛性测试，将实体单元高度尺寸 h 确定为最小长度 c 的 2%。在焊接构架模型中植入裂纹后再次在 9 种疲劳载荷工况下开展瞬态动力学分析，获取裂纹前缘垂直于外推节点路径上各节点的动应力时间历程，随后通过线性节点应力外推法计算裂纹前缘的应力强度因子时间历程。

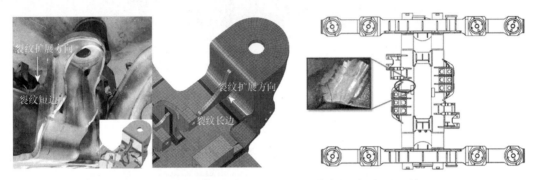

图 6.35 齿轮箱吊座与横梁盖板处裂纹萌生位置及扩展形貌

随后，首先采用雨流计数法将 9 种工况作用下裂纹前缘的应力强度因子时间历程转化为 $\Delta K\text{-}R\text{-}n$ 的三参数雨流矩阵，可将其合并为一个雨流矩阵。根据式（6.15）和雨流矩阵中每个疲劳载荷循环的应力比 R 将应力强度因子范围 ΔK 转化为等效应力强度因子范围 ΔK^*，最后根据 $\Delta K^*\text{-}R\text{-}n$ 的三参数雨流矩阵和修正的 NASGRO 方程来计算裂纹扩展寿命。

裂纹的长边是其主要扩展路径，在植入 0.1、0.15 和 0.2 三种形貌比的初始裂纹后其扩展到深度为 60mm 的剩余寿命如图 6.36 所示。0.1、0.15 和 0.2 三种形貌比的初始裂纹

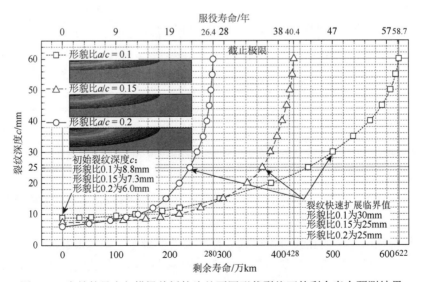

图 6.36 齿轮箱吊座与横梁盖板接头处不同形状裂纹下的剩余寿命预测结果

所对应的裂纹扩展门槛深度分别为 8.8mm、7.3mm 和 6mm；从初始深度扩展到 60mm 的剩余寿命分别为 622 万 km、428 万 km 和 280 万 km，对应的折算寿命分别为 58.7 年、40.4 年和 26.4 年。此处将裂纹扩展的剩余寿命不足总寿命 20% 的转换值定义为裂纹快速扩展的门槛值深度，上述三种形貌比初始裂纹所对应的门槛值分别为 30mm、25mm 和 25mm。

3. 寿命及裂纹长度的讨论

前述可知，转向架焊接构架最小疲劳损伤寿命为 162.7 年，而其设计寿命通常为 30～35 年，按照传统的安全寿命设计原则，焊接构架的安全裕度充足，还可以进一步通过结构优化设计进行必要的减重以达到轻量化设计效果。然而，剩余寿命评估结果表明，一旦在临界安全位置出现形貌比为 0.2 且深度达到 6mm 的初始平面裂纹缺陷，剩余寿命将急剧下降至 26.4 年，不再满足 30～35 年设计寿命的要求。由此判定，齿轮箱吊座焊接接头的临界安全位置被识别为缺陷敏感位置。

然而，熔化焊接是一种复杂的热连接工艺，即使执行了严格的无损探伤和质量控制检测，焊接接头中依然会存在许多微裂纹、小气孔和微小夹杂等尺寸小于质量控制要求的微小缺陷，以及未熔合和未焊透的情况。这些微缺陷的存在将使焊接接头位置的疲劳裂纹可以跳过母材的微裂纹形核阶段，直接从这些微缺陷开始裂纹扩展和连通，因此焊接接头的疲劳抗性将显著低于母材。与此同时，腐蚀和外物冲击等行驶过程中所产生的运营缺陷也会进一步降低结构的疲劳抗性。因此，有必要对焊接接头进行损伤容限设计以提高其剩余寿命和缺陷容限能力。

临界安全位置的剩余寿命与初始裂纹的形貌高度相关，若将初始裂纹的形貌比由 0.2 下降到 0.1，则裂纹扩展的门槛值深度可以由 6mm 提高到 8.8mm，剩余寿命可以增加 2.22 倍。由此分析，现有的高速动车组结构健康监测和无损探伤程序通常将裂纹深度作为主要监测参数，但裂纹的形貌比是同样需要重点监控的关键参数。对于深度相同的初始裂纹，形貌比较大的裂纹更容易开始扩展，且剩余寿命更低，因此建议首先通过结构健康监测和无损探伤获得初始裂纹的深度和形貌比的详细信息，然后利用作者所提出的 TSFA 方法进行评估，最后根据评估结果开展损伤容限设计和制定损伤容限运维策略。按照传统的安全寿命设计原则，一旦在转向架构架检出任何缺陷，就需要立即组织修理或报废，这种处理方式显然是不够经济的。根据损伤容限设计准则，可以按照剩余寿命评估结果对含缺陷的转向架构架制定继续服役、维修、延寿和报废等几个等级的处置方案。

例如，实际运用中检出了与本章相同的形貌比为 0.2 的初始裂纹缺陷，根据图 6.36 可以确定该裂纹的扩展门槛值为 6mm，快速扩展的转换深度为 25mm，剩余寿命为 26.4 年。据此制定损伤容限运维策略：如果检出了深度小于 6mm 的初始裂纹则转向架构架可以正常服役；直至发现深度大于 6mm 且小于 25mm 的裂纹时转向架构架依然可以继续服役，但需要通过结构健康监测或者无损探伤来保证裂纹深度不大于 25mm；一旦裂纹深度大于 25mm，需要对转向架构架进行修理或延寿；当剩余寿命不足以覆盖一个大修周期时，应立即对转向架构架进行报废处理。

6.4 制动盘的服役行为评估

当前，高速列车普遍采用摩擦盘形制动装置，其失效模式为磨损过度和热疲劳裂纹。实际运用中，列车长时间高速运行，加之运营环境和工况日趋复杂，车轮修磨量迅速增大，使得制动盘在其磨损极限前便开裂失效或车轮磨耗到限后报废，这是导致高速列车运维成本居高不下的重要原因之一。作为高速列车极为关键的核心安全部件，轮装或轴装制动盘通过与闸片的摩擦，可使高速车辆在规定制动距离内实现减速或停车，其材料性能直接影响列车的运行状态和司乘安全。随着列车运行速度的持续提高，制动热负荷越来越大，制动时产生的热能也呈现几何级增大。巨大的制动热负荷使得制动盘产生很大的热应力和热变形。进而，由于反复制动导致热疲劳、高温蠕变、高温氧化、磨损等损伤作用，制动盘局部将出现严重的热疲劳裂纹。如果不加以控制，当扩展到一定程度后，将导致整个制动盘的断裂失效，直接危及乘客生命财产和行车安全。目前，一些国家在高速重载货物列车上也开始采用盘形制动，并对制动盘的材质、结构及闸片服役性能做了大量研究。因此，对制动盘裂纹现状进行调查，有利于摸清我国高速列车制动盘使用的实际情况，有助于更好地了解裂纹产生与扩展的机理，对提高列车安全可靠运行具有重要的现实意义。

6.4.1 制动盘的失效行为

制动盘与闸片剧烈的摩擦将列车巨大的动能短时间转换为摩擦热能，导致制动盘材料的局部热-机械应力状态和性能发生改变，进而在摩擦表面和次表面微区形成不均匀的热损伤裂纹（图6.37）。这种热裂纹不仅与材料有关，而且对零件的形状、尺寸、表面状态、使用条件和外界环境非常敏感。从裂纹分布看，裂纹走向与主应力的垂线重合，这符合强度原则，即走向总是沿着最小阻力路线即材料的薄弱环节（缺陷）处扩展。制动盘热应力模拟计算结果也表明，盘面的周向应力要比其径向应力大，这从另外一个侧面解释

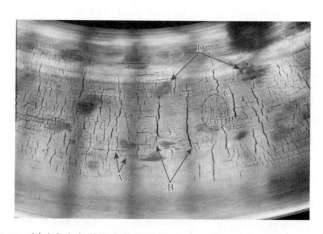

图6.37 制动盘上各种取向的热裂纹（A、B和C点）和热斑（D点）

了制动盘裂纹沿径向扩展的原因，即制动盘出现的不可避免的裂纹是由热疲劳、高温蠕变、高温氧化以及长期磨损作用所致。

一般认为，列车制动盘热疲劳损伤机理主要有马氏体理论、高应变疲劳理论和热疲劳理论等三种。三种理论基于损伤原因均由热疲劳引起，相互之间很难有明确的区分。有研究指出，循环热-机械应力使微区材料出现强化与松弛现象，是制动盘产生热疲劳裂纹的重要因素；也有学者认为，热损伤主要是由晶粒内的塑性变形引起的。在循环热-机械疲劳作用下，这些热损伤微区的内应力和变形有可能超过相应服役条件下材料强度的容限值，使得微裂纹优先在弱晶界和某种方向上萌生。微裂纹在大当量的热-机械荷载作用下进一步突破材料的抗断强度，进而导致疲劳裂纹宏观上的稳定扩展。总之，热斑、热裂纹和应力开裂是三种典型的制动盘宏观热损伤形式。

局部损伤区致热裂纹的萌生和扩展会显著降低制动盘的固有制动性能和使用寿命，已成为高速列车安全运行必须要解决的关键基础课题。影响制动盘热疲劳性能的因素主要有循环温度、热物理性能系数、材料的力学性能、金相组织结构和化学成分、热处理工艺等。因此，为保证制动盘良好的制动性能，制动盘材质需有较好的抗热裂性、耐磨性和导热性。为此，为提升制动盘的抗热疲劳性能，一方面需要严格控制有害元素如 S、P 等含量及夹杂物，另外一方面往往需要加入一定量的 Cr、Ni、Mo、V 等有益元素。然而，实际中并不存在一种不损伤和不开裂的材料。由于制造工艺等原因，制动盘不可避免地存在材料性能不同于周围的区域或宏/微观缺陷，这些不均匀地带会成为安全隐患。如能在查明制动盘中缺陷的位置和尺寸的同时，准确测定极端制动情况下制动盘内部所受荷载状态和大小，并可靠判明该缺陷是否会扩展并计算其扩展的寿命，便能据以制定科学的验收和使用标准，从而确保列车运行安全。

通常获得制动盘体的瞬时温度分布有两种方法：制动摩擦试验和数值仿真。其中试验手段包括实车制动和动态模拟试验，但这两种方法都很难准确得到制动盘表面及内部的瞬态温度和热应力分布及其变化过程。当前比较可行有效的是采用数值仿真方法对制动盘制动过程的热力耦合演变进行分析，结合断裂力学和含缺陷结构损伤评定，最终获得比较清晰的损伤演变特性。

6.4.2　制动热应力控制方程

制动能量通过盘体的热传导及盘体与环境的热对流和热辐射实现能量转化，并在局部形成宏观热斑和严重的应力集中。这种急剧的循环热-机械耦合过程是形成制动盘热疲劳裂纹的重要原因，也是开展制动盘热疲劳裂纹扩展寿命研究的关键节点。目前，能量折算模型和摩擦功率模型是研究制动盘热输入的两种有效方法。前者从能量转化角度建立热流密度关系，形式简洁、实用；后者从摩擦功率角度积分得到实时热流密度分布，推导过程严密、合理。相关研究表明，两种方法获得的制动盘热流密度分布趋势和峰值基本一致。比较而言，摩擦功率法得到的制动盘瞬时温度要高于能量折算法，可以获得偏于保守和安全的寿命评估，也能够更好地反映热流密度在摩擦表面随着径向位置和弧长的变化规律。尽管如此，由于存在一定的能量损耗，列车制动能量并非全部转化为热能。一般认为，制动能量 85%左右以热流密度形式传递至制动盘和闸片中。

为此，本书从摩擦功角度来考虑制动盘的制动热输入，基于热疲劳断裂试验和虚拟点扩展有限元法（virtual point-extended finite element method，VP-XFEM）开展热疲劳寿命仿真。制动盘热疲劳裂纹扩展分析方法有直接耦合和顺序耦合两种，本书采用顺序耦合求解方法。对制动闸片摩擦半径径向方向进行环形微分。以闸片距盘心 r 处的微分圆弧块作为研究对象，微分圆弧块的宽度为 dr，其对应圆心角为 φ_r，微分弧块面积 A_{dr} 为

$$A_{dr} = r\varphi_r dr \tag{6.16}$$

则作用在微分圆弧块表面上的摩擦力为

$$F_{dA} = \mu p A_{dr} \tag{6.17}$$

式中，μ 为摩擦系数；p 为闸片对制动片的压力。

微分圆弧块表面摩擦力单位时间所做的功为

$$P_{dA} = F_{dA} \cdot v_r = \mu pr\varphi_r dr \cdot \frac{v_t r}{R} = \frac{\mu pr^2 \varphi_r v_t dr}{R} \tag{6.18}$$

式中，v_r 为制动盘半径 r 处的线速度；v_t 为 t 时刻列车速度；R 为车轮半径。

假设闸片与制动片摩擦热沿着周向均匀分布，则制动过程中，进入制动盘的热流密度应为微分圆弧块与制动片摩擦热进入制动盘的能量除以该微分圆弧块 A_{dr} 在制动盘上扫过的面积。则距圆心 r 处的热流密度为

$$q(r,t) = P_{dA} / S_{dA} = \frac{\mu pr^2 \phi_r v_t dr}{2\pi R dr} = \frac{\mu pr^2 \phi_r v_t}{2\pi R} \tag{6.19}$$

式中，微分圆弧块在制动盘扫过的面积 $S_{dA} = 2\pi r dr$。

假设闸片（面积为 A_2）与制动片接触面的压强均匀分布，则有闸片压力 $N = p \cdot A_2$；另外，闸片压力可以表示为

$$N = \frac{maR}{nr_f \mu} \tag{6.20}$$

式中，m 为列车轴重；a 为制动过程中的加速度大小；n 为单个转向架车轴上总的闸片数（取 4）；r_f 为制动盘的摩擦半径。

从而得闸片对制动片的压力为

$$p = \frac{maR}{nr_f \mu A_2} \tag{6.21}$$

将式（6.21）闸片压强代入热流密度计算公式（6.19）中，并且考虑制动热量部分转化为摩擦热能，转化率为 η，从而得到

$$q(r,t) = \frac{\eta mar\varphi_r v_t}{2\pi n r_f A_2} \tag{6.22}$$

由此可见，热流密度在制动盘径向位置的分布与 $\varphi_r r$ 成正比。$\varphi_r r$ 是闸片距盘心 r 处的弧长，即制动盘半径 r 处摩擦副的周向摩擦长度。这表明摩擦环上的热流密度与制动盘和闸片轴向接触长度在径向的分布相关。

假定制动过程为匀减速，加速度为 $-a$（负号表示与列车方向相反），则制动过程任意时刻 t 的速度为 $v_t = v_0 - at$。热流密度随时间变化关系为

$$q(t) = \frac{\eta m r \varphi_r a(v_0 - at)}{2\pi n r_f A_2} \qquad (6.23)$$

以所给初速度 385km/h 紧急制动工况仿真数据假设非匀速制动，发现采用二次多项式拟合其线速度随时间关系曲线时，R^2 为 0.9999，效果最好。因此，本书对列车的紧急制动速度采用二次多项式拟合以计算热流密度。

设制动时刻 t 时，列车速度有 $v_t = v_0 + c_1 t + c_2 t^2$。此时加速度为负值，表示减速运动，加速度有 $a = -(c_1 + 2c_2 t)$。则热流密度随时间变化关系为

$$q(r,t) = -\frac{\eta m r \varphi_r [v_0 c_1 + (2v_0 c_2 + c_1^2)t + 3c_1 c_2 t^2 + 2c_2^2 t^3]}{2\pi n r_f A_2} \qquad (6.24)$$

为此，可以求解热流密度分布。假设闸片面积为 A_2，经测算可得闸片的总面积约为 38574.44mm^2。另外，以闸片距盘心 r 处的微分圆弧为对象，不断增加 r，每隔一个 dr，测得对应的圆心角 φ_r。可以得到 φ_r 随 r 变化，如图 6.38（a）所示。由图 6.38（a）可进一步得到 $\varphi_r r$，单位为 rad·m，如图 6.38（b）所示。

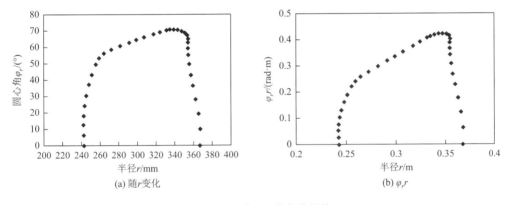

(a) 随 r 变化　　　　　　　　　　(b) $\varphi_r r$

图 6.38　φ_r 和 $\varphi_r r$ 的变化规律

从图 6.38 可以得到，半径 r 取 0.348m 时，$\varphi_r r$ 取得大值 0.423rad·m。而半径 r 取摩擦半径 r_f 为 0.305m 时，$\varphi_r r$ 取值为 0.346rad·m。

本节采用摩擦功率模型，通过线性和二次多项式拟合得到的制动过程随时间变化的热流密度 $q(t)$ 如图 6.39 所示。其中，实心五角星线（线性热流密度线）是采用线性拟合方法计算得到的热流密度分布，而空心五角星线则是采用多项式（非线性）拟合方法计算得到的热流密度分布。由图 6.39 可知，线性拟合速度得到的热流密度随时间是线性递减过程，而非线性拟合得到的热流密度分布随着时间先增大后减少，更加符合实际情况。另外，在变减速时，由列车动能转化的巨大热能来不及散发至空气中，使得制动盘体的温度迅速升高，这是导致制动盘热疲劳裂纹扩展的重要原因。

考虑弱耦合（先温度后热应力）的三维瞬态热物理系统，各向同性材料某点 x 在笛卡儿坐标系中的温度可由能量平衡方程及边界条件得到：

$$k_x \frac{\partial^2 T}{\partial x^2} + k_y \frac{\partial^2 T}{\partial y^2} + k_z \frac{\partial^2 T}{\partial z^2} + \rho Q = \rho c \frac{\partial T}{\partial t} \quad (6.25)$$

$$T(x,t) = T_0$$

$$-n_x k_x \frac{\partial T}{\partial x} - n_y k_y \frac{\partial T}{\partial y} - n_z k_z \frac{\partial T}{\partial z} = q_n \quad (6.26)$$

$$-n_x k_x \frac{\partial T}{\partial x} - n_y k_y \frac{\partial T}{\partial y} - n_z k_z \frac{\partial T}{\partial z} = h_c(T - T_a) \quad (6.27)$$

$$-n_x k_x \frac{\partial T}{\partial x} - n_y k_y \frac{\partial T}{\partial y} - n_z k_z \frac{\partial T}{\partial z} = h_r(T - T_r) \quad (6.28)$$

式（6.26）、式（6.27）和式（6.28）分别为制动盘的热流、对流和辐射边界条件，其中 k_i（$i=x$、y、z）为热传导系数，n_i（$i=x$、y、z）是边界外法线的方向余弦，令初始温度 $T_0=25℃$，ρ 为材料密度，T_a 为远场环境温度，热流密度 q_n 由制动能量换算得到，内部生成热 Q 为制动盘摩擦生热。

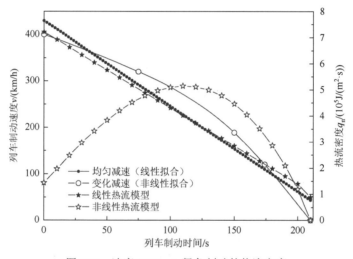

图 6.39 速度 385km/h 紧急制动的热流密度

在列车制动及停车过程中，制动盘内储存的能量部分通过盘面及散热筋散发至空气中。而制动过程为强迫对流，停车后为自然换热，因此必须考虑随列车行进速度变化的热量损失。盘体表面对流换热时，空气流动雷诺数 Re 与空气流速 v、制动盘特征长度 L 及空气运动黏滞系数 υ 有关。其中，制动盘特征长度假设为研究点处的圆周周长 $L=2\pi R$，R 为所求点的半径。此时，可根据计算出的空气流动雷诺数 Re 来判断制动盘上的空气流动状态为层流与紊流混合状态：

$$N_u = \frac{h_f \cdot L}{\lambda_m} = 0.037(Re_m^{0.8} - 23500)Pr_m^{1/3} \quad (6.29)$$

此时，混合边界层的平均对流传热系数 h_f 由式（6.30）计算：

$$h_f = 0.037\left[\left(\frac{u_\infty \cdot L}{\upsilon}\right)^{0.8} - 23500\right]Pr_m^{1/3}\lambda_m / L \quad (6.30)$$

式中，Pr_m 为普朗特常数；λ_m 为空气导热系数。

另外，工程中热辐射能量的损失可用斯特蕃-玻尔兹曼（Stefan-Boltzmann）方程来估算，假设制动盘上的辐射热流率为

$$q = \varepsilon \sigma A[(T + 273.15)^4 - (T_0 + 273.15)^4] \qquad (6.31)$$

式中，T 为制动盘瞬时温度，℃；T_0 为环境温度，℃；ε 为辐射率（又称黑度，钢取 0.5）；σ 为斯特蕃-玻尔兹曼常量，约 $5.67 \times 10^{-8} \mathrm{W/(m^2 \cdot {}^\circ C^4)}$。

然而，如果直接采用式（6.30）计算热辐射损失，将不易获得收敛解。由 Newton 定律和斯特蕃-玻尔兹曼方程，将热辐射折算成换热系数为

$$h_k = \varepsilon \sigma [(T + 273.15)^2 + (T_0 + 273.15)^2](T + T_0 + 2 \times 273.15) \qquad (6.32)$$

制动盘表面综合换热系数由表面与环境的对流换热系数和辐射换热系数两部分组成，根据表面综合换热系数可以表达对流换热系数 h_f 与辐射换热系数 h_k 之和，其随着制动盘表面温度变化的曲线如图 6.40 所示。

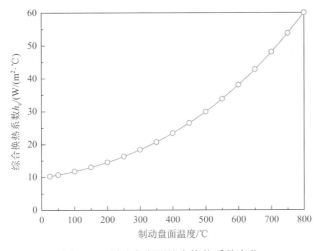

图 6.40　制动盘表面综合换热系数变化

计算中的其他参数中，R 为盘体某处距中心轴距离，这里取摩擦半径为 0.305m，υ 为空气运动黏滞系数，取 $1.48 \times 10^{-5} \mathrm{m^2/s}$，$\lambda_m$ 为空气导热系数，取 $2.59 \times 10^{-2} \mathrm{W/(m \cdot K)}$。由于计算过程中 λ_m 随着温度的变化而变化，Pr_m 为随温度变化的普朗特常量，在本研究中取 0.703。这里，对流换热系数随时间逐渐减小，取制动中间时刻的对流换热系数（平均化处理）来换算表面综合换热系数。

制动盘要求具有较高的强度、耐热性和比热容以及优良的导热、抗蚀和抗磨等性能。依据不同速度等级动车组的制动热容量要求，我国逐步研制了铸铁、铝合金、铸钢、锻钢及复合材料等。高速列车制动盘用锻钢材料在经历奥氏体化、淬火、回火和空冷处理后，其室温强度达到 1000MPa，密度为 7790kg/m³。试验表明，制动峰值温度达到 700℃及以上，在热应力场分析中需要给定制动盘材料在相应温度条件下的热物理性能参数（表 6.5）。然而，由于不能准确获得锻钢制动盘上温度梯度最大点的材料常数如弹性模量和膨胀系数，仿真中一般通过所有节点平均温度的非线性插值得到。

表 6.5　锻钢制动盘材料的热力学性能参数

温度/℃	弹性模量 /GPa	抗拉强度 R_m/MPa	屈服强度 $R_{p0.2}$/MPa	线膨胀系数 /10^{-6}	热扩散率 /(10^{-3}m^2/s)	比热容 /(J/(kg·℃))	热导率 /(W/(m·℃))
25	222	1050	935	1.0100	10.4	453	35.5
100	206	1030	895	4.2658	10.1	520	39.6
200	202	1000	835	8.4280	9.5	583	41.8
300	198	1060	880	11.2903	9.0	635	43.1
400	189	910	745	12.5022	8.9	654	43.9
500	174	825	725	13.1622	7.9	683	40.7
600	136	575	480	13.5162	7.4	758	42.3
630	108	430	340	—	—	—	—
660	60	173	105	—	—	—	—
700	98	159	101	13.6400	6.8	855	43.8
800	74	92	62	9.3250	6.3	867	41.2

实际运用中，制动盘上的最高温度可达 600~800℃，由热传导诱导的高温力学行为十分复杂。一般地，采用弹塑性模型理论对制动盘热疲劳应力进行研究。为此，可将瞬态温度场作为载荷条件代入以下公式得到制动盘的热应力场，设应变张量 ε 和柯西应力张量 σ 与温度变化呈比例关系，则有

$$\begin{aligned} \{\varepsilon_0\} &= \alpha(T - IT_0) = \alpha\Delta T \\ \{\varepsilon\} &= \nabla_s u \\ \{\sigma\} &= D\alpha\Delta T \end{aligned} \tag{6.33}$$

式中，I 和 D 分别为单位向量和弹性矩阵；α 为制动盘材料的热扩展系数。则单一问题域 Ω 内热弹性问题的控制方程和相应边界条件为

$$\begin{aligned} \nabla \cdot \sigma + b &= 0 \\ u &= u_0 = I \cdot 0 \\ \sigma \cdot n &= p \end{aligned} \tag{6.34}$$

式中，b、u_0 和 p 分别为体积力、对称边界位移条件和制动闸片压力。

将式（6.33）和式（6.34）代入虚位移原理，可得到包含热应变在内求解热应力问题的最小势能原理，其泛函形式如下：

$$\Pi(u) = \frac{1}{2}\int_{\Omega} \varepsilon^T D\varepsilon \mathrm{d}\Omega - \int_{\Omega} \varepsilon^T D\varepsilon_0 \mathrm{d}\Omega - \int_{\Omega} u^T b \mathrm{d}\Omega - \int_{\Gamma_t} u^T t_\Gamma \mathrm{d}\Gamma \tag{6.35}$$

在每个有限单元内应用以上方程，其标准变分形式为

$$\begin{aligned} \delta\Pi(u) = &\int_{\Omega} (\delta\varepsilon)^T D\varepsilon \mathrm{d}\Omega - \int_{\Omega} (\delta\varepsilon)^T D\varepsilon_0 \mathrm{d}\Omega \\ &- \int_{\Omega} (\delta u)^T b \mathrm{d}\Omega - \int_{\Gamma_t} (\delta u)^T t_\Gamma \mathrm{d}\Gamma = 0 \end{aligned} \tag{6.36}$$

在热应力的迦辽金弱形式中，协调应变场 ε 由式（6.33）计算。把近似位移场函数（6.34）代入式（6.36），考虑到虚位移的任意性，则有

$$[M]\{\ddot{u}\} + [C]\{\dot{u}\} + [K]\{u\} = [F]_T + [F] \tag{6.37}$$

式中，[M]、[C]和[K]分别为质量矩阵、阻尼矩阵和总刚度矩阵；[F]$_T$和[F]分别为热载荷和力学载荷，{u}为制动盘在外力载荷与温度载荷耦合作用下的热变形，"·"和"¨"分别表示基于热变形{u}的节点加速度向量和速度向量。

6.4.3 制动盘热疲劳寿命仿真

前文指出，高速列车制动盘的失效形式之一为热疲劳破坏。为此，本节首先获得制动盘的瞬时温度场及热斑区域，认为该峰值温度区域经受反复制动后形成热疲劳裂纹，根据实测的热疲劳裂纹扩展速率和扩展门槛值，通过积分得到制动盘的热疲劳裂纹扩展寿命。众所周知，断裂仿真是一个高度非线性计算力学问题，传统有限元法（FEM）难以实现裂纹独立于几何网格模型，使得裂纹扩展过程必须频繁进行网格的划分和材料属性的设置。另外，裂纹尖端应力场决定了断裂仿真的精度和收敛性，传统有限元也难以实现高效、高精度分析。在热疲劳寿命研究中，采用本书作者自主研发的裂纹尖端分层加密的虚拟点扩展有限元法（VP-XFEM），其基本原理是在传统扩展有限元法（extended finite element method，XFEM）的形函数中引入多边形单元算法，即虚拟点法（virtual point method，VPM），如图 6.41 所示。

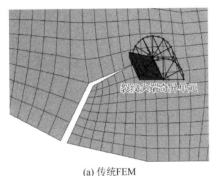

(a) 传统FEM (b) 新型VP-XFEM

图 6.41 疲劳裂纹扩展的两种仿真算法网格模型比较

由图 6.41 可知，传统 FEM 在仿真疲劳裂纹扩展时必须沿单元边界进行人工"断裂"分开，因此在处理动态裂纹扩展分析中需要频繁地划分网格，导致大规模工程问题的计算效率和精度难以得到保证；而新型 VP-XFEM 则可以从单元内部断开，无须对网格进行划分，即可自动实现裂纹的动态分析。基于 VPM 的裂纹尖端网格分层加密技术，能够大幅降低模型规模。这种新型扩展有限单元技术具有完全的自主知识产权，它可以实现裂纹尖端区域网格的自动分层加密，从而大幅改善了 XFEM 求解裂纹尖端应力场的精度；同时由于无须重新划分和全域加密网格，计算效率和收敛性也获得了极大提升。与传统 XFEM 相比，VP-XFEM 能够采用常应变的三角形和四面体单元网格进行全自动的高精度、高效率的动态断裂力学仿真研究。

如图 6.42 所示，把制动盘几何模型导入网格划分软件 HyperMesh 中。考虑几何结构本身具有的对称性特点，为了减少计算工作量，同时提高网格密度和计算精度，截取六分之一作为有限元输入几何模型。为了统一单位，换算方便，划分网格前先将模型缩小到原有尺寸的 0.001，即将原来 mm 单位，换算为以 m 为单位。由于复杂微特征的存在，本次分析选用四面体网格划分。设置网格整体尺寸密度为 0.006m。模型包含 13447 个节点和 63773 个单元，图中右边为制动片结构网格模型图。

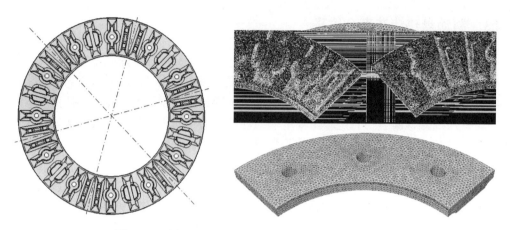

图 6.42　列车制动片几何模型及六分之一计算网格模型

所用锻钢制动盘材料随温度变化的断裂性能参数如表 6.6 所示。必须指出，由于制动过程中盘体温度场不均匀，相应温度下的裂纹扩展特性参数会有不同。项目研究中采用了该裂纹前缘最高温度的节点所对应的扩展特性参数，这样就相当于采用了制动过程中的实时材料性能，也就与实际大致相符。

表 6.6　基于 Paris 方程的锻钢制动盘材料断裂性能参数

温度/℃	C	m	ΔK_{th}/(MPa·m$^{1/2}$)	K_{IC}/(MPa·m$^{1/2}$)
25	2.51×10^{-12}	2.4867	5.8	63
300	6.65×10^{-15}	2.9935	2.8	47
350	7.87×10^{-12}	2.47	4.5	74
400	2.08×10^{-15}	3.69	5.4	74
450	2.02×10^{-17}	4.27	—	78
500	1.73×10^{-11}	2.33	—	165
600	5.48×10^{-11}	2.3281	—	31

然而，列车实际运营中，可能存在多种制动情况（如多次正常制动、多次紧急制动、正常和紧急制动等），将共同决定制动盘的热疲劳寿命。对于典型的 n 种制动工况，则需分别计算 n 种工况，得到 n 组裂纹尖端应力强度因子范围随裂纹尺寸的变化曲线（简称 ΔK^j-a 曲线）。上述计算步骤如下：

（1）由第一次制动工况对应的第 i 种制动工况 ΔK^j-a 变化曲线，得到初始裂纹 a_0 以及对应的 ΔK^j，则计算第 1 次制动后的裂纹尺寸为

$$a_1 = a_0 + C(\Delta K_0^j)^m \tag{6.38}$$

（2）由第二次制动工况对应的第 j 种制动工况 ΔK^j-a 变化曲线，得到裂纹 a_1 对应的 ΔK^j，然后计算第二次制动后的裂纹尺寸：

$$a_2 = a_1 + C(\Delta K_1^j)^m \tag{6.39}$$

（3）重复上述步骤，用式（6.40）逐次计算经历第 i 次制动后的裂纹尺寸：

$$a_i = a_{i-1} + C(\Delta K_{i-1}^j)^m \tag{6.40}$$

（4）重复上述过程得到裂纹增量与制动次数的关系（a-N_f），从而也可得到线路模拟工况预定循环周次下疲劳扩展的最终裂纹尺寸 a_f。为确保计算正常终止，也可以根据制动盘检修周期中有关裂纹长度限界来定义裂纹上限值。必须注意的是，由于存在通孔，不同位置的裂纹长度定义不同。

图 6.43 和图 6.44 分别给出了基于摩擦功率模型获得的锻钢制动盘在初始制动速度 385km/h 条件下的瞬态温度场和第一主应力场。

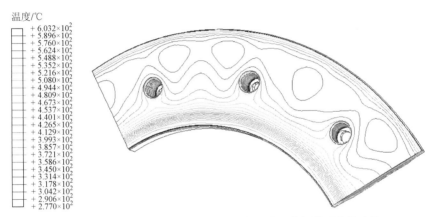

图 6.43　制动 122s 后由"摩擦功率+变减速"获得的瞬态温度场

图 6.44　一次紧急制动后的制动盘表面第一主应力场

从峰值温度场分布可以看到，制动盘上瞬时温度区域位于散热孔的中间靠上部的微小局部区域，并非呈现出均匀分布。据此推测，该局部微小区域的热应力也将表现出较大的梯度变化，从而容易引起热疲劳损伤，并最终形成裂纹。另外，由第一主应力场分布可以看出，散热孔之间靠近制动盘外侧方向是热点区域。这种最大主应力有可能超过材料强度值，从而在该区域产生应力集中和塑性变形，引起裂纹萌生或者使得固有检出缺陷（2mm 以上裂纹）的稳定扩展。

　　根据在截面距离表面深度的不同，裂纹可以分为五类：盘体外侧的表面裂纹、距盘体外侧 10mm 的表面裂纹、靠近盘体外侧距表面 4mm 处的裂纹、靠近盘体外侧距表面 11mm 处的裂纹和靠近盘体外侧距表面 18mm 处的裂纹。此处，以制动盘中部热斑诱导初始裂纹为例，进行速度 350km/h 初速到停车，启动，再停车……这样循环，分析制动盘疲劳裂纹扩展寿命。裂纹短半轴从 $a=0.5$mm 扩展到 18mm，分别截取裂纹扩展过程中当 a 为 0.5mm、4.13mm、8.25mm、15.75mm、17.25mm 和 18.75mm 时的裂纹形貌图，并提取裂纹前端的最大等效 ΔK 值，如图 6.45 所示。

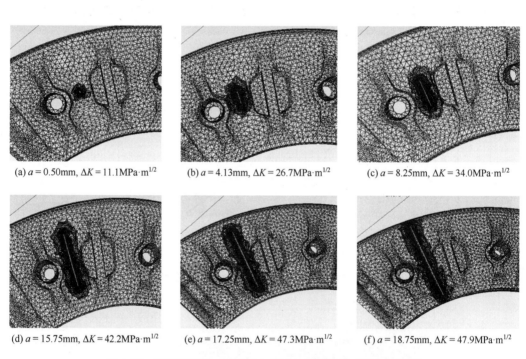

(a) $a = 0.50$mm, $\Delta K = 11.1$MPa·m$^{1/2}$　　(b) $a = 4.13$mm, $\Delta K = 26.7$MPa·m$^{1/2}$　　(c) $a = 8.25$mm, $\Delta K = 34.0$MPa·m$^{1/2}$

(d) $a = 15.75$mm, $\Delta K = 42.2$MPa·m$^{1/2}$　(e) $a = 17.25$mm, $\Delta K = 47.3$MPa·m$^{1/2}$　(f) $a = 18.75$mm, $\Delta K = 47.9$MPa·m$^{1/2}$

图 6.45　以速度 350km/h 停车、启动、再停车的多次循环仿真

　　由图 6.45 可知，当假设该种工况下裂纹的检出尺寸为 2mm 时，其应力强度因子为 17.6MPa·m$^{1/2}$，已经远大于该环境加载条件下的长裂纹扩展门槛值 5.8MPa·m$^{1/2}$（约为 3 倍）。据此认为，这种工况下的初始裂纹必然发生快速的稳定扩展，必须对其进行定期、重点检测和评估。根据图 6.45 中裂纹扩展数据，可以进一步绘制出 ΔK-a 曲线，参照给定工况下疲劳裂纹扩展分析最终获得裂纹长度与制动次数的曲线。假定列车运行时只考虑该紧急制动工况，热疲劳裂纹扩展到曲线拐角处（该处疲劳制动次数占裂纹扩展至整个盘面制动次数的 90% 左右）裂纹长约 42.2mm 时，制动盘寿命估计如下：$N=245664$ 次/一年 330 天/一天 50 次=14.8 年。结果表明，该部位存在长度 2mm 的初始热裂纹是相对安全的，但需要定期进行检修。例如，为确保安全，可以取安全系数 2 来制定制动盘的检修周期或者寿命。

根据上述流程，可以开展列车任意制动速度下不同位置处的热疲劳裂纹扩展仿真分析。表 6.7 给出了列车速度 350km/h 下多次紧急制动时的计算结果，裂纹位于制动盘表面及内部，"—"表示应力强度因子计算值小于 ΔK_{th}。

表 6.7 列车速度 350km/h 多次紧急制动计算结果 （单位：年）

裂纹位置	内侧	距内侧 10mm	中部	距外侧 10mm	外侧
在表面		—	14.9	22.1	
距表面 4.0mm	25.6	—	44.1	—	11.1
距表面 11mm		32.8	—	—	
距表面 18mm		26.2	39.3	—	

必须指出的是，本章基于线弹性断裂力学理论开展了制动盘热疲劳寿命预测研究，对于检修中发现有热裂纹的制动盘可以提出检修建议或使用寿命，是一个有益尝试。在设计中，往往以盘面磨耗量来定义制动盘寿命；但在实践中，又是与车轮一起来定义其寿命（6 年左右），除非其热裂纹或变形超标需要更换。根据热裂纹 2mm 长度的裂纹扩展寿命结果，对制动盘定寿具有重要参考意义。

6.5 本 章 小 节

结构完整性思想已在航空飞机、高温结构等众多领域得到广泛运用，轻量化、经济性、耐久性等效果显著。现代铁路车辆结构长期沿用基于名义应力法的安全寿命评估，不适应更高速度、更低成本、更长寿命等发展要求。作者不仅引用了"结构完整性"这一概念，而且进一步发展了融合系统动力学与断裂力学的时域阶梯疲劳评估方法，在车轴、车轮、构架和制动盘等关键基础部件中示范应用，取得了较好的效果，也是巩固近年来在铁路车辆结构抗疲劳评估领域的理论创新与实践。

参 考 文 献

陈德玲, 张建武, 周平. 2006. 高速轮轨列车制动盘热应力有限元研究[J]. 铁道学报, 28(2): 39-43.

高飞, 孙野, 杨俊英, 等. 2015. 摩擦副结构与制动盘温度关系的试验与模拟研究[J]. 机械工程学报, 51(19): 182-188.

黄彪, 杜利清, 金文伟, 等. 2021. 高速动车组轮装制动盘装配工艺试验研究[J]. 铁道车辆, 59(3): 58-63.

金文伟, 王常川, 方明刚, 等. 2016. 高速列车制动盘材料参数热敏感性分析[J]. 铁道机车车辆, 36(4): 22-27.

李继山. 2007. 高速列车合金锻钢制动盘寿命评估研究[D]. 北京: 中国铁道科学研究院.

李继山, 顾磊磊, 焦标强, 等. 2013. 350km/h 高速列车轮状制动盘仿真分析[J]. 铁道机车车辆, 33(2): 7-8.

曲选辉, 章林, 吴佩芳, 等. 2017. 现代轨道交通刹车材料的发展及应用[J]. 材料科学与工艺, 25(2): 1-9.

孙新海. 1998. 盘形制动及其配套技术[M]. 北京: 中国铁道出版社.

王连庆, 吴圣川, 胡雅楠, 等. 2021. 高铁锻钢制动盘热疲劳裂纹扩展仿真及寿命评价[J]. 计算力学学报, 38(1): 90-95.

吴圣川, 吴玉程. 2011. ALOF-新一代三维疲劳裂纹扩展分析软件[J]. 计算机辅助工程, 20(1): 136-140.

杨强. 2009. 列车制动盘温度场和应力场仿真与分析[D]. 北京: 北京交通大学.

杨智勇, 李志强, 李卫京, 等. 2012. 制动盘摩擦面热损伤的形成机理分析[J]. 铁道机车车辆, 32(3): 14-19.

余天堂. 2014. 扩展有限单元法——理论、应用及程序[M]. 北京: 科学出版社.

张乐乐, 杨强, 谭南林, 等. 2010. 基于摩擦功率法的列车制动盘瞬态温度场分析[J]. 中国铁道科学, 31(1): 99-104.

周素霞, 杨月, 谢基龙. 2011. 高速列车制动盘瞬态温度和热应力分布仿真分析[J]. 机械工程学报, 47(22): 126-131.

Coupard D, Palin-Luc T, Bristiel P, et al. 2008. Residual stresses in surface induction hardening of steels: Comparison between experiment and simulation[J]. Materials Science and Engineering: A, 487(1-2): 328-339.

Dufrénoy P, Weichert D. 2003. A thermomechanical model for the analysis of disc brake fracture mechanisms[J]. Journal of Thermal Stress, 26(8): 815-828.

Li Z Q, Han J M, Yang Z Y, et al. 2014. The effect of braking energy on the fatigue crack propagation in railway brake discs[J]. Engineering Failure Analysis, 44: 272-284.

Makino T, Kato T, Hirakawa K. 2011. Review of the fatigue damage tolerance of high-speed railway axles in Japan[J]. Engineering Fracture Mechanics, 78(5): 810-825.

Moës N, Dolbow J, Belytschko T. 1999. A finite element method for crack growth without remeshing[J]. International Journal for Numerical Methods in Engineering, 46(1): 131-150.

Teng Z H, Sun F, Wu S C, et al. 2018. An adaptively refined XFEM with virtual node polygonal elements for dynamic crack problems[J]. Computational Mechanics, 62(5): 1087-1106.

Wu S C, Zhang S Q, Xu Z W. 2016. Thermal crack growth-based fatigue life prediction due to braking for a high-speed railway brake disc[J]. International Journal of Fatigue, 87: 359-369.

Wu S C, Liu Y X, Li C H, et al. 2018a. On the fatigue performance and residual life of intercity railway axles with inside axle boxes[J]. Engineering Fracture Mechanics, 197: 176-191.

Wu S C, Xu Z W, Kang G Z, et al. 2018b. Probabilistic fatigue assessment for high-speed railway axles due to foreign object damages[J]. International Journal of Fatigue, 117: 90-100.

第 7 章　服役环境下的结构完整性问题

20 世纪 90 年代以来，在长期技术积累和自主研发的基础上，经过引进消化吸收再创新、自主提升创新、全面创新和持续创新，中国高速铁路技术已经实现系统性领跑世界，成为当之无愧的"国家名片"。当前中国铁路装备已出口至 105 个国家和地区，基本覆盖极地之外的所有气候类型；特别是随着"一带一路"倡议的提出以及高铁跨海时代的到来，中国高铁面临着前所未有的高盐、高湿、高温、严寒等极端环境，这些复杂环境与服役载荷耦合作用导致列车关键部件加速失效，严重威胁着列车运营安全。此外，低温、腐蚀等复杂环境显著恶化承载部件的服役性能，现有的列车关键部件寿命设计与服役评估方法中尚未考虑温度和腐蚀环境的影响，已难以满足实际运用工况。因此，必须高度重视服役环境对车辆结构疲劳性能的影响以及复杂环境下列车结构疲劳寿命的评估，进而更新目前的铁路车辆防护技术、检修规程等，以确保高速车辆运营的可靠性和经济性。本章简要介绍严寒、腐蚀这两种典型服役环境下列车用金属结构材料的疲劳性能及评估进展。

7.1　低温环境对疲劳性能的影响

从 20 世纪 30 年代开始，研究者发现很多工程脆断事件都与低温有关，如比利时哈赛尔特桥建造完成后，在–20℃低温下突然发生了脆断破坏。90 年代，国内渤海老二号平台发生倒塌，让科研人员开始重视低温对钢材力学性能（包括疲劳性能）的影响。我国在用和在建的寒区高速铁路总里程超过 7000km，特别是在建的川藏铁路工程昼夜温差极大，给列车关键部件的低温服役带来新的技术挑战。而中国高铁"走出去"战略中，俄罗斯等严寒地区运营环境温度将达–80℃甚至更低，低温服役环境下构件的安全性和可靠性已成为制约高速动车组安全服役的技术瓶颈。目前，位于严寒地区的青藏铁路已发生多次钢轨钢材和焊缝处的脆性断裂。低温造成金属结构材料脆断的倾向增大，因此研究高速动车组关键承载部件在低温环境下的疲劳断裂至关重要，对保证高速动车组在严寒环境下的安全服役具有重要意义。

7.1.1　低温对力学性能的影响

受低温环境影响的金属材料的拉伸性能参数主要有屈服强度、抗拉强度、延伸率和断面收缩率；而在断裂性能试验中，受低温环境影响的参数主要包括裂纹尖端张开位移 CTOD、裂纹尖端能量释放临界值 J_{IC} 等。一般地，金属材料的屈服强度和抗拉强度随着温度的降低而升高，但是温度降低对金属材料的塑性和断裂韧性的影响比较复杂。根据低温下金属材料是否发生韧脆转变对其进行分类。

（1）面心立方（fcc）金属（铝合金、镍合金、奥氏体不锈钢等），随着温度的降低，这类金属材料的强度升高，塑性和断裂韧性虽有所降低，但降低幅度不大，甚至有所升高。也就是说，这类材料在低温下韧脆转变不明显。

以铝合金为例，温度对铝合金的力学性能有显著的影响：低温环境下弹性变形抗力、强度及断裂韧性增加，如部分 2000 系、5000 系、6000 系及 7000 系铝合金。关于铝合金低温性能的变化原因，目前认为：晶格热振动能随着温度降低而变小，位错运动跨越势垒所需的外力增加，即位错运动短程阻力增加，强度提高；随着温度的降低，合金加工硬化增大，变形均匀性增加，塑性增大。

（2）体心立方（bcc）金属（Fe、W、Mo 及结构钢等），在低温下会发生韧脆转变。随着温度的降低，这类金属材料的强度逐渐提高，且屈服强度比抗拉强度增幅快。当温度降至临界点 T_{cr} 时，钢材的屈服强度和抗拉强度相同，此点定义为零塑性临界温度，即发生脆性断裂的温度。同时塑性和韧性随温度的降低而降低，且降幅大；在韧脆转变温度以下，这类金属材料的塑性和断裂韧性甚至降低到零。

还有一些金属材料，虽然具有面心立方晶格，但在低温或超低温下会发生相变，因而塑性也会降低。表 7.1 总结了常见金属材料的屈服强度随温度的变化情况，基本上材料的屈服强度随温度的降低而升高。

表 7.1　不同金属材料的屈服强度随温度变化情况　　　　　（单位：MPa）

材料	晶粒尺寸/μm	屈服强度					
		297K	233K	173K	123K	77K	4.2K
2024 Al-T4	15	310	—	—	—	490	—
2124 Al-T4	50	270	—	—	—	505	—
Al-3%Mg	170	52	—	—	—	85	—
Cu	20	69	—	—	—	83	—
304 不锈钢	—	230	—	—	—	420	—
Fe	103	122	230	345	477	—	—
Fe-1.0%Si	73	158	192	287	444	—	—
Fe-2.5%Si	63	195	217	275	368	—	—
Fe-4.0%Si	93	248	302	322	423	—	—
HSLA 钢	10	365	440	512	660	—	—
HSLA 钢	60	230	300	350	535	—	—
Inconel 706	125	969	—	—	—	1154	1191
Ti-30Mo	92	34		78			

王元清等针对建筑和桥梁用 Q235、Q460、Q960、16Mnq 和 14MnNbq 钢材进行了系统的低温力学试验。结果发现，钢材的屈服/抗拉强度均随着温度的降低而升高，但塑性指标（断后伸长率和断面收缩率）有一定程度的降低（图 7.1）。此外，随着试验温度的降低，Q235、Q345、Q460 等钢材的弹性模量会略微升高，当温度低于 −197℃时，

弹性模量几乎保持不变。也有研究人员对铁路车辆转向架材料 16Mn 钢、车轮材料 ER8 钢、钢轨材料 U71Mn 钢等在低温下的力学性能开展研究，发现了与前述现象相似的结论。有趣的是，对于 X80 管线钢，当温度从室温降到-80℃时，屈服/抗拉强度随温度的降低而升高；与此同时，塑性指标并没有随着温度的降低而降低。

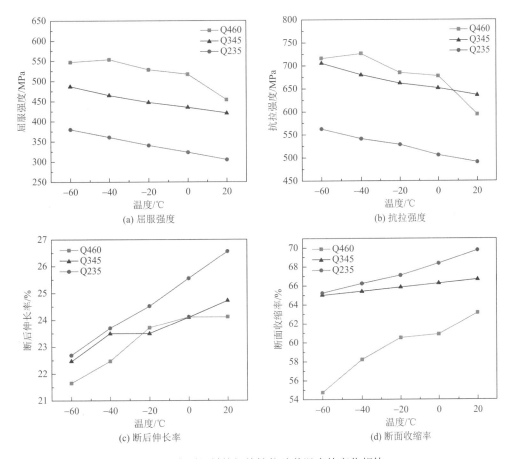

图 7.1　典型钢材的拉伸性能随着温度的变化规律

进一步低温断裂试验表明，疲劳裂纹尖端的主要表征参数都随着温度的降低而降低，这主要包括了裂纹尖端张开位移 CTOD、平面应变断裂韧度 K_{IC}、裂纹尖端能量释放临界值 J_{IC} 以及冲击断裂的冲击功 A_{kv} 等，如图 7.2 所示。CTOD 值随温度的降低而降低且满足 Boltzmann 函数，变化曲线可分为上平台区、下平台区以及韧脆转化区。钢铁材料的韧脆转化温度随着钢材牌号的变化而变化，本质上与合金元素有关。例如，对于 Q235 和 16Mn 钢焊缝，J_{IC} 随温度的降低表现出先增加后降低的趋势，而 16Mn 钢的 J_{IC} 随温度的降低而降低。试验结果表明，大多数钢材的 J_{IC} 随温度的降低出现先增加后降低的现象。对于某一具体的材料，其力学性能随温度降低而变化的幅度，以及韧脆转变温度均各不相同，低温下疲劳性能也各不相同。因此，在低温下使用的不同金属材料，其低温拉伸性能和疲劳性能均应加以研究从而指导工程应用。

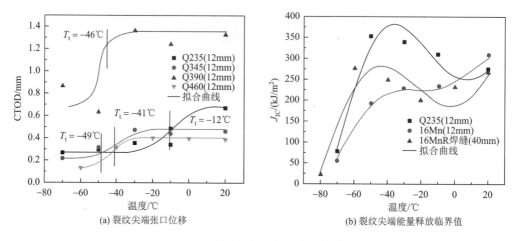

(a) 裂纹尖端张口位移   (b) 裂纹尖端能量释放临界值

图 7.2 不同钢材的断裂性能参数随温度的变化

7.1.2 低温对疲劳寿命的影响

7.1.1 节表明，金属材料的强度随着温度的降低而升高。一些研究认为，疲劳极限与其强度基本成正比。同时，大量试验发现，疲劳极限随着温度的降低而升高，如表 7.2 所示。当温度降低时，软金属的疲劳强度提高比例高于硬金属。低温改变材料疲劳行为的原因包括两方面：首先，材料的力学响应不同。一般来说，屈服强度和抗拉强度都高于室温。这一趋势与塑性变形阻力的增加有关（位错的迁移率降低）。其次，由于化学过程和扩散的反应速率较低，低温环境对疲劳性能的影响降低。

表 7.2 低温对金属疲劳极限的影响 （单位：MPa）

材料	疲劳极限					
	20℃	−40℃	−78℃	−188℃	−253℃	−269℃
铜	100	—	—	145	240	260
黄铜	175	185	—	—	—	—
铸铁	60	75	—	—	—	—
低碳钢	185	—	255	570	—	—
镍铬钢	540	—	580	765	—	—
2014-T6	100	—	—	170	310	—
2020-T6	125	—	—	155	280	—
7075-T6	85	—	—	140	240	—

中国铁道科学研究院尹鸿祥和西南交通大学李一帆分别在室温至−80℃范围内开展了疲劳 S-N 曲线测试，随着试验温度降低，EA4T 车轴钢或 LZ50 车轴钢疲劳寿命明显提高，在 350MPa 应力水平下，−10℃、−30℃的 EA4T 车轴钢寿命分别为室温下的 2.3 倍和

2.8 倍；根据经典极大似然法作出的 P-S-N 曲线表明在室温下疲劳分散性随应力水平的降低而逐渐增加。西南交通大学方修洋等对高速铁路车轮钢进行了恒定应力幅值和可变应力幅值下不同温度的疲劳试验，结果表明在恒定应力幅值下，疲劳寿命随测试温度的降低而升高，但可变应力幅值下疲劳寿命对温度不敏感。但也有不同的研究结论，贺腾博在室温、–15℃、–30℃下对铝合金进行疲劳试验，获得三个温度下的疲劳 S-N 曲线，结果表明，在室温下疲劳寿命最长，随温度降低，疲劳寿命也缩短。

7.1.3　低温对疲劳裂纹萌生的影响

到目前为止，低温环境下疲劳裂纹萌生机制的研究主要集中在纯铜、低碳钢、奥氏体不锈钢、镁合金等少数几种金属材料中。科研人员研究了 304 奥氏体不锈钢在室温和–196℃下的低周疲劳行为。结果表明，室温下疲劳裂纹萌生寿命占总寿命的 20%，而–196℃下疲劳裂纹萌生寿命占总寿命的 70%，说明低温对疲劳裂纹萌生有明显的抑制作用。此外，研究人员采用切口试样测定了钢材料在低温下的疲劳裂纹萌生寿命。奥氏体不锈钢的低温疲劳裂纹萌生寿命随着温度的降低而延长，疲劳长裂纹萌生门槛值也呈升高的趋势。在相同的循环应力条件下，当温度从 20℃下降到 –120℃时，MA12 镁合金的疲劳寿命逐渐升高，这主要是因为温度下降导致疲劳微裂纹的萌生被延迟。也有一些研究表明，Ti-5%Al-2.5%Sn 合金的低温疲劳寿命低于常温下的疲劳寿命，原因在于低温高周疲劳试验中形成的 {11$\bar{2}$1} 孪晶导致疲劳裂纹在 {11$\bar{2}$1} 孪晶/基体界面萌生，进而降低了低温高周疲劳寿命。

循环硬化或软化都可能导致材料中位错组织的形成，而疲劳裂纹会在循环硬化阶段成核，故研究位错组织的变化规律有利于更好地理解低温疲劳损伤机制。在 293～78K 范围内，对 fcc 金属及合金的研究表明，位错组织模式与层错能和所施加的应力非常敏感，而与温度几乎无关。纯铜试样表层位错组织无实质性变化，但表层位错组织的形成会随温度降低而被明显延缓。

Polák 和 Klesnil 研究了低碳钢的低温应变硬化现象。温度降至 148K 时的循环硬化与室温时类似，循环应力对温度与应变幅值的依赖性却表现得很复杂。将循环应力分为内应力和有效应力两个分量。有效应力分量与温度密切相关，与应变幅值无关；内应力分量取决于塑性应变幅值，几乎与温度无关。随着温度降低，位错胞增加，胞体尺寸随塑性应变幅值增加而减小。在韧脆转变温度以下，金属只在亚表层以下很小深度（大约为 15μm）发生位错组织变化，且其密度显著增加。也有研究者基于金属流变应力的微观理论和温度理论研究了 2E12 铝合金在低温情况下的疲劳特性和机理，发现金属在低温下的变形阻力较大，主要是由低温下短程阻力增加，晶核在低温下振动能降低而导致的。同时，与常温相比，位错在低温下的运动程度也会相应降低，位错密度下降使应力集中程度在微观上减少，因此增大了疲劳裂纹萌生寿命。

7.1.4 低温对疲劳裂纹扩展的影响

1. 疲劳裂纹扩展门槛值

疲劳长裂纹扩展门槛值是描述疲劳裂纹扩展特性的关键材料参数，反映了材料抵抗疲劳断裂的能力。大量的试验数据及理论分析表明，裂纹扩展门槛值与材料屈服强度、弹性模量、尖端塑性变形等因素有关，低温通过影响以上参数对裂纹扩展门槛值产生间接影响。研究表明，高强度合金钢的疲劳裂纹扩展门槛值随着温度的降低而升高。在同一温度下，粗晶粒钢的疲劳裂纹扩展门槛值较高，这与室温下疲劳裂纹扩展门槛值随晶粒尺寸的变化规律类似。值得注意的是，具有同一晶粒尺寸的高强度低合金钢的屈服强度也随着温度的降低而升高，与疲劳裂纹扩展门槛值随温度的变化规律相似。但是，在同一试验温度下，晶粒粗大、屈服强度低的钢材具有较高的疲劳裂纹扩展门槛值。其他金属材料体系的大量试验研究也表明，疲劳裂纹扩展门槛值随着温度的降低而升高，具体如表 7.3 所示。

表 7.3　典型工程材料长裂纹扩展门槛值随温度的变化情况

材料	应力比	$\Delta K_{th}/(MPa \cdot m^{1/2})$					
		297K	233K	173K	123K	77K	4.2K
2024 Al-T4	0.05	0.8				3.0	
2124 Al-T4	0.05	2.1				6.0	
Al-3%Mg	0.05	3.4				4.2	
	0.5	2.3				2.8	
Cu	−1	2.7*				3.0	
304 不锈钢	−1	7.0*				8.5	
Fe	0.1	9.0	13.0	15.0	16.0		
Fe-1.0%Si	0.1	8.0	12.0	14.5	14.5		
Fe-2.5%Si	0.1	7.0	11.0	11.0	14.0		
Fe-4.0%Si	0.1	5.8	11.0	14.7	15.0		
HSLA 钢（10μm）**	0.1	5.5	6.0	7.0	9.0		
	0.35	4.0			6.0		
	0.7	4.0			6.0		
HSLA 钢（60μm）**	0.1	6.5	8.0	10.0	13.0		
	0.35	5.0			8.5		
	0.7	4.5			5.0		
Inconel 706	0.1	12.1					15.2
	0.8	5.7					12.9
Ti-30Mo	0.05	5.9	6.4		5.6		

*指在硅油中，**指晶粒尺寸。

2. 疲劳裂纹扩展规律

金属材料在稳定扩展区的疲劳裂纹扩展机理对疲劳裂纹扩展速率有很大影响。研究表明,当疲劳裂纹以韧性条带机理扩展时,裂纹扩展速率较低;而疲劳裂纹扩展以非条带机理,如微区解理或晶间分离等脆性机理扩展时,裂纹扩展速率较高。若金属材料在低温下发生韧脆转变,塑性和韧性大幅度降低,如碳钢与合金结构钢,则疲劳裂纹由韧性条带机理扩展转化为微区解理或晶间分离等脆性机理扩展。这种现象称为疲劳裂纹扩展机理的韧脆转变(fatigue ductile-brittle transition,FDBT)。必须指出,金属材料是否具有 FDBT 现象,低温对其裂纹扩展速率的影响不同。若在低温下不发生FDBT,且有足够的塑性,如具有 fcc 晶格的金属材料,在温度降低到 4K 时,疲劳裂纹仍以韧性条带机理扩展,也就是说,疲劳裂纹扩展机理在低温下不发生转变,稳定扩展区的裂纹扩展速率随着温度的降低而降低,同时扩展门槛值增大,如图 7.3(a)所示。若金属材料存在明显的 FDBT,如铁素体等,低温对裂纹扩展速率的影响效果与温度是否高于韧脆转变温度(FDBT 发生时对应的温度)密切相关,如图 7.3(b)所示。当温度高于韧脆转变温度时,疲劳裂纹以韧性条带机理扩展,温度降低使疲劳裂纹扩展速率降低;当温度低于韧脆转变温度时,疲劳裂纹扩展以非条带机理,如微区解理或晶间分离等脆性机理扩展,温度继续降低会导致疲劳裂纹扩展速率快速升高。

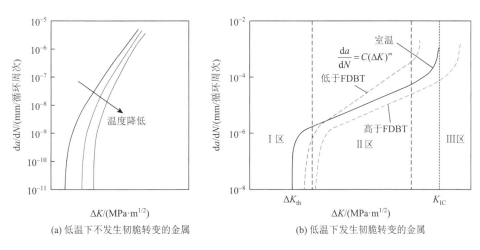

(a) 低温下不发生韧脆转变的金属　　　　(b) 低温下发生韧脆转变的金属

图 7.3　低温对金属材料疲劳裂纹扩展速率的影响

研究者针对 16Mn 钢进行了低温下疲劳裂纹扩展试验,如图 7.4 所示。发现在疲劳裂纹扩展近门槛值附近时,温度变化对裂纹扩展速率的影响明显,但是随着应力强度因子范围 ΔK 的增大,对裂纹扩展速率的影响逐渐变小。

图 7.5 为 16Mn 钢在不同低温下的疲劳断口形貌。可以看出,随着温度的降低,疲劳裂纹扩展机理由韧性断裂转变为脆性断裂。由此分析,16Mn 钢在低温条件下应是发生了韧脆转变(转变温度为 133~125K),从而导致韧脆转变引起疲劳裂纹在稳定扩展区的扩展速率大幅度升高。

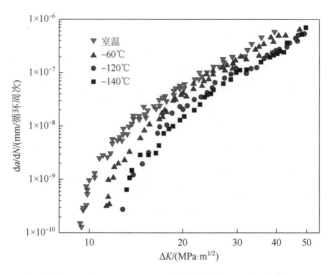

图 7.4　低温下 16Mn 钢疲劳裂纹扩展速率曲线

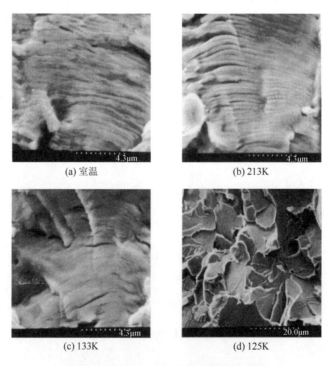

图 7.5　低温下 16Mn 钢的疲劳断口形貌

7.2　腐蚀介质对疲劳性能的影响

腐蚀疲劳是金属材料在交变应力与腐蚀介质的联合作用下发生的脆性断裂现象。腐蚀疲劳的本质是电化学腐蚀过程和力学过程的耦合作用,这种相互作用远远超过交变应力和腐蚀介质单独作用的结果,也是一种较为严重的破坏形式。我国幅员辽阔，地形地质环境复杂，铁路车辆运行于平原、丘陵、山区、高原、沿海地区等不同的地理气候环境，在服役中受到雨、雪、潮湿大气以及海洋性大气环境的侵蚀。在这些腐蚀性环境作用下，轮轴、车体、接触网、转向架等构件的抗疲劳性能大大降低。众所周知，在惰性环境中材料存在疲劳极限，但腐蚀疲劳不存在疲劳极限，即使在很低的应力条件下，腐蚀疲劳破坏也会产生，如图 7.6 所示，给列车运行带来安全隐患。与应力腐蚀不同，任何材料都可能发生腐蚀疲劳，而且发生腐蚀疲劳不需要材料-环境的特殊组合，只要存在腐蚀介质，就会发生腐蚀疲劳，危害较大。

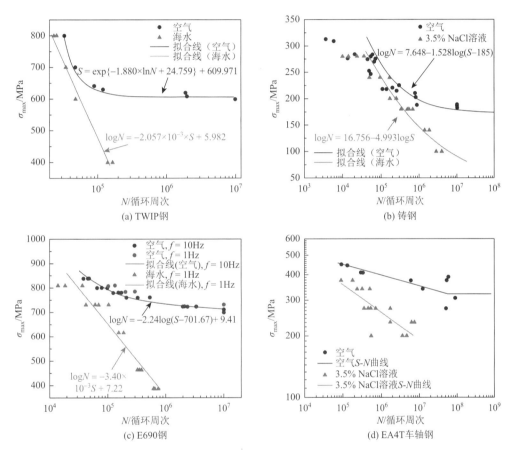

图 7.6　不同金属材料在 3.5%NaCl 溶液中的疲劳 S-N 曲线

7.2.1　车辆结构的腐蚀疲劳问题

1. 车轴的腐蚀疲劳

铁路车轴一般会进行表面涂漆处理以预防腐蚀。然而，列车在正常运行过程中，由空气动力学效应卷起的道砟等会击伤车轴表面，造成漆膜局部破损、脱落。随着运营速度的提高，这种现象愈加严重。调查显示，大约 30% 的高速列车车轴出现这种损伤形式。而一旦车轴表面涂层破损，点蚀极易在此处发生，且腐蚀程度更严重，如图 7.7 所示，车轴漆面破损处发生了点蚀。点蚀对疲劳强度的影响主要表现在：一方面，引起应力集中，造成疲劳极限显著降低甚至消失；另一方面，会加速裂纹扩展，类似于应力腐蚀断裂。2006 年 7 月 26 日发生在布里格附近辛普朗隧道入口处的货运列车脱轨就是由实心车轴表面腐蚀坑引起的严重事故。

图 7.7　道砟撞击导致车轴漆层损伤处发生腐蚀

意大利米兰理工大学 Beretta 教授在模拟雨水环境下进行了车轴钢的旋转弯曲疲劳试验，结果表明，作为几何不连续，点蚀导致小裂纹成核，腐蚀和疲劳耦合效应加速小裂纹扩展导致疲劳极限消失（图 7.8）；对全尺寸车轴进行模拟雨水环境下的腐蚀疲劳试验发现，与空气中进行的疲劳试验相比，车轴在模拟雨水中的疲劳寿命显著降低。疲劳寿命降低的原因是在腐蚀环境下，车轴表面会发生电化学反应，导致腐蚀电位较低，热力学稳定性较差的组织周围先被腐蚀，形成腐蚀坑。当腐蚀坑的深度达到一定值后，会在半球状的腐蚀坑底部形成一个次级腐蚀坑。由于次级腐蚀坑的坑口存在应力集中，从而会在坑口处产生微裂纹。微裂纹逐渐扩展到车轴表面，形成疲劳裂纹。

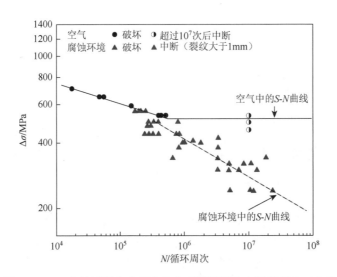

图 7.8　A1N 车轴试样在空气中和人工模拟雨水中的疲劳 S-N 曲线

随后，Beretta 团队又深入研究了车轴钢小尺寸试样腐蚀疲劳损伤的形态（点蚀、裂纹）随时间的演化行为，并进行全尺寸车轴试验以验证试样尺寸对腐蚀疲劳损伤形态的影响，构建了不同损伤形态与腐蚀疲劳寿命的关联关系，进而将车轴表面腐蚀疲劳损伤形态作为损伤程度的评价指标。如图 7.9 所示，检查了多根实际服役的车轴表面情况，认为车轴在检查的大多数区域中未发现裂纹时，表明剩余寿命超过 95%。当检测到一些裂纹，看到由凹坑引发的小裂纹迹象，同时这些长度均在 1mm 以下的裂纹都处于孤立状态时，表明车轴仍有相当长的寿命。英国铁路安全和标准委员会曾对一些服役过的车轴进行检测，统计点蚀尺寸的分布规律以确定其最大尺寸，发现平均深度为 0.047~0.066mm，95%的深度上限为 0.093~0.117mm。

图 7.9　退役车轴上检测到的不同阶段腐蚀疲劳损伤形态

为了有效提高铁路车轴的抗疲劳性能，采用冷滚压强化 EA4T 全尺寸车轴，空气中的疲劳试验表明全尺寸车轴的疲劳抗力提高了 25%。同时，经过 3×10^7 次循环，腐蚀环境下含微缺口的车轴表面没有观察到任何明显裂纹扩展。也就是说，即使存在人工微缺口和腐蚀环境的影响，车轴疲劳极限也不会明显降低，超过了之前测试的非强化车轴的寿命，表明滚压强化抗车轴腐蚀疲劳性能的可行性。

2. 车轮的腐蚀疲劳

作为列车的关键走行零部件，车轮不但起支撑车体的作用，还要通过与钢轨的作用力为铁路车辆提供牵引动力或制动力。车轮以轮轨接触面的磨损为主要损伤形式，但长期暴露在大气环境中的车轮辐板遭受环境腐蚀，在行车过程中还承受复杂循环载荷的交互作用，对安全行车提出了更为严苛的要求。图 7.10 为用于列车的 AAR B 级滚压车轮在使用约两年后发生了断裂。光学检查显示，断裂车轮的辐板表面有腐蚀坑。所有断裂均源于辐板表面的腐蚀坑，疲劳裂纹扩展到一定长度后以解理方式迅速扩展。采用有限元法和 Sines 准则对车轮的安全性进行评估后，建议车轮辐板腐蚀坑的临界深度为 300μm。然而，目前车轮在腐蚀环境下的疲劳行为尚未引起重视，有必要深入开展车轮材料在复杂服役环境下力学性能研究，为我国列车车轮的研发、维护、检修、报废及延寿提供理论依据。

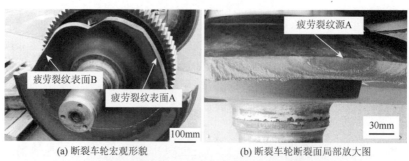

(a) 断裂车轮宏观形貌   (b) 断裂车轮断裂面局部放大图

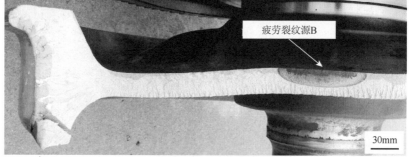

(c) 断裂车轮断裂面局部放大图

图 7.10 断裂车轮的宏观形貌及断裂面

为了评估我国内陆大气环境对现役高速动车组车轮辐板疲劳性能的影响，作者首先在成都进行了为期半年的露天曝晒 ER8C 车轮辐板小试样预腐蚀试验，随后进行高周疲劳试验。结果表明，大气预腐蚀将车轮辐板的疲劳极限降低了约 80MPa，如图 7.11（a）所示，失效分析表明大气环境严重腐蚀了 ER8C 车轮辐板，致使表面产生大量的腐蚀坑，疲劳裂纹萌生于腐蚀坑底部。为了进一步模拟沿海地区盐雾环境对车轮辐板疲劳性能的影响，在质量分数 3.5%NaCl 盐雾环境中进行了 ER8C 车轮辐板小试样的疲劳性能试验，疲劳试验结果表明盐雾环境明显降低了车轮辐板的疲劳性能，尤其是在低应力长寿命范畴内，疲劳极限甚至消失，如图 7.11（b）所示。与大气预腐蚀相比，盐雾环境显著降低了

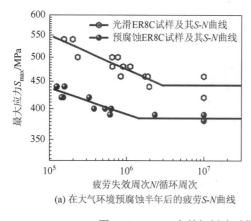

(a) 在大气环境预腐蚀半年后的疲劳S-N曲线

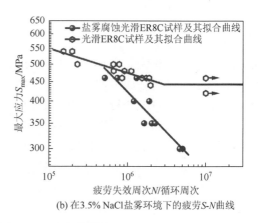

(b) 在3.5% NaCl盐雾环境下的疲劳S-N曲线

图 7.11 ER8C 车轮辐板小试样在不同环境中的疲劳 S-N 曲线

车轮辐板小试样的疲劳性能，这主要是由于盐雾环境比大气环境更具有侵蚀性。更重要的是，相比大气预腐蚀疲劳，盐雾腐蚀与疲劳载荷的交互作用显著促进了腐蚀疲劳裂纹的萌生与扩展。

3. 车体的腐蚀疲劳

车体是铁路车辆的结构主体以及承担各种设备和人员重量的重要载体。车体的强度和刚度直接关系到车辆运行的安全可靠性和乘坐舒适性。近年来，研究人员关注到大气环境对车体结构强度的不利影响并开展了相关研究。2016 年，中国中车出口至新加坡地铁车辆（进口铝合金材料）出现应力腐蚀疲劳开裂事故，虽然产生的裂纹并不具有安全风险，但也足以表明在车体结构设计中有必要考虑其服役地区的气候环境条件。为此，科研人员针对车辆行驶过程中由于经历温度、湿度和光照等环境影响而导致车体外表面涂层产生脱落、鼓泡等而降低车体耐蚀性问题，对现有涂层配套体系的各项性能变化进行综合评价，并对现有涂层的使用寿命进行了评估。韩国学者使用有限元法研究了受腐蚀电动轨道车车身结构的结构强度。观察到腐蚀临界点出现在第 3 扇和第 4 扇门之间的侧柱上，临界腐蚀深度计算为 1.53mm。针对老旧车体结构进行疲劳寿命评估，研究中考虑了均匀腐蚀作用对列车结构造成的整体厚度削减，通过有限元软件和荷载试验确定列车的应力幅谱，利用 Miner 理论对车体结构疲劳寿命进行评估，结果表明，对于使用 23 年的列车，疲劳寿命降低了 20%；对于使用 40 年的列车，疲劳寿命降低了 40%。

4. 接触网的腐蚀疲劳

接触网零部件的服役可靠性是供电系统安全运行的关键，是电力机车正常取流和线路正常运营的重要基础。接触网在服役过程中，长期承受机械振动，但由于高速接触网零部件承受拉、压、剪、扭等多种局部交变载荷，其载荷形式非常复杂。同时，接触网零部件服役中还受到时变大电流、风振、温差、腐蚀、风沙、雨雪霜雾等多种环境和工作因素的影响，特别是在沿海地区接触网的腐蚀问题尤为突出。如图 7.12 所示，技术人员现场调查发现沿海地区接触网零部件、平斜腕臂管等钢结构零件严重腐蚀。例如，设计寿命为 20 年的日本进口铝合金腕臂在狮子洋隧道仅服役 5 年就因腐蚀失效。再以吊

(a) 接触网零部件腐蚀情况　　　　　　　　　(b) 接触网平斜腕臂管腐蚀情况

图 7.12　接触网腐蚀疲劳问题

弦线为例，在过弓或微风振动时，吊弦线与钳压管之间既有弯曲载荷也有拉压载荷，该处的失效问题是弯曲微动疲劳与拉压微动疲劳复合的复杂问题。吊弦微动疲劳过程中，吊弦线在钳压管压接位置附近由于微动损伤造成表面缺陷，从而使应力在缺陷处集中形成裂纹源，而吊弦的腐蚀服役环境进一步加速了这一过程。

　　针对电气化铁路接触网的腐蚀防护，铁路部门已经制定了相应的材料选用要求、表面防护处理规范等，如 TB/T 2075.1～24—2020 标准。研究人员认为，针对钢材质的接触网构件，可采用镀锌+氟碳涂层进行腐蚀防护，针对铝合金材质的接触网腕臂及定位系统，可采用工艺简单、生产效率高的微弧氧化技术进行腐蚀防护。

7.2.2　腐蚀疲劳裂纹的萌生

　　一般来说，在惰性气体环境中，裂纹萌生寿命占高周疲劳总寿命的90%；而对于腐蚀疲劳，裂纹萌生寿命只占10%左右。可见，环境介质对裂纹萌生的促进作用明显大于对裂纹扩展的促进作用。因此，研究环境介质对腐蚀疲劳裂纹萌生的作用机理具有更重要的意义。相关研究表明，由于力学因素（应力水平、应力比、加载频率、加载波形、缺口或表面缺陷等）、冶金因素（合金成分、微观结构、表面状态等）以及环境因素（溶液成分和浓度、pH、温度、氧含量、流动速率、阴极保护等）不同，材料腐蚀疲劳裂纹萌生机理各不相同。迄今为止，还没有一个可普遍适用的开裂机理来阐明金属疲劳的环境效应。腐蚀疲劳裂纹萌生是一个局部过程，将金属置于腐蚀环境，局部腐蚀就会加速腐蚀疲劳裂纹萌生。所以腐蚀疲劳裂纹萌生是一个高度局部化而非全面的腐蚀过程，并且腐蚀损伤集中在局部位置的破坏比全面腐蚀更为重要。环境的变化可能会改变应力集中引起的局部破坏，从而影响腐蚀疲劳裂纹萌生的特征位置。同时，当环境的腐蚀性增强时，腐蚀疲劳裂纹萌生部位可能从晶粒内部滑移台阶转到晶界。但腐蚀疲劳裂纹萌生的局部化性质以及竞争过程使得很难用试验来鉴别裂纹的萌生机理。目前，腐蚀疲劳裂纹萌生机理或模型普遍认为有四种。

1. 蚀孔应力集中模型

　　蚀孔应力集中模型是解释腐蚀疲劳裂纹萌生机理最早被提出的模型，也是研究最为广泛的模型。McAdam 于 1941 年首先观察到疲劳裂纹从预腐蚀钢表面的点蚀孔底部萌生，因而提出了腐蚀环境使金属表面发生点蚀，而蚀孔底部的应力集中促进裂纹萌生的理论。现有的大量文献也支持这一观点。例如，Ebara 等观察到 NaCl 溶液中高强度钢存在这一现象，如图 7.13 所示。此外，其在研究 13Cr 马氏体不锈钢时发现，在 $3×10^{-4}$%～3% NaCl 溶液中点蚀在促进疲劳裂纹萌生方面起着重要作用，疲劳极限明显降低；而在蒸馏水中的试验并未观察到点蚀，其疲劳极限与空气中相同。Palin-Luc 等研究了海水环境中点蚀对马氏体-贝氏体热轧钢超高周疲劳性能的影响，发现疲劳裂纹从点蚀处萌生，其在 10^8 循环周次的疲劳极限明显小于空气中的疲劳极限，并指出疲劳裂纹的萌生主要由腐蚀过程控制，并且成为疲劳寿命的主要部分。李晓刚团队研究了 E690 钢在模拟海水中的腐蚀疲劳裂纹萌生行为，发现疲劳裂纹萌生机制与施加的应力水平有关，当应力水平

为 $0.8\sigma_{p0.2}\sim 0.95\sigma_{p0.2}$ 时，裂纹优先沿晶界萌生；而当应力水平接近或超过弹性极限时，裂纹由点蚀坑底部萌生。

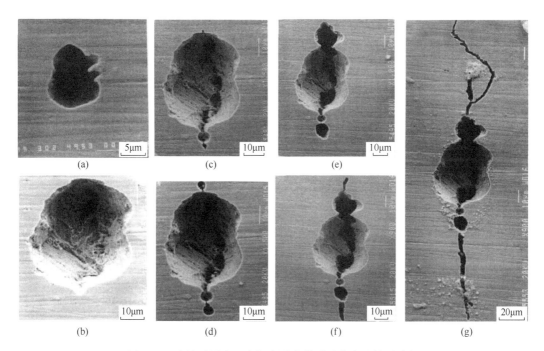

图 7.13　点蚀诱导高强度钢腐蚀疲劳裂纹萌生和扩展过程

裂纹在蚀坑中的萌生位置与蚀坑形态有关。通常认为，当蚀坑为浅蚀坑和深蚀坑时，裂纹分别从蚀坑的口部和底部开始。Fatoba 和 Akid 发现裂纹萌生寿命随着蚀坑尺寸的增大及外加应力范围的增大而减小。裂纹萌生寿命占比介于 66%和 95%之间，充分表明裂纹萌生依赖疲劳行为和点蚀坑尺寸。

尽管点蚀诱发或促进腐蚀疲劳裂纹萌生在很多文献中都有清楚观察，但在未发生点蚀的情况下腐蚀疲劳裂纹也能萌生。这一结论表明，点蚀并不是发生腐蚀疲劳的必要条件。Kondo 认为钢材的点蚀与腐蚀疲劳存在着竞争关系，较快的那一个过程决定着断裂模式：若腐蚀行为更快，则产生腐蚀坑；若疲劳较为显著，则应力诱导的疲劳裂纹出现。此外，还有一些学者对 NaCl 水溶液中低碳钢的研究表明，裂纹不一定在点蚀处开始发生，而很可能是在发生开裂之后再形成与疲劳开裂相联结的点蚀孔。由此可见，点蚀在腐蚀疲劳中的作用尚需进一步研究。

2. 滑移带优先溶解模型

前面指出，一些合金在没有产生点蚀坑的情况下也可以萌生裂纹，或者即使产生了蚀坑，但并没有裂纹从点蚀处萌生，此时，蚀孔应力集中模型并不适用，因此提出了滑移带优先溶解模型（又称形变活化腐蚀理论）。近年来，不断有研究表明，在交变应力的作用下，由于滑移台阶显露或者通过位错滑移机理，低指数晶面产生驻留滑移带，由于位错密度高或杂质在滑移带沉积等原因具有较高活性，遭到优先腐蚀破坏，引起局部位置的应力集中，导致腐蚀疲劳裂纹萌生。

关于腐蚀在滑移带优先溶解模型中的作用，普遍认为腐蚀导致挤出的滑移台阶被溶解，溶解的滑移台阶形成新表面，新表面随后又被压入基体导致裂纹产生。Duquette 提出了另一种简单的过程模型，如图 7.14（a）所示。该模型指出，腐蚀的溶解作用优先破坏了滑移台阶显露处被钉扎的位错，使得同一晶面上未被钉扎的位错得以启动，增加了驻留滑移带的密度，导致裂纹形成位置的数目增多。在水溶液中的低碳钢和铜都观察到了这一过程。也有学者认为滑移台阶上的腐蚀产物对于疲劳裂纹形成起到了一定作用。腐蚀产物在滑移台阶上形成，在压应力作用下腐蚀产物随滑移台阶侵入基体内部，并经再次拉伸后形成微裂纹，如图 7.14（b）所示。

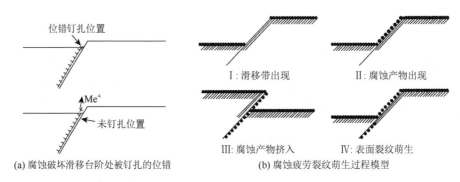

(a) 腐蚀破坏滑移台阶处被钉扎的位错   (b) 腐蚀疲劳裂纹萌生过程模型

图 7.14   腐蚀在滑移带优先溶解模型中的作用

3. 保护膜破裂理论

对于易钝化金属或合金，其表面有一层氧化膜，这层膜相对于基体来说就是阴极。由于疲劳产生的滑移台阶挤出和侵入，覆盖的氧化膜遭到破坏，暴露的滑移面相对于大面积阴极的氧化膜就成了小阳极，从而形成电化学电池，膜破裂处不断溶解最终形成微裂纹。这一理论模型同样基于滑移台阶局部溶解而建立，与滑移带优先溶解模型同属于阳极溶解机制，一般适用于不锈钢、铝合金等易钝化金属。目前表征滑移—保护膜破裂—溶解—成膜这一过程的方法多采用电位监测法或电化学噪声法，尚缺乏直接有效的试验证据。

May 等利用电位监测和阻抗谱测量技术研究了 NaCl 水溶液中马氏体不锈钢的疲劳裂纹萌生过程中的钝化膜破裂机制。图 7.15 为一组试验结果，在未施加交变应力时，电位保持在 0.1V 左右，处于钝化区；当施加交变应力之后，电位出现明显下降，下降至−0.4V；当停止施加交变应力后，电位又开始上升。这说明交变应力的施加致使钝化膜遭到破坏，导致腐蚀电位下降，而卸掉交变应力后，钝化膜重新形成。尽管钝化膜的存在使不锈钢的耐腐蚀疲劳性能提高，但依旧显著小于空气中的疲劳性能。Muller 指出，在钝化腐蚀条件下疲劳裂纹的萌生受到再钝化动力学和临界裂纹尺寸的控制，并基于腐蚀动力学和断裂力学给出了钝化腐蚀下预测裂纹萌生寿命的量化方法。Daeubler 等也在电化学钝化条件下，发展了腐蚀疲劳裂纹萌生的模型。而刘建华团队的研究表明，钝化膜的形成使得马氏体不锈钢在 3.5% NaCl 溶液中的韧性等于甚至高于空气中的韧性。因此，关于钝化膜破裂理论还有待于进一步研究。

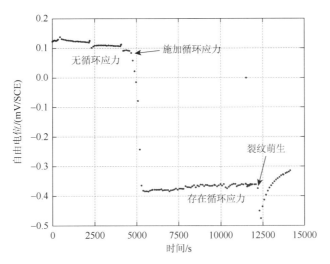

图 7.15 腐蚀疲劳过程中马氏体不锈钢开路电位变化情况

4. 吸附理论

金属与环境界面吸附了活化物质，使金属表面能下降，强度削弱，从而弱化了金属的力学性能。氢脆是吸附理论的典型例子。钢在水介质中进行疲劳加载时，水合氢离子从裂纹面向裂纹尖端扩散，氢离子发生还原反应而使裂纹尖端表面吸附氢原子，被吸附的氢原子沿表面扩散到表面的择优位置上，氢原子在交变应力的协同作用下向金属晶界、裂纹尖端的高应力集中区或孔洞处扩散与富集，交变应力与富集的氢联合作用导致裂纹的萌生与扩展。阴极保护可以抑制低碳钢的全面腐蚀，从而提高低碳钢抗腐蚀疲劳裂纹萌生能力，一直达到或者稍稍超过空气中对比试验的水平；但如果阴极保护电位过低导致钢表面发生析氢反应，可能导致氢脆的发生。Duquette 在抑制全面腐蚀的电位水平下对经过热处理的高强度钢进行阴极保护，结果显示其腐蚀疲劳裂纹萌生寿命明显缩短，通过分析认为这是某种氢脆机理造成的结果。一般来说，阴极放出的氢通过位错迁移过程而扩散得更快，且氢原子极易富集在位错、晶界、半共格相界等缺陷处，这将导致这些缺陷处局部变脆，致使疲劳裂纹形核更加容易。

7.2.3 腐蚀疲劳裂纹的扩展

相比于常规疲劳裂纹萌生和扩展行为，腐蚀疲劳裂纹萌生寿命减少到仅占腐蚀疲劳总寿命的 10%，裂纹扩展寿命则要占到 90%。所以，实际工程结构在腐蚀环境中的安全使用寿命以腐蚀疲劳裂纹扩展寿命为主。

根据金属材料腐蚀疲劳裂纹扩展曲线的形状特征，将腐蚀疲劳裂纹扩展过程归纳为三种典型的形式，如图 7.16 所示。①腐蚀疲劳型，该类型的腐蚀疲劳裂纹扩展速率 da/dN

随着应力强度因子范围 ΔK 的变化规律与在空气中的纯力学疲劳相类似，只是相比于空气中具有更高的裂纹扩展速率和更低的裂纹扩展门槛值。②应力腐蚀型，该类型在近门槛值附近的腐蚀疲劳裂纹扩展速率 da/dN 随应力强度因子范围 ΔK 的变化规律与应力腐蚀裂纹扩展曲线相似。当 $\Delta K > K_{\mathrm{ISCC}}(1-R)$ 时，腐蚀介质对腐蚀疲劳裂纹扩展速率的影响极大，在腐蚀疲劳裂纹扩展曲线上出现平台，形成具有应力腐蚀特征的腐蚀疲劳裂纹扩展曲线。③混合型，即综合前两种腐蚀类型特征的一种形式。

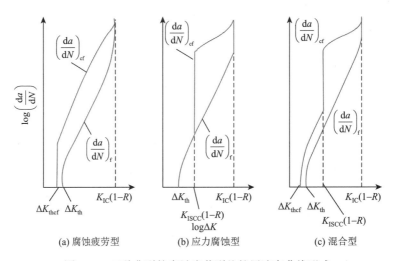

图 7.16　三种典型的腐蚀疲劳裂纹扩展速率曲线形式

此外，腐蚀环境中金属材料的疲劳裂纹扩展曲线存在三个区，即近门槛区、稳定扩展区或中部区，以及快速扩展区。一般来说，环境和加载频率对近门槛区、稳定扩展区或中部区的疲劳裂纹扩展速率影响很大，而对快速扩展区的扩展速率影响很小。腐蚀性环境和低加载频率可提高金属在中部区的疲劳裂纹扩展速率。这是因为腐蚀环境与裂纹尖端金属发生交互作用，引起了疲劳裂纹扩展机理的变化。在近门槛区，疲劳裂纹扩展门槛值是影响疲劳裂纹扩展速率的主要因素。环境对疲劳裂纹扩展门槛值的影响可能有两种不同情况：①环境与裂纹尖端金属交互作用形成的氧化物或其他腐蚀产物诱发裂纹闭合，或者裂纹尖端发生局部溶解，从而使裂纹尖端最小半径加大，提高或不降低裂纹扩展门槛值，从而降低或不影响近门槛区的裂纹扩展速率。②裂纹尖端金属吸氢，导致局部氢脆，从而降低裂纹扩展门槛值，提高近门槛区的裂纹扩展速率。在快速扩展区，金属的疲劳裂纹扩展速率很高，对于扩展速率为 $10^{-3} \sim 10^{-2}$ mm/循环周次的量级，环境与裂纹尖端金属交互作用时间短，而且交互作用只限于很薄的表面层，因而环境和加载频率对裂纹在快速扩展区的扩展速率影响很小。

7.3　腐蚀疲劳寿命评估及预测模型

在腐蚀环境与交变载荷共同作用下，铁路轮轴等关键部件加速失效。2020 年，国内企业进行了车轮台架试验，试验前去除了表面防护漆膜，最后导致台架试验没有通过，初步分析后发现在除漆过程中引入了酸性离子导致形成腐蚀坑，在试验中发生腐蚀疲劳开裂。由此可见，揭示车轮结构腐蚀疲劳行为和预测腐蚀疲劳寿命是车辆结构安全服役的重要课题。根据腐蚀疲劳过程的特征，腐蚀疲劳损伤演化可分为表面膜破裂、腐蚀坑生长、腐蚀坑向裂纹转变和裂纹扩展（包括小裂纹扩展和长裂纹扩展）等四个阶段，如图 7.17 所示。目前，国内外学者已基于力学、概率统计和机器学习等方法，提出了一系列寿命预测模型，能够准确预测金属材料的腐蚀疲劳寿命。

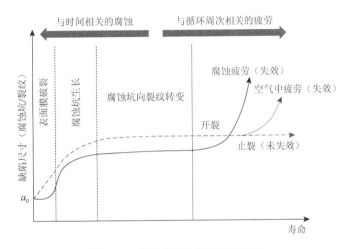

图 7.17　腐蚀疲劳失效阶段示意图

7.3.1　基于断裂力学的腐蚀疲劳寿命评估

1. 断裂力学概念

工程应用中，无论采用何种质量控制方式，都难以彻底避免材料中缺陷的形成，也难以排除其运输和服役中的意外损伤。结构带伤（缺陷或裂纹）使用是客观事实，损伤容限思想就是在这种情况下提出的，其理论基础之一是断裂力学。断裂力学是指通过连续介质力学（包含固体力学、弹性力学、结构力学及有限元法等）的理论分析提出结构计算方法及相应的物理模型，建立含缺陷或裂纹构件的损伤容限设计及剩余寿命评估方法，探讨如何控制和防止结构的断裂失效破坏，并判定合适经济的维修策略。

基于断裂力学计算裂纹扩展寿命时，需要完成五个方面的工作：①确定初始裂纹尺寸；②确定临界失效裂纹尺寸；③确定裂纹尖端应力强度因子；④确定疲劳裂纹扩展模型；⑤模拟裂纹扩展过程。初始裂纹通常可以借助无损检测或者假定虚拟裂纹的方法确定；临界失效裂纹尺寸由材料的断裂韧性确定；应力强度因子可基于裂纹尖端附近的应力场或位移场求得，也可用远离裂纹尖端处的积分路径代替裂纹尖端附近的路径来表征裂纹尖端应力-应变场的方法，即 J 积分法；在疲劳裂纹扩展模型方面，目前虽然有许多不同形式的疲劳裂纹扩展模型，但均广泛以 Paris 公式为基础，认为在裂纹稳定扩展阶段，扩展速率与应力强度因子幅值在对数坐标下呈线性关系；在模拟裂纹扩展过程方面，主要任务就是获得裂纹尺寸与裂纹尖端应力强度因子之间的关系。很多数值分析方法，如有限差分法、边界元法、比例有限元法、无网格法等被用来进行断裂参数和扩展过程的计算，其中，有限元法最为成熟。断裂力学被广泛应用于含缺陷构件疲劳寿命的计算，结合腐蚀动力学和断裂力学是预测腐蚀疲劳寿命的重要方法。

2. 腐蚀坑向裂纹的转变条件

腐蚀坑向裂纹的转变是腐蚀疲劳研究中的关键问题，它标志着腐蚀疲劳由时间主导的腐蚀损伤过渡到以循环周次主导的力学损伤，但其具体转变机制仍然存在争议。一些研究人员认为腐蚀坑可以看成疲劳裂纹，并应用线弹性断裂力学的应力强度因子门槛值 ΔK_{th} 评估腐蚀坑向裂纹的转变。Hoeppner 假定三维腐蚀坑为二维半圆形裂纹，认为腐蚀坑生长至临界深度后会转变为 I 型裂纹扩展至失效。通过建立应力强度因子 K 与半球形腐蚀坑深度 a 的关系估算临界腐蚀坑尺寸，称为"临界腐蚀坑尺寸模型"，但该模型通常由长裂纹的应力强度因子门槛值 ΔK_{th} 代替短裂纹进行临界腐蚀坑估算而引起误差。Lindley 提出与 Hoeppner 相似的模型，假定半椭圆裂纹萌生于临界腐蚀坑并给出计算裂纹萌生的应力强度因子门槛值 ΔK_{th} 的方法。Kawai 和 Kasai 根据不锈钢的试验结果提出在腐蚀疲劳条件下许用应力 $\Delta\sigma_{all}$ 估计半椭圆形裂纹应力强度因子门槛值 ΔK_{all} 的方法，并建立 $\Delta\sigma_{all}$ 与 ΔK_{all} 随时间 t 的变化关系。为了探究 12%Cr 汽轮机叶片钢中的腐蚀坑向裂纹转变行为，Schönbauer 等首先预制了不同尺寸的腐蚀坑，再进行腐蚀疲劳试验，观测试样表面的非扩展裂纹，结合理论公式确认该处的应力强度因子最大，由此提出将腐蚀坑的半表面宽度 c 用于应力强度因子范围 ΔK 的经验公式并引入固有长度 c_0 估算短裂纹萌生的应力强度因子门槛值 $\Delta K_{th,\,pit}$，从而较好地估计临界腐蚀坑尺寸。

Kondo 认为腐蚀坑生长与裂纹扩展之间存在竞争关系，只有当裂纹扩展速率超过腐蚀坑增长速率时，疲劳裂纹才从腐蚀坑处萌生；进而由临界腐蚀坑应力强度因子幅值 ΔK_p 确定半圆形临界腐蚀坑的深度，称为"竞争模型"。Chen 等发现在恒幅载荷下当频率大于 5Hz 时，ΔK_{th} 值与频率 f 无关，反之 ΔK_{th} 随着频率 f 的减小而增大，此时单独的 ΔK_{th} 准则不再适用于低频下的疲劳裂纹形核条件判断。因此，其认为判断腐蚀坑向裂纹转变应该同时满足"临界腐蚀坑尺寸模型"和"竞争模型"两个条件，但裂纹扩展速率通常指长裂纹的扩展速率。上述从宏观角度建立的腐蚀坑转变判定模型，均只适用于线弹性断裂力学条件。

腐蚀疲劳裂纹除了对腐蚀坑深度和密度存在依赖性，与材料微观结构也密切相关，通过微观结构敏感性模型研究腐蚀坑向裂纹转变是一种重要的方法。Navarro 和 Rios 的研究指出，晶界可有效阻止裂纹扩展，将材料对疲劳载荷的阻力定义为克服所有晶界的最小外加载荷。基于微裂纹连续扩展的外加载荷与微观阻力的关系，可获得确定载荷下连续扩展的微观裂纹尺寸，用于评估腐蚀坑向裂纹转变的临界尺寸。Balbín 将位错模型与经典 K-T 图相联系，假设载荷作用下疲劳裂纹从腐蚀坑底部萌生，腐蚀坑和裂纹周围的分布位错如图 7.18 所示，从微观角度给出裂纹克服晶界阻力继续扩展所需的最小外加疲劳载荷值计算方法。经对比发现，采用该方法得到的 12%Cr 不锈钢和 17-4PH 不锈钢的微裂纹尺寸精度均高于改进的 El-Haddad 短裂纹模型。但在图 7.18 中，腐蚀坑被假设为二维光滑的半椭圆表面缺陷，忽略了腐蚀坑真实形貌对裂纹萌生的影响。

一种假设认为，腐蚀坑生长诱导材料局部产生塑性区，此时线弹性断裂力学对腐蚀坑处萌生的短裂纹扩展行为或许不再适用。为此，Sadananda 提出引入弹塑性断裂力学方法来研究腐蚀坑向疲劳裂纹的转变行为，采用修正 K-T 图来预测短裂纹连续扩展中的最小应力，进而得到临界腐蚀坑尺寸。在图 7.19 中，裂纹萌生扩展到临界尺寸 a_c，总应力从 A 点上升到 B 点最后减小到 C 点，随后裂纹可在疲劳载荷的作用下继续扩展，到达 D 点时发生失效。利用 3.5NiCrMoV 和 2.5NiCrMoV、0.22%碳含量的中强度钢、17-4PH 钢、2024-T3 铝合金和 2091 铝锂合金等试验数据对该腐蚀坑向裂纹转变进行可行性验证，与试验结果吻合得较好。

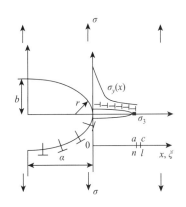

图 7.18　分布位错模拟的腐蚀坑轮廓
和裂纹模型

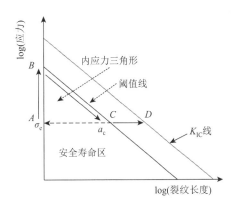

图 7.19　修正的 K-T 图描述内应力
和安全寿命区

3. 基于断裂力学的腐蚀疲劳寿命模型

断裂力学结合腐蚀动力学是预测腐蚀疲劳寿命的重要方法。表 7.4 对目前具有代表性的腐蚀疲劳寿命模型进行了总结。Godard 采用幂函数拟合自然水中铝合金腐蚀坑生长动力学，腐蚀坑深度 a 与时间 t 的关系如表 7.4 所示。尽管这种关系是基于水环境中的铝合金腐蚀数据拟合得到的，但在其他材料的腐蚀坑生长中得到了广泛应用。初始的幂函数模型只考虑了时间对腐蚀坑的生长作用，Ishihara 引入疲劳应力幅值 σ_a 和加载频率 f 对腐蚀坑生长幂函数模型进行修正，即

$$a = A'(\sigma_a)t^{B'}f^{C'} \tag{7.1}$$

式中，$A'(\sigma_a)$ 为应力幅值 σ_a 的函数，可通过试验数据拟合得到，体现外部载荷对腐蚀坑生长的影响；B' 和 C' 为拟合材料参数。

暴露在腐蚀环境中的金属发生电化学反应导致腐蚀坑萌生和生长。Harlow 假设腐蚀坑保持半球形生长且速率恒定，根据法拉第定则提出腐蚀坑随时间的生长速率模型。根据 $t_i = N_{ci}/f$，得到腐蚀坑的生长寿命 N_{ci}：

$$N_{ci} = \frac{2\pi n F \rho}{3MI_{P0}}(a_i^3 - a_0^3)\exp\left\{\frac{\Delta H}{RT}\right\}f \tag{7.2}$$

相比于幂函数型点蚀生长模型，基于法拉第定则的腐蚀坑生长动力学模型不依赖于腐蚀疲劳的试验结果，所以通用性较强，但不如幂函数模型简便。当腐蚀坑转变为裂纹后，腐蚀疲劳裂纹扩展速率采用广义 Paris 公式表示，如式（7.3）所示：

$$\left(\frac{\mathrm{d}a}{\mathrm{d}N}\right)_{\mathrm{c}} = C_{\mathrm{c}}(\Delta K)^{n_{\mathrm{c}}} \tag{7.3}$$

半圆形表面微裂纹和贯穿裂纹的扩展寿命计算已在表 7.4 中详细给出，模型变量 I_{p0} 一般通过寿命累积分布函数确定。Sriraman 在 Harlow 研究的基础上引入系数 $C^{\sigma_{\mathrm{a}}}$，表示循环应力对腐蚀坑生长的影响，临界腐蚀坑尺寸 a_{p} 的计算方法如式（7.4）所示，其中 I_{p} 为点蚀电流系数，可通过式（7.5）得到。

$$a_{\mathrm{p}} = \left(\frac{3M}{2\pi nF\rho}\right)^{1/3} I_{\mathrm{p}}^{1/3} t^{1/3} C^{\sigma_{\mathrm{a}}} \tag{7.4}$$

$$I_{\mathrm{p}} = I_{p0} \exp\left\{\frac{-\Delta H}{RT}\right\} \tag{7.5}$$

半球形腐蚀坑生长寿命 N_{pi} 可表示为式（7.6），各参数含义与表 7.4 中相同。该方法综合考量了环境和载荷因素对腐蚀坑生长的影响，并对铝合金和不锈钢的裂纹萌生寿命具有良好的预测精度，但参数 $C^{\sigma_{\mathrm{a}}}$ 的取值与应力幅值密切相关，即使其微小的变化也会导致明显的预测偏差。

$$N_{\mathrm{pi}} = \frac{2\pi nF\rho}{3M} f\left[\pi\left(\frac{\Delta K_{\mathrm{th}}}{4.4 K_{\mathrm{t}}\sigma_{\mathrm{a}}}\right)^2\right]^3 \frac{1}{I_{\mathrm{p}}}\left(\frac{1}{C^{\sigma_{\mathrm{a}}}}\right)^3 \tag{7.6}$$

涂善东院士在 Sriraman 研究的基础上，引入参数 $\lambda(\lambda = c/a)$ 考虑形状对腐蚀坑生长寿命的影响。临界腐蚀坑深度 a 如式（7.7）所示，参数 C_{p} 的计算方法如式（7.8）所示，式中各参数含义已在表 7.4 中进行说明。通过采用 2024-T3 铝合金和 12%Cr 不锈钢的试验数据进行模型验证，预测结果与试验结果吻合得较好。

$$a = \left(\frac{3C_{\mathrm{p}}}{2\pi\lambda^2}\right)^{1/3} t^{1/3} C^{\sigma_{\mathrm{a}}} \tag{7.7}$$

$$C_{\mathrm{p}} = \frac{MI_{p0}}{nF\rho} \exp\left\{-\frac{\Delta H}{RT}\right\} \tag{7.8}$$

也有部分学者认为腐蚀疲劳失效由腐蚀坑萌生、生长，以及腐蚀坑向裂纹转变、短裂纹扩展、短裂纹向长裂纹转变、长裂纹扩展和断裂等阶段组成。Shi 和 Mahadevan 将力学模型与概率统计方法结合，提出综合模拟腐蚀疲劳渐进损伤的方法，详细的评估方法如表 7.4 所示。腐蚀疲劳寿命模型参数包括腐蚀坑形核时长 t_{pn}、点蚀电流系数 I_{p0}、初始腐蚀坑尺寸 C_0、短裂纹材料常数 C_{sc}、长裂纹材料常数 C_{lc}、短裂纹向长裂纹转变的尺寸 a_{th}。通过量化寿命对每个参数的敏感性，可评估该阶段对寿命评估的重要性。寿命对各参数敏感性分析如图 7.20 所示，其中参数 t_{pn} 和 C_{sc} 的数值较大，因此对这两个阶段的预测改进可提高寿命预测模型的精度。

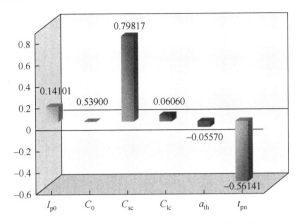

图 7.20　腐蚀疲劳寿命模型各参数的敏感性分析对比

试验证实在疲劳载荷作用一定循环周次后微裂纹才从腐蚀坑中萌生，然而以上模型均忽略了对该过程的考虑。由于腐蚀坑生长和裂纹形核由不同因素主导，需进行独立建模。Wang 等综合考虑点蚀过程中疲劳载荷与腐蚀的相互作用，提出由二者共同控制的腐蚀疲劳裂纹萌生寿命计算方法，如式（7.9）所示：

$$
\begin{aligned}
1/N_i &= 1/N_i^{\mathrm{fat}} + 1/N_i^{\mathrm{cor}} \\
&= \frac{(\Delta\sigma - \Delta\sigma_{\mathrm{D}}^{\mathrm{R}})^2 EG_i(h+l)^2 a_0}{18G\Delta K_{\mathrm{th}}^2(G+G_i)h^2} + \frac{3MI_{p_0}}{2\pi nF\rho(a_i^3 - a_0^3)\exp\{\Delta H/(RT)\}}
\end{aligned}
\tag{7.9}
$$

式中，相关参数以及短裂纹和长裂纹的扩展寿命如表 7.4 所示。该模型进一步提高了对腐蚀疲劳寿命的预测精度，但同时模型的复杂程度增加，计算量增大，当应用于其他材料体系时模型参数需要重新确定，不便于推广。

Li 和 Akid 将腐蚀疲劳寿命分为腐蚀坑生长、短裂纹扩展和长裂纹扩展三部分，分别采用幂函数模型和法拉第定则模型表示腐蚀坑生长寿命，采用广义 Paris 公式表示腐蚀条件下短裂纹和长裂纹扩展寿命。预测结果与试验结果如图 7.21 所示，两种方法均可用于海水环境中碳钢疲劳失效寿命评估。对比两种方法的预测精度发现，在低应力下，采用基于法拉第定则比腐蚀坑增长幂函数模型更保守，为后续的寿命预测研究提供了参考。

除以上常用的腐蚀坑生长模型，李晓刚团队根据 E690 钢腐蚀疲劳裂纹萌生机制建立其在不同峰值应力范围内的腐蚀速率，表示为

$$
\left(\frac{\mathrm{d}a}{\mathrm{d}t}\right)_{\mathrm{cor}} = \begin{cases} A, & \sigma_{\max} < 0.8\sigma_{p0.2} \\ A\cdot\mathrm{e}^{\alpha\Delta\sigma}, & \sigma_{\max} \geqslant 0.8\sigma_{p0.2} \end{cases}
\tag{7.10}
$$

式中，$\sigma_{p0.2}$ 为屈服应力；A 和 α 为试验参数。根据腐蚀坑向裂纹的转变准则分别得出在低应力和高应力条件下的等效裂纹尺寸，进而得到腐蚀疲劳裂纹的萌生寿命。通过该模型获得的预测曲线和试验数据吻合较好，证明了模型的可行性。

表 7.4　基于腐蚀动力学和断裂力学的代表性腐蚀疲劳寿命预测模型

作者	总结	模型	参数
Godard	简单而有效的腐蚀坑生长动力学幂函数模型	腐蚀坑深度 a 与时间 t 的关系：$$a = Kt^{1/3}$$	K 为与环境相关的常数
Harlow 和 Wei	基于临界腐蚀坑条件将腐蚀疲劳过程分为腐蚀坑形成至表面裂纹萌生、表面裂纹扩展至贯穿、贯穿裂纹扩展至失效三个阶段：$$t_f = t_{ci} + t_{tc} + t_{cg}$$	根据电化学反应原理提出基于法拉第定则的腐蚀坑生长动力学模型，并根据此关系可得到腐蚀坑生长时长 t_{ci}：$$\frac{\mathrm{d}V}{\mathrm{d}t} = 2\pi a^2 \frac{\mathrm{d}a}{\mathrm{d}t} = \frac{MI_{p0}}{nF\rho}\exp\left\{-\frac{\Delta H}{RT}\right\}$$ $$t_{ci} = \frac{2\pi nF\rho}{3MI_{p0}}(a_{ci}^3 - a_0^3)\exp\left\{\frac{\Delta H}{RT}\right\}$$ 由广义 Paris 模型表示裂纹的扩展寿命，表面裂纹扩展时长 t_{tc} 为 $$t_{tc} = \frac{2(\sqrt{\pi})^{n_c}\left[(\sqrt{a_{ci}})^{2-n_c} - (\sqrt{a_{tc}})^{2-n_c}\right]}{v(n_c-2)C_c(2.2K_t\Delta\sigma)^{n_c}}$$ 贯穿裂纹的扩展时长 t_{cg} $$t_{cg} = \int_{a_{tc}}^{a_f} \frac{1}{vC_c(\Delta\sigma\sqrt{\pi})^{n_c}}\left(\frac{0.324r_0 + a}{1.086r_0\sqrt{a} + 0.681(\sqrt{a})^3}\right)^{n_c}\mathrm{d}a$$	ΔH 为活化能；T 为绝对温度；R 为通用气体常数；M 为相对原子质量；$\Delta\sigma$ 为远场应力范围；I_{p0} 为点蚀电流系数；r_0 为通孔半径；v 为频率；F 为法拉第常数；a_{ci} 为萌生裂纹腐蚀坑半径；a_0 为初始腐蚀坑半径；n_c 和 C_c 为模型参数；K_t 为应力集中系数
Shi 和 Mahadevan	基于断裂力学模型引入概率方法模拟腐蚀疲劳的渐进损伤过程。腐蚀疲劳失效由腐蚀坑萌生、生长、短裂纹和长裂纹扩展阶段四部分组成：$$t_f = t_{pn} + t_{pg} + t_{sc} + t_{lc}$$	腐蚀坑的形核寿命 t_{pn} 采用蒙特卡罗方法模拟；假定腐蚀坑为半圆形，由法拉第定则得腐蚀坑生长时长 t_{pg}：$$t_{pg} = \frac{2\pi nF\rho}{3MI_{p0}(k)}(c_{ci}^3 - c_0^3)e^{\Delta H/(RT)}$$ 点蚀向裂纹转变的临界尺寸 a_{ci}：$$a_{ci} = \left(\frac{C_p}{2\pi C_{sc}f}\right)^{2/(m_{sc}+4)}\left(\frac{\phi}{1.12K_t\Delta\sigma\sqrt{\pi}}\right)^{2m_{sc}/(m_{sc}+4)}$$ 由广义 Paris 模型表示裂纹的扩展寿命，短裂纹和长裂纹扩展时长 t_{sc} 和 t_{lc} 为 $$t_{sc} = \frac{2}{2-m_{sc}fC_{sc}(2.2K_t\Delta\sigma/\sqrt{\pi})^{m_{sc}}}(a_{th}^{1-m_{sc}/2} - a_{ci}^{1-m_{sc}/2})$$ $$t_{lc} = \frac{2}{2-m_{lc}fC_{lc}(K_t\Delta\sigma/\sqrt{\pi})^{m_{lc}}}(a_f^{1-m_{lc}/2} - a_{th}^{1-m_{lc}/2})$$ 最终，量化总寿命对各阶段重要参数的敏感性，说明各阶段对整体寿命估计的重要性	C_{sc}、m_{sc}、C_{lc}、m_{lc} 为试验常数；F 为法拉第常数；ΔH 为活化能；T 为热力学温度；R 为通用气体常数；M 为相对原子质量；K_t 为应力集中系数；f 为加载频率
Wang 等	腐蚀疲劳总寿命分为裂纹萌生寿命 N_i 和扩展寿命 N_p 两部分，其中裂纹萌生寿命包括腐蚀坑及裂纹的萌生寿命，裂纹扩展寿命包括短裂纹扩展寿命和长裂纹扩展寿命	腐蚀疲劳寿命 N_f 为裂纹萌生寿命 N_i 与扩展寿命 N_p 总和：$$N_f = N_i + N_p$$ 裂纹萌生寿命：$$1/N_i = 1/N_i^{fat} + 1/N_i^{cor}$$ 裂纹从腐蚀坑萌生的寿命：$$N_i^{fat} = AW_s/(\Delta\tau - 2\tau_f)^2$$ 腐蚀坑生长寿命：$$N_i^{cor} = A^{HW}/(a_i^3 - a_0^3)$$ 临界腐蚀坑深度：$$a_i = \pi\left(\frac{\Delta K_{th}}{2.2K_t\Delta\sigma}\right)^2$$ 由广义 Paris 公式表示裂纹的扩展寿命为 $$N_p = \frac{a_{pit_{cr}}^{1-n/2} - a_{sc}^{1-n/2}}{C\Delta\sigma^n\beta_1^n K_t^n\pi^{n/2}(n/2-1)} + \frac{a_{sc}^{1-n/2} - a_f^{1-n/2}}{C\Delta\sigma^n\beta_2^n K_t^n\pi^{n/2}(n/2-1)}$$	W_s 为断裂能；A 来自参考文献；A^{HW} 来自参考文献；贯穿裂纹 $\beta_1=1$；半圆形裂纹 $\beta_2=2.2/\pi$；$\Delta\tau$ 为剪切应力幅值；τ_f 为摩擦力；K_t 为应力集中系数；a_0 为初始腐蚀坑半径；$\Delta\sigma$ 为远场应力范围；C 为试验常数

作者	总结	模型	参数
Li 和 Akid	腐蚀疲劳寿命由腐蚀坑生长寿命 N_{pit}、短裂纹扩展寿命 N_s 和长裂纹扩展寿命 N_l 三部分组成：$$N = N_{\text{pit}} + N_s + N_l$$	腐蚀坑生长寿命分别采用幂函数和法拉第定则计算。 （1）幂函数模型：$$a_p = A \cdot \left(\frac{N_{\text{pit}}}{N_f}\right)^B$$（2）法拉第定则模型：$$a_p = A \cdot \left(\frac{3MI_p}{2\pi nF\rho}\right)^{1/3} t^{1/3}$$对应的临界腐蚀坑深度：$$a_{pc} = \pi\left(\frac{\Delta K_{\text{th}}}{4.4 K_t \sigma_a}\right)^2$$确定腐蚀坑的生长寿命：$$N_{\text{pit}} = \left(\frac{a_{pc}}{A}\right)^{1/3}\left(\frac{10^{9.19}}{e^{0.036\sigma_s}}\right)$$采用广义 Paris 模型计算裂纹的扩展寿命，通过参数 m 和 C 区分环境对裂纹不同扩展阶段的影响。 短裂纹扩展寿命：$$N_s = \int_{a_{pc}}^{a_{tr}} \frac{1}{C_s(\Delta K)^{m_s}}\,da$$长裂纹扩展寿命：$$N_l = \int_{a_{tr}}^{a_f} \frac{1}{C_l(\Delta K)^{m_l}}\,da$$	A、B 为腐蚀坑生长参数；M 为相对原子质量；ΔK_{th} 为应力强度因子门槛值；σ_a 为应力幅值；I_p 为点蚀电流系数；a_{pc} 为临界腐蚀坑尺寸；a_{tr} 为短裂纹向长裂纹转变的尺寸；a_f 为失效裂纹尺寸

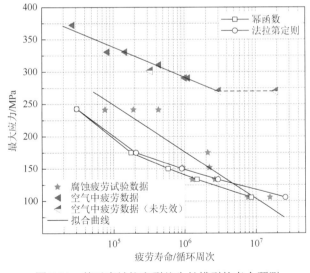

图 7.21　基于腐蚀坑和裂纹生长模型的寿命预测

　　尽管一些学者提出的腐蚀坑生长模型得到了普遍的认可和应用，但依然没有清晰说明局部腐蚀与交变载荷之间的耦合作用。在元胞自动机（CA）模拟腐蚀的基础上，Fatoba 提出采用元胞自动机-有限元（CAFE）方法在细观层面研究外部应力与腐蚀交互作用下腐蚀坑的生长与形貌演化过程。CAFE 方法将点蚀损伤解耦为局部腐蚀和外力作用下的金属变形，首先将初始 CA 模型进行有限元计算，再由腐蚀坑周围的应力和应变分布指导腐蚀坑的下一步演化，实现 CA 模型更新，经过多次循环实现腐蚀坑在外加载荷与腐蚀共同作用下的生长过程模拟。CA 模型中反应物和生成物如图 7.22（a）所示，图中的胞型含义分别为 W 代表 H_2O、H 代表 H^+、D 代表 Fe^{3+}、M 代表 Fe、R 代表 Fe^{2+}、P_1 代表 $Fe(OH)_2$、P_2 代表 $Fe(OH)_3$。外加机械载荷导致金属变形发生从而促进电化学反应中金属的阳极溶解，其动力学方程表示如下。

弹性变形：

$$\frac{I}{I_n} = \exp\left\{\frac{\Delta P V_m}{RT}\right\} \tag{7.11}$$

塑性变形：

$$\frac{I}{I_n} = \left(\frac{\Delta \varepsilon}{\varepsilon_0} + 1\right)\exp\left\{\frac{\sigma_m V_m}{RT}\right\} \tag{7.12}$$

式中，I_n 和 I 分别为变形前后的阳极电流；ΔP 为静水压力；V_m 为摩尔体积；$\Delta \varepsilon$ 为等效塑性应变；ε_0 为初始应变；σ_m 为静水应力；R 为气体常数；T 为热力学温度。

以最大拉伸应力代替循环疲劳应力的应力分布云图如图 7.22（b）所示。CAFE 的模拟结果显示载荷作用下产生的塑性应变促进金属的阳极溶解，导致腐蚀坑深度增加。该方法依据理论研究呈现了腐蚀坑微观形貌演化的动态过程，从微尺度说明了腐蚀环境与交变载荷在腐蚀坑生长过程中的交互作用，为研究腐蚀坑生长问题提供了一种新方法，但尚不能用于腐蚀坑生长寿命的计算。若将该方法用于点蚀向裂纹转变的分析，或许可为当前理论方法的改进奠定基础。

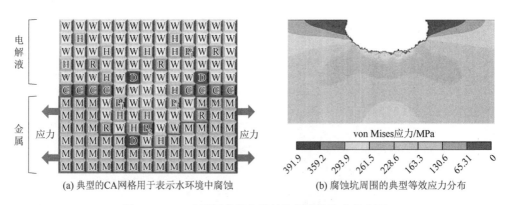

(a) 典型的 CA 网格用于表示水环境中腐蚀　　　　　(b) 腐蚀坑周围的典型等效应力分布

图 7.22　CAFE 模拟条件和腐蚀坑周围的应力分布图

进一步，腐蚀坑的生长、小裂纹和长裂纹的扩展速率可以简化为图 7.23（a）的形式。为增强模型的工程实用性，避免烦琐的腐蚀坑生长和短裂纹扩展寿命的计算，刘新田团队提出改进的等效初始缺陷尺寸（improved equivalent flaw initial size，I-EIFS）方法预测腐蚀疲劳寿命，避免对腐蚀坑生长和小裂纹扩展速率两部分的单独计算，如图 7.23（b）所示。该方法利用 I-EIFS 值代替实际初始缺陷（flaw initial size，IFS）获得腐蚀疲劳寿命，如式（7.13）所示，其中 a_c 为失效裂纹尺寸，I-EIFS 的初始值通过式（7.14）给定，再采用反向外推法不断进行修正。

$$N_{\mathrm{f}} = \int_{\text{I-EIFS}}^{a_{\mathrm{c}}} \frac{1}{C_{\mathrm{cf}}(\Delta K - \Delta K_{\text{th-CF}})^{m_{\mathrm{cf}}}} \mathrm{d}a \tag{7.13}$$

$$\text{I-EIFS} = \mu(\Delta\sigma)^{\eta} \tag{7.14}$$

式中，μ 和 η 为拟合参数；$\Delta\sigma$ 为应力范围。在低应力下，该模型的预测结果与试验结果较吻合，但随着应力的增加预测结果偏保守。总体来看，I-EIFS 方法应用难度低，模型参数少且具有一定的预测精度，在工程上具有很好的推广价值。

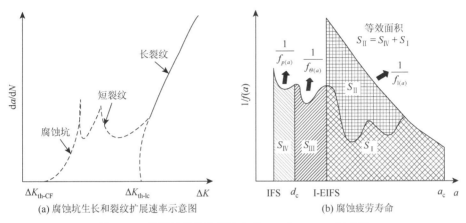

图 7.23　使用长裂纹扩展速率的 IFS 和 I-EIFS 示意图

从以上腐蚀疲劳寿命预测模型的对比发现，研究人员通常采用 Paris 公式计算腐蚀疲劳裂纹扩展寿命，利用该唯象模型中的参数 C 和 m 表示环境对裂纹扩展的影响并对小裂纹和长裂纹扩展速率进行简单区分，但关于环境对疲劳损伤加速的量化以及二者间的协同关系依旧不明确，这是应用断裂力学预测腐蚀疲劳寿命的难点。

7.3.2　基于损伤力学的腐蚀疲劳寿命评估

损伤力学是一门使用宏观唯象变量来描述微观损伤变化行为的科学，旨在定量描述材料从无损状态到有损状态直至宏观裂纹形成过程中损伤变量的演化过程。在过去的几十年间，众多学者利用断裂力学理论建立了多种腐蚀疲劳寿命预测模型并具有良好的预测精度，但是仍不能对腐蚀与疲劳的相互作用进行清晰的描述，损伤力学在解决这一问题上发挥了极其重要的作用。

1. 损伤力学的基本概念

损伤是指在外载荷或者环境作用下，材料内部产生微缺陷（如孔洞、裂纹等）导致内部黏聚力减弱，从而引起材料力学性能劣化的现象，是一个复杂的固体物理过程。苏联力学家 Kachanov 于 20 世纪 50 年代最早提出损伤的概念，他用连续度的概念来描述材料在变形过程中因微观缺陷的演化而造成的逐渐衰变，将材料在变形过程中涉及的损坏耗散过程用一个简单的连续变量来模拟，这样的连续变量即损伤变量。随后 Rabotnov 提出损伤因子的概念，将损伤和应力结合起来，成功描述了材料承损过程的应力变化。

疲劳过程是损伤逐渐趋于临界值的累积过程，疲劳损伤变量 D 的定义是基础，损伤演化方程 dD/dN 是过程，疲劳预测寿命是结果，三者缺一不可。

2. 基于损伤力学的腐蚀疲劳寿命预测

腐蚀疲劳是从微观位错运动和原子得失到宏观腐蚀坑生长及裂纹萌生与扩展的跨尺度过程，损伤力学把材料的微观缺陷等效为连续的损伤变量 D，将腐蚀坑的生长和裂纹的扩展看成损伤变量 D 累积直至失效的过程。

妙远洋和吕胜利提出引入细观损伤变量孔隙率研究力学与化学对腐蚀坑生长的耦合作用，建立了含点蚀损伤铝合金的弹性模量退化的损伤力学模型，为点蚀损伤的量化提供了一种思路。Zhang 等提出一种基于连续损伤力学理论的腐蚀疲劳寿命预测模型，将腐蚀对损伤的影响与疲劳极限退化的时间依赖性进行关联，预测腐蚀时长和疲劳加载顺序对寿命的影响，并描述腐蚀与疲劳的相互作用。预测结果基本与试验趋势保持一致，证明了该方法的可行性。由于损伤演化模型自身的复杂性，该理论方法虽能够对腐蚀疲劳损伤过程进行定量说明，但计算量大，耗时长。马如进团队采用弹塑性本构方程、弹塑性阶段点蚀演化模型和弹塑性疲劳损伤演化模型，共同描述钢丝在腐蚀与单轴疲劳耦合作用下的损伤演化过程。首先假设腐蚀坑形状为半椭球形，在不同加载条件下腐蚀坑尺寸的演化模型如下。

弹性阶段：

$$a = \frac{1}{2\lambda}\frac{Mi_{p0}}{\rho nFk}\exp\left\{\frac{\sigma V_m}{3RT}\right\}\cdot\sqrt{1+\frac{2}{3}\lambda+\frac{7}{3}\lambda^2}\cdot(1-e^{-kt}) \tag{7.15}$$

塑性阶段：

$$c = \frac{1}{2}\frac{Mi_{p0}}{\rho nFk}\left(\frac{\Delta\varepsilon}{\varepsilon_0}+1\right)\exp\left\{\frac{\sigma V_m}{3RT}\right\}\cdot\sqrt{1+\frac{2}{3}\lambda+\frac{7}{3}\lambda^2}\cdot(1-e^{-kt}) \tag{7.16}$$

式中，i_{p0} 为亚稳态阶段的电流密度；$\lambda=c/a$，a 和 c 分别为腐蚀坑的深度和半径；M 为材料的分子质量；n 为材料的化合价；F 为法拉第常数；ρ 为密度；R 为通用气体常数；T 为热力学温度；k 为衰减系数；V_m 为摩尔体积；ε_0 为最大弹性应变；$\Delta\varepsilon$ 为累积塑性应变。通过弹塑性本构方程模拟腐蚀坑生长过程中引起的材料性能退化，进而导致材料损伤演化。疲劳损伤演化分为弹性损伤 D_e 和塑性损伤 D_p 两部分，损伤演化方程分别对应式（7.17）和式（7.18）：

$$dD_e = D^\alpha\left(\frac{\sigma_a}{2M_0}\right)^\beta dN \tag{7.17}$$

$$dD_p = \left(\frac{\Delta\varepsilon}{\varepsilon_0}+1\right)\cdot D^\alpha\cdot\left(\frac{\sigma_a}{2M_0}\right)^\beta dN \tag{7.18}$$

式中，α、β、M_0 为材料常数；N 为循环周次；σ_a 为应力幅值。通过仿真程序实现三部分的相互关联进而获得寿命，一定程度上对寿命计算进行了简化。

胡伟平团队结合连续损伤力学方法和大型有限元软件研究了多轴应力作用下铝合金的腐蚀坑生长对疲劳损伤演化的影响以及二者之间的相互作用。首先假定腐蚀坑保持半圆形生长，基于连续损伤力学建立腐蚀坑深度 a 在腐蚀环境中随时间 t 的生长模型如下所示：

$$a^3 = A^{A_{II}} \frac{3MI_{p0}}{2\pi\lambda^2\rho nF} \exp\left\{-\frac{\Delta H}{RT}\right\} t + a_0^3 \tag{7.19}$$

式中，A 为常数，取 1.014；M 为材料的分子质量；n 为材料的化合价；F 为法拉第常数；ρ 为密度；ΔH 为活化能；R 为通用气体常数；T 为热力学温度；a_0 为初始腐蚀坑半径；I_{p0} 为点蚀电流系数；A_{II} 为八面体剪切应力幅值；λ 为腐蚀坑深宽比。

其次采用弹塑性本构方程模拟腐蚀坑生长过程中周围应力-应变场改变引起的材料性能退化，最后利用 Chaudonneret 提出的多轴应力疲劳损伤演化方程和基于塑性应变的损伤演化模型计算疲劳损伤，分别为

$$\frac{\mathrm{d}D}{\mathrm{d}N} = 1 - [1-(1-D)^{\beta+1}]^\alpha \cdot \left[\frac{A_{II}}{M_0(1-b_2\sigma_{H,m})(1-D)}\right]^\beta \tag{7.20}$$

$$\mathrm{d}D_p = \Delta\varepsilon\left[\frac{\sigma_{max}^{*2}}{2ES(1-D)^2}\right]^m \mathrm{d}N \tag{7.21}$$

式中，D_p 为塑性损伤；σ_{max}^* 为等效塑性应变的最大值；E 为弹性模量；m 和 S 为材料常数。该方法根据服役情况，将损伤力学结合数值模拟的寿命计算方法进行进一步推广，但基于单一腐蚀坑演化过程获取失效寿命的方法具有局限性。

实际上，金属构件的劣化程度依赖于材料内部大量微小腐蚀坑和短裂纹的集体演化行为。为此，李兆霞团队提出利用宏观连续损伤力学并结合微观腐蚀坑形核和裂纹扩展行为建立多尺度腐蚀疲劳寿命预测模型，连续损伤变量 D 的演化看作单位面积内微小腐蚀坑和短裂纹密度 $n(c)$ 随时间 t 变化的过程。根据有效承载面积的概念，含腐蚀坑或微裂纹的单个晶粒中连续损伤变量 D_i 可表示为

$$D_i = \frac{2c_i}{d_0} \tag{7.22}$$

式中，c_i 为腐蚀坑半径；d_0 为晶粒直径。在代表性体积单元（representative volume element，RVE）中包含 m 个直径为 d_0 的晶粒，宏观尺度上的连续损伤变量 D 可用 RVE 中所有晶粒损伤的平均值表示，当晶粒数量 m 足够大时，宏观连续损伤变量 D 可表示为

$$D = \frac{\sqrt{3}d_0\int_0^{c_{max}} n_{num}(c)c\mathrm{d}c}{S} = \sqrt{3}d_0\int_0^{c_{max}} n_{num}(c)c\mathrm{d}c \tag{7.23}$$

式中，参数 S 为 RVE 中简化晶粒的总面积，若腐蚀坑半径小于腐蚀坑向短裂纹转变的临界尺寸，即 $c \leqslant c_{p-sc}$，则数量密度 $n_{num}(c)$ 表示半径为 c 的腐蚀坑总数，反之表示半径为 c 的短裂纹数。据此，数量密度 $n_{num}(c)$ 可从微观尺度上对腐蚀坑的萌生、生长和短裂纹扩展的微观机制进行讨论。腐蚀坑的萌生是电化学势、温度、应力水平等多因素耦合导致的结果，其形核机理尚未了解且缺少腐蚀坑萌生速率模型。李兆霞团队参照前人对短裂纹萌生寿命的研究建立了相似的腐蚀坑萌生速率简化模型：

$$N_{pi} = A_{pi}\Delta\sigma^{\alpha_{pi}}\left(1 - \frac{c_p}{c_{p-sc}}\right) \tag{7.24}$$

式中，A_{pi} 为与电化学势及温度有关的参数；α_{pi} 为与应力水平有关的模型参数。

腐蚀坑数量密度 $n(c_p, t)$ 为单位面积内腐蚀坑半径为 c_p 的腐蚀坑在时刻 Δt 的数量。由图 7.24（b1）和（b2）可知，腐蚀坑数量密度应包含腐蚀坑萌生数量和生长数量两部分，腐蚀坑生长速率采用法拉第定则表示，假设 $n(c_i, 0)=0$，则 $n(c_p, t)$ 表示为

$$n(c_p,t) = A_{pi}\Delta\sigma^{\alpha_{pi}}\left\{1 - \frac{c_p}{c_{p\text{-}sc}[4/3 + 4/(3m_{sc})]}\right\}t \tag{7.25}$$

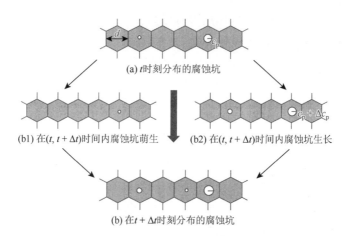

(a) t 时刻分布的腐蚀坑

(b1) 在 $(t, t+\Delta t)$ 时间内腐蚀坑萌生   (b2) 在 $(t, t+\Delta t)$ 时间内腐蚀坑生长

(b) 在 $t+\Delta t$ 时刻分布的腐蚀坑

图 7.24 $(t, t+\Delta t)$ 时间内腐蚀坑的萌生和生长过程

短裂纹由腐蚀坑转化而来，所以在 t 时刻腐蚀坑的数量等于转变时刻 t_i^{sc} 短裂纹的数量。短裂纹扩展速率采用广义 Paris 公式表示，短裂纹数量密度 $n(c_{sc}, t)$ 表示为

$$n(c_{sc},t) = A_{pi}\Delta\sigma^{\alpha_{pi}}\left\{1 - \frac{c_p}{c_{p\text{-}sc}[4/3 + 4/(3m_{sc})]}\right\}$$
$$\cdot \left[t - \frac{2}{X_{sc}(2-m_{sc})}\right]^{[c_{sc}^{(2-m_{sc})/2} - c_{p\text{-}sc}^{(2-m_{sc})/2}]} \tag{7.26}$$

综上，基于微观机制的连续介质腐蚀疲劳损伤 D 为微观腐蚀坑和短裂纹数量密度的总和，即

$$D(t) = A_{pi}\Delta\sigma^{\alpha_{p_i}}\sqrt{3}d_0 t c_{p\text{-}sc}^2\left(0.5 - \frac{1}{4+4/m_{sc}}\right) + A_{pi}\Delta\sigma^{\alpha_{p_i}}\sqrt{3}d_0\left[1 - \frac{1}{4/3 + 4/(3m_{sc})}\right]$$
$$\cdot \left[t + \frac{2c_{p\text{-}sc}^{(2-m_{sc})/2}}{X_{sc}(2-m_{sc})}\right]\left(\frac{c_{max}^2}{2} - \frac{c_{p\text{-}sc}^2}{2}\right) - A_{pi}\Delta\sigma^{\alpha_{p_i}}\sqrt{3}d_0\left[1 - \frac{1}{4/3 + 4/(3m_{sc})}\right] \tag{7.27}$$
$$\cdot \left[\frac{4}{X_{sc}(2-m_{sc})(4-m_{sc})}\right]^{c_{max}^{\frac{4-m_{sc}}{2}} - c_{p\text{-}sc}^{\frac{4-m_{sc}}{2}}}$$

采用该方法预测了 R5 钢的腐蚀疲劳寿命，在低应力区预测精度较高；将 R5 钢的拟合参数用于 X12Cr3 不锈钢的腐蚀疲劳寿命预测，误差处于可接受的范围内，说明该方法具有推广价值，但是没有对腐蚀坑萌生速率模型的准确性及可行性进行单独验证。需要指出的是，该模型参数较多，计算烦琐，工程应用复杂。

基于连续损伤力学理论的预测方法符合腐蚀疲劳微观损伤机理，根据损伤变量的演化体现腐蚀环境与疲劳载荷之间的耦合作用，可以更直接地量化损伤过程。然而，这种预测方法计算量大、复杂，且损伤演化方程中包含较多的材料参数，需通过多个试验进行标定，这些原因限制了其在寿命预测中的推广应用。

7.3.3　基于数据驱动的腐蚀疲劳寿命评估

传统物理模型主要依赖于材料属性和试验条件，导致普适性不高，同时模型中的参数多、计算量较大，工程应用价值不大。数据驱动方法不依赖于失效机理，而是整合和提炼海量失效或退化数据中的相关信息，经过训练和拟合形成自动化的决策模型，具有高效率和预测结果准确的优点。数据驱动的寿命研究方法主要有基于统计学和基于机器学习两种方法。

统计学是关于数据采集、整理、归纳、分析的方法论科学，其目的是探索数据内在的数量规律。统计学以概率论和数理统计为基础，可以降低寿命预测的不确定性并可对数据特性进行定性分析。Wang 和 Carr 综述了统计学方法——随机滤波建立的剩余寿命模型并与经验模型对比分析，表明统计学方法在剩余寿命的预测准确度和应用成本方面表现更好。Liu 等提出利用粒子滤波更新 Paris 模型参数，充分利用先验信息，实现对齿轮退化情况的有效跟踪并能预测齿轮的疲劳寿命。Luo 和 Bowen 将蒙特卡罗方法应用于含表面缺陷构件的疲劳裂纹形核及扩展寿命的评估，蒙特卡罗模拟消除了不真实假设而使预测结果更加符合试验寿命分布趋势。然而，目前大多数统计学寿命预测模型都依赖于实验室试样的样本数据统计结果，在工程应用上具有一定的局限性。费成巍团队提出直接建立基于概率特征参数的真实工况服役寿命与实验室测试寿命之间的关系，从而避免对大量数据的统计和转换，该方法所需样本少、成本低。通过对涡轮叶片进行高低周复合疲劳试验验证了其有效性，未加工和加工涡轮机叶片的预测误差分别为 2.2% 和 12.7%，具有良好的预测精度。

统计学方法在处理疲劳寿命预测问题方面表现出较强的可行性，同时对腐蚀环境和交变载荷均为试验变量的疲劳寿命预测问题也具有一定的高效解决能力。韩庆华提出采用三参数韦布尔分布对腐蚀环境下的疲劳 S-N 曲线进行修正，降低了给定失效概率下腐蚀疲劳 S-N 曲线的拟合误差，这种方法不需要复杂的迭代过程，计算简便但不涉及寿命影响因素的分析。兰成明将腐蚀程度和外加应力作为韦布尔分布的参数建立 C-S-N（腐蚀-应力-寿命）关系，预测一定存活率下钢筋的腐蚀疲劳寿命并对变量的影响进行定性分析。最近，Yoon 等提出基于动态贝叶斯网络的损伤失效模型对腐蚀疲劳小裂纹和长裂纹扩展寿命进行预测，利用贝叶斯推断更新 X-750 镍基合金的腐蚀疲劳裂纹扩展 Paris 模型参数同时降低不确定性，提供更可靠的预测结果。此外，Arzaghi 等提出一种预测海洋管道点蚀疲劳寿命的概率方法。利用蒙特卡罗模拟分析腐蚀坑的生长时间并估计临界腐蚀坑的尺寸，采用动态贝叶斯方法模拟裂纹扩展以考虑时间特性和扩展速率的变化，该方法在预测高强度钢管道腐蚀疲劳寿命方面表现出良好的能力，此外基于监测结果的贝叶斯更新方法可用于制定有效的维修策略。

腐蚀疲劳寿命问题研究中，统计学方法一方面对腐蚀疲劳失效数据进行非线性参数模型拟合，从概率密度曲线中定性分析腐蚀环境对寿命的影响规律，同时实现腐蚀疲劳寿命的评估。另一方面，通过结合概率方法降低物理模型参数的不确定性，进而提高预测结果的可靠度。但实验室统计学方法研究多集中于小样本数据，易受干扰从而影响预测精度，另外，统计学方法预测结果的准确度还与概率分布函数形式和参数选取有关，可以通过对比误差分析获取概率分布函数形式与相关参数的最优选择。

机器学习作为人工智能的具体形式，利用复杂算法进行失效数据分析，可实现高效且准确的目标变量预测。利用机器学习进行预测的流程一般为数据获取、数据预处理、特征提取、模型选择、模型训练与测试。机器学习的疲劳寿命预测方法主要有随机森林、支持向量机、人工神经网络和深度学习等，具体方法结构如图 7.25 所示。詹志新等建立了基于损伤力学的机器学习模型用于增材制造 316L 不锈钢的疲劳寿命预测，分别采用人工神经网络、支持向量机和随机森林三种方法计算了 70 组数据，大部分预测结果与试验数据较吻合，均分布在三倍误差带以内，证明了这三种方法在疲劳寿命预测中的可行性与可靠性；同时，他们采用支持向量机探索选区激光熔化钛合金内部的缺陷位置、尺寸和形貌对疲劳寿命的影响，经训练获得的疲劳寿命预测结果与试验结果之间的决定系数可达 0.99，预测数据与试验数据较接近。

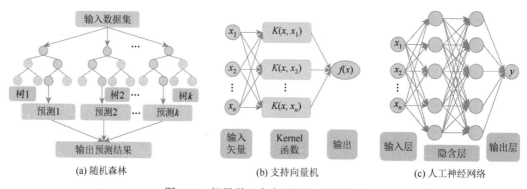

(a) 随机森林　　　　　　　(b) 支持向量机　　　　　　　(c) 人工神经网络

图 7.25　机器学习寿命预测方法结构图

深度学习作为人工神经网络的重要分支，包含更多的隐含层和更多样的数据处理方式，主要算法有深度置信网络、卷积神经网络及循环神经网络等。由于深度学习具备强大的特征提取能力且无需人工干预，也是疲劳寿命研究应用的热点。康国政团队提出建立深度置信网络模型以拟合铝合金的疲劳裂纹扩展试验数据，并对 T4 和 T5 状态下裂纹扩展寿命进行预测，相比 Paris 方程，预测准确度分别提高了 6.15% 和 20.6%，该深度置信网络模型由试验数据驱动，无需人工提取特征并具有较好的泛化能力。Seifi 利用卷积神经网络提取实时热历史图像，将获得的缺陷特征用于疲劳寿命预测以评估增材制造钛合金零件的疲劳性能，进一步提高了鉴定增材制造工艺的效率。进一步，该团队提出将长短期记忆方法用于多轴疲劳寿命预测研究，消除了特定材料和载荷条件对传统多轴寿命预测模型的限制。在数据量为 25~42 的 5 个案例研究中，几乎所有的预测结果都落在 1.5 倍分散带以内，获得了良好的预测结果。

　　由于机器学习在数据处理方面具有出色的预测能力，逐渐被用于腐蚀相关研究领域，如监测腐蚀程度评估剩余强度、腐蚀速率、腐蚀开始时间、腐蚀坑生长规律、腐蚀疲劳寿命预测等。考虑到机器学习具备强大的非线性拟合能力，Cavanaugh 等提出利用神经网络模型预测铝合金腐蚀坑尺寸随环境变量（pH、腐蚀时间、温度和 Cl⁻含量）变化的情况，结果表明腐蚀坑生长动力学受到环境的影响但依然满足幂函数规律。Co 利用随机森林和逻辑回归两种方法确定铝合金表面的宏观腐蚀特征（坑深、体积、面积、直径、坑密度、裂纹长度和粗糙度等）与裂纹萌生的相关度，结果表明这些宏观腐蚀特征预测变量与疲劳裂纹萌生的关系较小。为了准确预估裂纹的萌生位置，该研究认为有必要考虑其他变量，如微尺度（<250μm）腐蚀损伤特征和合金的微观组织结构等。Cheng 等从失效数据出发，提出根据裂纹长度 a 与循环周次 N 之间的关系预测腐蚀疲劳寿命的人工神经网络模型，最大预测误差为 5.4%，较适合工程应用。Sriraman 和 Pidaparti 以疲劳载荷条件（应力幅值、应力比、加载频率）、环境条件（腐蚀时间）和裂纹尺寸（初始裂纹尺寸和失效裂纹尺寸）为变量，利用人工神经网络模型预测飞机部件的腐蚀疲劳寿命，最大预测误差不超过 7%。因此，机器学习对非线性多变量问题的处理能力强，可进行腐蚀相关问题的变量分析并提供较为准确的腐蚀疲劳寿命预测结果。

　　尽管机器学习模型泛化能力很强，但是基于纯数据驱动的机器学习方法通常为"暴力"求解，特别是在数据分析方面，其本质受限于统计方法，尤其缺乏物理机理的因果关联。Cortes 和 Vapnik 指出支持向量机网络与力学基本物理规律相结合的大数据才能有效解决力学学科的基本问题。张统一院士提出了"力学信息学"概念，鼓励采用人工智能算法提取蕴藏在数据内部的抽象映射关系，目前已成功用在材料疲劳性能预测等领域。因此，针对多物理场和多尺度下获取的数据，有必要发展将物理约束引入机器学习的数据驱动-物理融合方法。目前采用三种方法构建物理融合的神经网络：①通过物理信息特征工程将物理知识引入扩展特征；②将物理信息损失函数纳入神经网络；③在神经网络中添加物理信息层。

　　在疲劳寿命的研究中，一般采用前两种方法实现物理信息融合，尝试将疲劳失效特征纳入扩展过程或把失效规律叠加到神经网络的损失函数中，让物理方程也参与到训练过程，从而具有更好的预测精度。华东理工大学轩福贞团队提出将前两种方法结合构建神经网络预测不锈钢的蠕变疲劳寿命，先通过物理信息特征工程获得扩展特征用于数据集预处理，再将物理信息损失函数作为约束纳入深度神经网络。结果表明，采用物理信息神经网络的预测精度高于深度神经网络和传统的机器学习模型。Neerukatti 等提出将 Paris 公式结合结构健康监测框架以预测疲劳裂纹扩展的物理-数据驱动融合方法，以系统监测结果更新物理模型参数，用于预测任意时刻的裂纹长度。将预测结果与铝合金凸耳接头结构的疲劳试验数据对比，裂纹扩展的预测误差小于 7%，相比于纯物理 Paris 模型，具有良好的置信度和准确性。最近 Kong 等提出一种将数据驱动和物理方法结合的混合方法用于预测疲劳裂纹扩展的长度，在有 Lamb 波信号时采用数据驱动方法获得估算裂纹长度，在无 Lamb 信号时作为集成预测法或 Walker 方法的输入，预测裂纹的扩展长度。验证试样 T7 和 T8 预测结果的均方差分别为 0.2021 和 0.5510，表明该方法具有较好的稳定性与准确性。

在神经网络中加入物理信息层的方法曾被用于腐蚀疲劳寿命预测。Dourado 和 Viana 提出融合物理失效信息的循环神经网络，用于疲劳损伤累积模型中缺失的腐蚀物理信息估算。物理信息层采用 Walker 模型描述疲劳裂纹扩展寿命，数据驱动层用来解释腐蚀造成的损伤累积量，如图 7.26 所示。

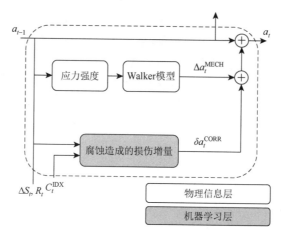

图 7.26　腐蚀疲劳裂纹扩展的循环神经网络

某时刻 t 损伤量 a_t 可看成前一时刻损伤量 a_{t-1} 与其增量 Δa_t 的总和：

$$a_t = a_{t-1} + \Delta a_t \tag{7.28}$$

利用叠加思想将腐蚀疲劳看成腐蚀对纯疲劳损伤造成的附加量，单个周期内的损伤量 Δa_t 可看成由机械载荷损伤和腐蚀损伤两部分组成：

$$a_t = a_{t-1} + \Delta a_t^{\text{MESH}} + \delta a_t^{\text{CORR}} \tag{7.29}$$

纯机械载荷 Δa_t^{MESH} 损伤通过 Walker 公式表示，腐蚀造成的损伤 δa_t^{CORR} 是与前一时刻的裂纹长度 a_{t-1}、远场应力 ΔS、应力比 R 和腐蚀指数 C^{IDX} 相关的未知函数 $g(\cdot)$，将这些参量作为多层感知机的输入量，通过深度人工网络学习这些变量相互之间的关系进而调整腐蚀损伤输出量，则某时刻 t 的损伤量可表示为

$$a_t = a_{t-1} + \frac{C_0}{(1-R_t)^{m(1-\gamma)}}(\Delta K_t)^m + g(\Delta S_t, R_t, C^{\text{IDX}}, a_{t-1}) \tag{7.30}$$

循环神经网络是一种可以保留隐含层上一时刻状态信息的前馈神经网络，在处理具有前后依赖性的退化数据时具有一定优势；利用已知物理信息作为循环神经网络框架的约束信息不仅有助于提高预测的可信度，还可在一定程度上提高模型的外推能力。对比 Dourado 和 Viana 的预测结果证实该物理融合循环神经网络模型可以补偿腐蚀疲劳损伤累积过程中建模的不足。同时，物理信息的机器学习可以无缝整合数据和物理原理，提升机器学习的泛化能力，为利用数据驱动研究腐蚀疲劳提供了新思路。

物理融合数据驱动方法作为新兴的寿命预测方法，其应用越来越被重视。George 等在对物理融合机器学习方法的综述中认为如何良好地结合物理信息与机器学习是应用融合方法的关键，并指出可通过寻找新的内在变量以及具有内置物理约束的等变神经网络构

架促进物理融合方法的发展，使之适用于更多的科学问题研究。由于现阶段利用物理-数据驱动融合方法对腐蚀疲劳寿命研究的文献极为有限，无法客观评价其解决腐蚀疲劳问题的能力，但参考其目前在疲劳寿命和腐蚀疲劳寿命预测中的应用成果和发展趋势，该方法有可能成为未来关注的热点。

综上所述，相比于统计学数据驱动方法，机器学习具有更强大的数据处理能力和泛化能力，在腐蚀速率、疲劳和腐蚀疲劳研究方面已经取得了较为令人满意的结果，但机器学习在应用时也存在着过拟合、外推性差、训练所需数据量大和"黑箱"特性等问题仍待解决。针对这些实际问题，研究人员也提出一些解决措施，例如，通过对机器学习模型的损失函数施加罚函数或者寻找较优的损失函数以降低其拟合偏差；利用物理-数据驱动融合模型来提高机器学习模型的外推能力；当训练数据不足时，通过生成对抗网络方法、变分自编码器、理论物理模型和有限元模型扩充训练集，进一步提高机器学习模型的泛化能力；针对"黑箱"问题，通过使用变分方法或其他特征分析对机器学习输入特征进行重要性分析，其中 Shapely 值已被用于机器学习的架构解释，使得预测结果具有更好的鲁棒性。

7.4　本 章 小 结

一方面，低温造成金属结构材料脆断倾向增大，因此低温环境服役的工程结构完整性评估面临着新的挑战，但目前针对低温下铁路车辆的服役行为研究尚不多见。本章讨论了室温以下，金属材料拉伸性能、断裂力学参数、疲劳裂纹萌生和扩展行为的研究进展。通常，金属材料的屈服强度和抗拉强度随着温度的降低而升高，但是温度降低对其塑性和韧性的影响比较复杂。例如，对低温下不发生韧脆转变的材料，主要是面心立方晶格的金属材料，温度对其塑性和韧性影响较小；对低温下发生韧脆转变的材料，主要是体心立方金属材料，塑性和韧性随温度的降低而降低，且降幅较大。对于不存在韧脆转变的金属材料和存在韧脆转变但运用在韧脆转变温度以上的金属材料，随着温度的降低，疲劳裂纹萌生寿命延长，裂纹门槛值升高，扩展速率降低。对于存在韧脆转变温度但温度在韧脆转变温度以下的金属材料，温度的降低可能导致疲劳裂纹扩展速率快速升高。

另一方面，相对于上述低温环境对铁路车辆关键承力部件明显的影响，通常认为高温环境对铁路车辆部件的影响一般较小。然而，从当前全球气候变化来看，气候环境变暖和极端化将成为常态。据报道，2022 年上海机辆段的某些钢轨最高可达 75℃，而川藏铁路部分路段由于地热原因造成钢轨最高温度可达 90℃。因此，必须考虑铁路车辆部件在极端高温环境下的服役行为。众所周知，随着温度的升高，金属材料的屈服抗拉强度和弹性模量降低，其抗塑性变形能力降低。如此高的服役温度严重影响了铁路车辆轮轨接触形式，危及行车安全。因此，高温环境下铁路车辆部件的疲劳行为应成为新的关注点。

腐蚀疲劳是金属材料在交变应力与腐蚀介质的联合作用下发生脆性断裂的过程。电化学腐蚀和力学加载的耦合作用导致金属材料疲劳寿命显著降低。随着高速铁路的不断建设，高速列车服役环境日益多元化，腐蚀疲劳问题日益突出。总体来看，各大主机厂以及科研人员已开始重视并布局研究腐蚀对铁路车辆部件如车轴、车轮、车体、接触网等疲劳性能的影响，但与微动疲劳、接触疲劳等问题相比，腐蚀对列车关键承载部件疲劳性能的影响有待进一步深入研究。环境介质对裂纹萌生的促进作用明显大于对裂纹扩展的促进作用，对于材料-力学-环境的不同组合，腐蚀疲劳裂纹萌生机理各不相同。

目前，腐蚀疲劳寿命预测主要基于断裂力学、损伤力学和数据驱动方法。基于断裂力学的预腐蚀疲劳寿命预测模型通常先对腐蚀坑进行裂纹等效再计算疲劳寿命，与含缺陷部件的常规疲劳寿命计算方法类似。而腐蚀疲劳失效中腐蚀与交变载荷同时存在且相互作用，寿命预测模型分为腐蚀坑生长、腐蚀坑向裂纹的转变、小裂纹扩展和长裂纹扩展等多个阶段，所以模型的变量更多、方法更烦琐。其中，腐蚀坑生长寿命通常采用基于幂函数或法拉第定则的腐蚀坑生长模型获得；腐蚀疲劳裂纹扩展寿命统一采用环境修正的 Paris 公式简化计算，但该公式中的未知参数拟合依赖于材料的试验数据从而降低了模型的泛化能力。需要指出的是，腐蚀坑向裂纹转变阶段是腐蚀疲劳寿命的重要组成部分，但目前的断裂力学寿命预测模型并未考虑该阶段的寿命，未来有待进一步深入研究。

基于连续损伤力学的预腐蚀疲劳寿命预测模型一般将点蚀坑视作既有的初始损伤，通过在初始损伤的基础上累加疲劳损伤值进而获得失效寿命。腐蚀疲劳需考虑腐蚀与疲劳的共同作用，将点蚀坑的形核与生长、裂纹的萌生和扩展均看成损伤变量的演化，实现对材料劣化过程的度量，同时考虑腐蚀和疲劳损伤之间的相互影响。该类模型较符合腐蚀疲劳失效规律，但涉及的损伤演化模型一般较为复杂且计算量大，借助有限元仿真虽然可大幅度提高计算效率，但是仍无法避免损伤演化模型参数多且需标定的过程，限制了其在工程中的推广应用。

由此可见，数据驱动方法具备强大的非线性拟合能力，且无须深入了解失效机理而成为腐蚀疲劳寿命预测的新工具，具有高效高精度的特点；但无法获得特征参数与寿命之间的准确理论关系。目前，基于统计学的数据驱动方法被用于分析小样本数据失效特征和提高寿命预测结果可靠度等。相比之下，机器学习方法具有更强大的数据处理能力和泛化能力，能够针对腐蚀疲劳寿命预测问题给出比较准确的预测结果，但这种结果仍然不具有可解释性。数据驱动-物理模型融合方法创新性地在机器学习模型中嵌入物理信息，使预测结果更加合理与可靠，但目前在腐蚀疲劳寿命预测中应用有限，有待进行更全面、更系统的评价研究。

参 考 文 献

陈志康. 2021. 低温下船用钢材裂纹断裂力学参数分析方法研究[D]. 大连: 大连理工大学.

韩庆华, 王鑫, 芦燕, 等. 2021. 基于三参数韦布尔分布模型的铸钢及对接焊缝腐蚀疲劳寿命评估方法[J]. 建筑结构学报, 42(2): 213-230.

韩忠英, 黄小光, 王黎明. 2017. 基于损伤演化律的腐蚀疲劳寿命预测方法及应用[J]. 西北工业大学学报, 35(2): 333-338.

贺腾博. 2018. Al-7.5Zn-2Mg-2Cu-0.2Sc-0.1E 合金低温疲劳变形与断裂行为[D]. 沈阳: 沈阳工业大学.

邝栗山. 2013. AZ31B 和 AZ91D 镁合金低温力学性能研究[D]. 哈尔滨: 哈尔滨工业大学.

李一帆. 2021. 低温对 LZ50 车轴钢疲劳短裂纹行为的影响[D]. 成都: 西南交通大学.

吕宝桐, 李涛, 郑修麟. 1992. 16M 钢低温疲劳裂纹扩展的研究[J]. 理化检验: 物理分册, 28(1): 20-23.

妙远洋, 吕胜利. 2019. 航空铝合金力学与电化学耦合点蚀损伤模型研究[J]. 固体力学学报, 40(2): 137-146.

谭德强, 莫继良, 彭金方, 等. 2018. 高速接触网零部件失效问题研究现状及展望[J]. 西南交通大学学报, 53(3): 610-619.

王元清, 廖小伟, 贾单锋, 等. 2018. 钢结构的低温疲劳性能研究进展综述[J]. 建筑钢结构进展, 20(1): 1-11.

徐会会, 奥妮, 吴圣川, 等. [2022-3-10]. 金属结构材料腐蚀疲劳寿命预测模型的研究进展[J/OL]. 固体力学学报, https://doi.org/10.19636/j.cnki.cjsm42-1250/o3.2022.038.

尹鸿祥, 吴毅, 张关震, 等. 2021. 低温对 EA4T 车轴钢疲劳性能的影响[J]. 中国铁道科学, 42(1): 123-129.

张秀华, 刘怀举, 朱才朝, 等. 2021. 基于数据驱动的零部件疲劳寿命预测研究现状与发展趋势[J]. 机械传动, 45(10): 1-14.

赵汉卿. 2013. 低温真空环境下 2A12 合金疲劳行为研究[D]. 哈尔滨: 哈尔滨工业大学.

赵天亮. 2018. E690 钢在模拟海水中的腐蚀疲劳裂纹萌生行为及机理研究[D]. 北京: 北京科技大学.

宗亮. 2015. 基于断裂力学的钢桥疲劳裂纹扩展与寿命评估方法研究[D]. 北京: 清华大学.

贾斯克 C E, 等. 1989. 海洋工程中的金属腐蚀疲劳[M]. 吴荫顺, 杨德钧, 译. 北京: 冶金工业出版社.

Akid R. 1997. The role of stress-assisted localized corrosion in the development of short fatigue cracks[C]. American Society Testing and Materials, 1298: 3-17.

Arzaghi E, Abbassi R, Garaniya V, et al. 2018. Developing a dynamic model for pitting and corrosion-fatigue damage of subsea pipelines[J]. Ocean Engineering, 150: 391-396.

Balbín J A, Chaves V, Larrosa N O. 2021. Pit to crack transition and corrosion fatigue lifetime reduction estimations by means of a short crack microstructural model[J]. Corrosion Science, 180: 109171.

Beretta S, Conte A L, Rudlin J, et al. 2015. From atmospheric corrosive attack to crack propagation for A1N railway axles steel under fatigue: Damage process and detection[J]. Engineering Failure Analysis, 47: 252-264.

Cavanaugh M K, Buchheit R G, Birbilis N. 2010. Modeling the environmental dependence of pit growth using neural network approaches[J]. Corrosion Science, 52(9): 3070-3077.

Chen G S, Wan K C, Gao M, et al. 1996. Transition from pitting to fatigue crack growth modeling of corrosion fatigue crack nucleation in a 2024-T3 aluminum alloy[J]. Materials Science and Engineering: A, 219(1): 126-132.

Cheng Y, Huang W L, Zhou C Y. 1999. Artificial neural network technology for the data processing of on line corrosion fatigue crack growth monitoring[J]. International Journal of Pressure Vessels and Piping, 76(2): 113-116.

Cortes C, Vapnik V. 1995. Support-vector networks[J]. Machine Learning, 20(3): 273-297.

Cui C J, Chen A R, Ma R J. 2020. An improved continuum damage mechanics model for evaluating corrosion fatigue life of high strength steel wires in the real service environment[J]. International Journal of Fatigue, 135: 105540.

Daeubler M A, Warren G W, Bernstein I M, et al. 1991. Modeling of corrosion fatigue crack initiation under passive electrochemical conditions[J]. Metallurgical & Materials Transactions A, 22(2): 521-529.

Dourado A, Viana F A C. 2020. Physics-informed neural networks for missing physics estimation in cumulative damage models: A case study in corrosion fatigue[J]. Journal of Computing and Information Science in Engineering, 20(6): 061007.

Ebara R. 2006. Corrosion fatigue phenomena learned from failure analysis[J]. Engineering Failure Analysis, 13(3): 516-525.

Ebara R. 2007. Corrosion fatigue crack initiation in 12% chromium stainless steel[J]. Materials Science and Engineering A, 468-470: 109-113.

Fatoba O, Akid R. 2022. On the behaviour of small fatigue cracks emanating from corrosion pits: Part I—The influence of mechanical factors[J]. Theoretical and Applied Fractrue Mechancis, 117: 103154.

Fatoba O O, Leiva G R, Lishchuk S V, et al. 2018. Simulation of stress-assisted localised corrosion using a cellular automaton finite element approach[J]. Corrosion Science, 137: 83-97.

George E K, Yannis K, Lu L, et al. 2021. Physics-informed machine learning[J]. Nature, 3(6): 422-440.

Godard H P. 1960. The corrosion behavior of aluminum in natural waters[J]. The Canadian Journal of Chemical Engineering, 38(5): 167-173.

Grinberg N M, Serdyuk V A, Ostapenko I L, et al. 1979. Effect of low temperature on fatigue failure of magnesium alloy MA12[J]. Materials Science, 15(1): 17-21.

Guo Q, Liu J H, Yu M, et al. 2015. Effect of passive film on mechanical properties of martensitic stainless steel 15-5PH in a neutral NaCl solution[J]. Applied Surface Science, 327: 313-320.

Han L, Chen C, Guo T Y, et al. 2021. Probability-based service safety life prediction approach of raw and treated turbine blades regarding combined cycle fatigue[J]. Aerospace Science and Technology, 110: 106513.

Han Q, Wang X, Lu Y. 2019. Corrosion fatigue behaviour and microstructural characterisation of G20Mn5QT cast steel in 3.5 wt.% NaCl solution[J]. Fatigue & Fracture of Engineering Materials & Structures, 42: 2397-2409.

Harlow D G, Wei R P. 1994. Probability approach for prediction of corrosion and corrosion fatigue life[J]. AIAA Journal, 32(10): 2073-2079.

Hoeppner D W, Arriscorreta C A. 2012. Exfoliation corrosion and pitting corrosion and their role in fatigue predictive modeling: State-of-the-art review[J]. International Journal of Aerospace Engineering, 2012: 191879.

Hu P, Meng Q C, Hu W P, et al. 2016. A continuum damage mechanics approach coupled with an improved pit evolution model for the corrosion fatigue of aluminum alloy[J]. Corrosion Science, 113: 78-90.

Ishihara S, Saka S, Nan Z Y, et al. 2006. Prediction of corrosion fatigue lives of aluminium alloy on the basis of corrosion pit growth law[J]. Fatigue & Fracture of Engineering Materials & Structures, 29(6): 472-480.

Jeong D H, Kwon J K, Woo N S, et al. 2014. S-N fatigue and fatigue crack propagation behaviors of X80 steel at room and low temperatures[J]. Metallurgical & Materials Transactions A, 45(2): 654-662.

Kawai S, Kasai K. 1985. Considerations of allowable stress of corrosion fatigue[J]. Fatigue Fracture of Engineering Materials Structure, 8(2): 115-127.

Kondo Y. 1989. Prediction of fatigue crack initiation life based on pit growth[J]. Corrosion, 45(1): 7-11.

Kong H B, Jo S H, Jung J H, et al. 2020. A hybrid approach of data-driven and physics-based methods for estimation and prediction of fatigue crack growth[J] International Journal of Prognostics and Health Management, 11(1): 1-12.

Lan C M, Bai N, Yang H T, et al. 2018. Weibull modeling of the fatigue life for steel rebar considering corrosion effects[J]. International Journal of Fatigue, 111: 134-143.

Li S, Akid R. 2013. Corrosion fatigue life prediction of a steel shaft material in seawater[J]. Engineering Failure Analysis, 34: 324-334.

Liang F L, Laird C. 1989. The effect of environment on the mechanism of fatigue crack initiation and propagation in polycrystalline copper[J]. Materials Science and Engineering A, 117: 83-93.

Liao X W, Wang Y Q, Feng L Y, et al. 2021. Fatigue crack initiation and energy-based life analysis for Q345qD bridge steel at low temperatures[J]. Journal of Constructional Steel Research, 180(8-9): 106571.

Liaw P K, Logsdon W A. 1985. Fatigue crack growth threshold at cryogenic temperatures: A review[J]. Engineering Fracture Mechanics, 22(4): 585-594.

Lindley T C, Mcintyre P, Trant P J. 1982. Fatigue-crack initiation at corrosion pits[J]. Metals Technology, 9: 135-142.

Liu X, Jia Y X, He Z W, et al. 2017. Hybrid residual fatigue life prediction approach for gear based on Paris law and particle filter with prior crack growth information[J]. Journal of Vibroengineering, 19(8): 5908-5919.

Luo J, Bowen P. 2003. A probabilistic methodology for fatigue life prediction[J]. Acta Materialia, 51(12): 3537-3550.

May M E, Palin-Luc T, Saintier N, et al. 2013. Effect of corrosion on the high cycle fatigue strength of martensitic stainless steel X12CrNiMoV12-3[J]. International Journal of Fatigue, 47: 330-339.

Mcadam D J, Gcil G W. 1941. Corrosion pitting of aluminum bronze and monel metal in water[J]. Journal of the Franklin Institute, 231(3): 290-291.

Muller M. 1982. Theoretical considerations on corrosion fatigue initiation[J]. Metallurgical Transactions A, 13(4): 649-655.

Nakamura T, Tominaga M, Murase H, et al. 2009. Low cycle fatigue behaviour of austenitic stainless steel at cyrogenic temperature[J]. Tetsu-to-Hagane, 68(3): 471-476.

Navarro A, Rios E R. 1988. Short and long fatigue crack growth: A unified model[J]. Philosophical Magazine A, 57(1): 15-36.

Neerukatti R K, Liu K C, Kovvali N, et al. 2014. Fatigue life prediction using hybrid prognosis for structural health monitoring[J]. Journal of Aerospace Information Systems, 11(4): 211-231.

Ono Y, Demura M, Yuri T, et al. 2008. High-cycle fatigue properties and fatigue crack initiation behavior of Ti-5%Al-2.5%Sn Eli alloy at cryogenic temperatures[J]. American Institute of Physics, 139: 986.

Palin-Luc T, Pérez-Mora R, Bathias C, et al. 2010. Fatigue crack initiation and growth on a steel in the very high cycle regime with sea water corrosion[J]. Engineering Fracture Mechanics, 77(11): 1953-1962.

Pidaparti R M. 2007. Structural corrosion health assessment using computational intelligence methods[J]. Structural Health Monitoring, 6(3): 245-259.

Polák J, Klesnil M. 1976. The dynamics of cyclic plastic deformation and fatigue life of low carbon steel at low temperatures[J]. Materials Science & Engineering, 26(2): 157-166.

Regazzi D, Cantini S, Cervello S, et al. 2020. Improving fatigue resistance of railway axles by cold rolling: Process optimisation and new experimental evidences[J]. International Journal of Fatigue, 137: 105603.

Ren X C, Wu F, Xiao F, et al. 2015. Corrosion induced fatigue failure of railway wheels[J]. Engineering Failure Analysis, 55: 300-316.

Sadananda K, Vasudevan A K. 2020. Analysis of pit to crack transition under corrosion fatigue & the safe-life approach using the modified Kitagawa-Takahashi diagram[J]. International Journal of Fatigue, 134: 105471.

Schönbauer B M, Stanzl-Tschegg S E, Perlega A, et al. 2014. Fatigue life estimation of pitted 12% Cr steam turbine blade steel in different environments and at different stress ratios[J]. International Journal of Fatigue, 65: 33-43.

Seifi S H, Yadollahi A, Tian W M, et al. 2021. In situ nondestructive fatigue-life prediction of additive manufactured parts by establishing a process-defect-property relationship[J]. Advanced Intelligent Systems, 3(12): 2000268.

Sharples P J. 2021. An assessment of railway freight axle corrosion damage, considering current conditions and predicted future development[D]. Sheffield: University of Sheffield.

Shi P, Mahadevan S. 2001. Damage tolerance approach for probabilistic pitting corrosion fatigue life prediction[J]. Engineering Fracture Mechanics, 68(13): 1493-1507.

Sriraman M R, Pidaparti R M. 2010. Crack initiation life of materials under combined pitting corrosion and cyclic loading[J]. Journal of Materials Engineering and Performance, 19(1): 7-12.

Sun B, Li Z X. 2018. A micro-mechanism-based continuum corrosion fatigue damage model for steels[J]. Journal of Materials Engineering and Performance, 27(5): 2586-2594.

Tobler R L, Shu Q S. 1986. Fatigue crack initiation from notches in austenitic stainless steels[J]. Cryogenics, 26(7): 396-401.

Wang W B, Carr M A. 2010. Stochastic filtering based data driven approach for residual life prediction and condition based maintenance decision making support[C]. Prognostics and Health Management Conference: 1-10.

Wang Q Y, Pidaparti R M, Palakal M J. 2001. Comparative study of corrosion-fatigue in aircraft materials. AIAA Journal, 39(2): 325-330.

Xu X X, Liu Z Y, Zhao T L, et al. 2021. Corrosion fatigue behavior of Fe-16Mn-0.6C-1.68Al twinning-induced plasticity steel in simulated seawater[J]. Corrosion Science, 182: 109282.

Yang J Y, Kang G Z, Liu Y J, et al. 2021. A novel method of multiaxial fatigue life prediction based on deep learning[J]. International Journal of Fatigue, 151: 106356.

Yoon J Y, Lee T H, Ryu K H, et al. 2021. Bayesian model updating for the corrosion fatigue crack growth rate of Ni-base alloy X-750[J]. Nuclear Engineering and Technology, 53(1): 304-313.

Zerbst U, Klinger C, Klingbeil D. 2013. Structural assessment of railway axles—A critical review[J]. Engineering Failure Analysis, 35: 54-65.

Zhan Z X, Li H. 2021. Machine learning based fatigue life prediction with effects of additive manufacturing process parameters for printed SS 316L[J]. International Journal of Fatigue, 142: 105941.

Zhang J, Hertele S, Waele W. 2018. A non-linear model for corrosion fatigue lifetime based on continuum damage mechanics[C]. MATEC Web of Conferences, 165: 03003.

Zhang X C, Gong J G, Xuan F Z. 2021. A physics-informed neural network for creep-fatigue life prediction of components at elevated temperatures[J]. Engineering Fracture Mechanics, 258: 108130.

Zhang Y R, Liu X T, Lai J F. 2021. Corrosion fatigue life prediction of crude oil storage tank via improved equivalent initial flaw size[J]. Theoretical and Applied Fracture Mechanics, 114: 103023.

Zhang Z Y, Tan J B, Wu X Q, et al. 2019. Effects of temperature on corrosion fatigue behavior of 316LN stainless steel in high-temperature pressurized water[J]. Corrosion Science, 146: 80-89.

Zhao T L, Liu Z Y, Du C W. 2018. Modeling for corrosion fatigue crack initiation life based on corrosion kinetics and equivalent initial flaw size theory[J]. Corrosion Science, 142: 277-283.

Zhao W M, Wang Y X, Zhang T M, et al. 2012. Study on the mechanism of high-cycle corrosion fatigue crack initiation in X80 steel[J]. Corrosion Science, 57: 99-103.

Zheng X L, Lu B T. 1994. Fatigue crack propagation in metals at low temperatures[Z]. Handbook of Fatigue Crack Propagation in Metallic Structures: 1385-1412.